本书系"全国高校思政课名师工作室（宁夏大学）"项目研究成果
（项目批准号：21SZJS64010749）

新时代的基层社会治理

党锐锋 著

Social Primary-level
Governance
in the New Era

社会科学文献出版社
SOCIAL SCIENCES ACADEMIC PRESS (CHINA)

目 录

前 言 ………………………………………………………………… 001

绪 论 ………………………………………………………………… 001

第一章 基本概念和基础理论 ……………………………………… 025
第一节 基本概念界定 ………………………………………… 025
第二节 基础理论 ……………………………………………… 034

第二章 中国基层社会治理的阶段特点及历史演进 ……………… 068
第一节 中国基层社会治理的阶段特点 ……………………… 068
第二节 社会主义革命和建设时期中国基层社会治理发展 … 071
第三节 改革开放和社会主义建设新时期中国基层社会治理发展 …… 080

第三章 新时代中国基层社会治理的问题分析 …………………… 093
第一节 社会化问题分析 ……………………………………… 093
第二节 法治化问题分析 ……………………………………… 096
第三节 智能化问题分析 ……………………………………… 098
第四节 专业化问题分析 ……………………………………… 100

第四章 新时代中国基层社会治理的根本遵循 …………………… 105
第一节 习近平总书记关于基层治理的重要论述 …………… 105
第二节 创新思维方法 ………………………………………… 114
第三节 践行治理理念 ………………………………………… 120

第五章 加强党全面领导的治理共同体建设 ……………………… 133
第一节 坚持和加强党组织统一领导 ………………………… 133

第二节　推进基层政府依法履责…………………………………141
第三节　推动群众自治组织广泛参与……………………………147
第四节　强化社会组织担当………………………………………150
第五节　激发公众治理的主体性…………………………………155

第六章　加强基层社会治理的机制建设……………………………160
第一节　建立网格化的组织体系…………………………………160
第二节　优化基层治理队伍配置…………………………………165
第三节　形成保障执行力的监督体制……………………………170
第四节　加强基层治理的信息化机制建设………………………172

结　语………………………………………………………………183

参考文献……………………………………………………………185

前　言

新时代改革事业的系统性、整体性、协调性等特征，要求各项改革工作系统联动、协同推进。历史唯物主义原理表明，生产力决定社会关系，经济基础决定上层建筑。随着新时代统筹推进"五位一体"总体布局、协调推进"四个全面"战略布局规划与部署的确立，社会建设逐渐成为人民普遍关心的显性议题。事关民生、社会稳定以及党的基层政权巩固的社会建设成为我国经济社会发展的重点和难点所在。补齐短板、实现社会高质量发展是"两个大局"背景下我国全面深化改革、构建"双循环"新发展格局、实现全面建设社会主义现代化强国目标需要解决的关键课题。

在中国特色社会主义"五位一体"总体布局中，广义的社会建设包括公共服务和社会治理，两者既密切关联又各有不同的侧重点；狭义的社会建设主要指社会治理，社会治理以提供高质量公共服务为直接目的，以体制机制建设为重点，为民生建设提供基本保障，以实现社会和谐与稳定。本研究的主题涉及公共服务，但主要侧重于社会治理研究。

党的十八届三中全会以后，社会治理正式进入我国政策话语体系，这是我国独有的表达。我国社会治理改革的重点是做实基层社会治理。中共中央、国务院《关于加强基层治理体系和治理能力现代化建设的意见》（以下简称《意见》）是新时代我国基层社会治理工作的根本依据，为通过基层社会治理将制度优势转化为治理效能指明了发展方向。《意见》指出："基层社会治理是国家治理的基石，统筹推进乡镇（街道）和城乡社区治理。"[①] 因此，本研究将基层社会治理的研究对象聚焦到乡镇（街道）、村

[①] 《中共中央　国务院关于加强基层治理体系和治理能力现代化建设的意见》，中国政府网，https://www.gov.cn/zhengce/2021-07/11/content_5624201.htm。

(社区）范围内。

要探讨新时代基层社会治理创新，就需要夯实研究的理论根基，梳理清楚我国基层社会治理的实践发展脉络。第一章主要对基本概念进行界定并对基础理论进行分析梳理。以马克思主义经典作家的治理思想、中华优秀传统治理思想、西方治理理论、中国共产党关于社会治理的重要论述为主要内容，分析总结治理和社会治理的理论发展、核心要义及对新时代我国基层社会治理的重要指导、借鉴和启示价值。第二章重点研究我国基层社会治理的历史演进，分析我国基层社会治理的阶段特点，阐析社会主义革命和建设时期我国城市以"单位制"为主、"街居制"为辅，农村以"人民公社体制"为主的基层社会治理发展脉络；改革开放和社会主义现代化建设新时期我国城市以"社区制"为主，农村逐步从"乡政村治"走向"社区制"的发展进程。基础理论与历史发展是研究基层社会治理的基础，也昭示着新时代我国基层社会治理的创新发展，必须在理论、实践与历史逻辑相统一的基础上继续推进。在基础理论和历史发展研究的基础上，第三章聚焦我国基层社会治理问题的分析，形成新时代我国基层社会治理创新发展的基本问题导向和解决思路。

基层社会治理核心在人，重点在城乡社区，关键是制度建设、体制机制创新。第五章以基层治理的体制建设为研究重点，以构建"党组织统一领导、政府依法履责、各类组织积极协同、群众广泛参与"[1]的基层治理共同体为主要研究内容。从"管理"到"治理"不仅是话语的转变，凸显的是治理主体的多元化、治理形式的民主化、治理方式的法治化、治理工具的科技化等基本要素和要求。基层社会治理是国家治理体系的重要方面，因此，我国基层社会治理的前提是国家治权主导。西方学者所强调的"去国家化""去政府化"，暴露了西方社会、个人与国家间的深刻矛盾。发挥社会主义制度优势、凸显党在基层治理中的领导地位，是我国治理与西方治理的显著区别。体制建设是基础，机制建设是关键。化解基层社会治理

---

[1] 《中共中央 国务院关于加强基层治理体系和治理能力现代化建设的意见》，中国政府网，https://www.gov.cn/zhengce/2021-07/11/content_5624201.htm。

风险、解决基层社会治理矛盾、提升基层服务质量,需要优化基层社会治理结构,加强基层社会治理机制建设。

总体来看,本书以理论与历史为基础,从理论创新、体制和机制建设等方面为新时代我国基层社会治理发展提出新的分析框架,为在我国形成党组织统一领导的基层社会治理格局作出思考和探索。

绪　论

社会治理作为国家治理的重要方面,是习近平新时代中国特色社会主义思想的重要内容。推动实现国家治理体系的现代化,进一步将制度优势转化为治理效能,需要加强基层社会治理研究。本章聚焦在社会管理转向社会治理的背景下,研究基层社会治理的意义与价值,并对中外研究成果进行梳理分析和评述,进而阐述本书研究的思路和方法。

一　研究背景、缘起和价值

当前,我国正处于实现第二个百年奋斗目标的新发展阶段,以新发展理念为引领,经济社会正形成新发展格局。确保经济持续增长、社会和谐稳定、国家长久安全是保障成功转型发展的前提,而社会建设和治理是推动当前社会健康发展的关键因素。解决当前社会发展问题、促进社会公平正义、对社会各种合理的利益诉求予以有效回应,已经成为我国社会主义现代化建设中的迫切任务和要求。通过基层社会治理对社会各种利益关系进行协调,在党的领导下聚合社会力量,从而有序地参与社会建设,形成具有中国特色的现代化治理体系,提升基层社会治理能力,是破解当前社会建设存在问题的关键所在。国家的现代化需要治理体系作为支撑和保障,通过基层社会的有效治理,协调国家与社会的关系、实现社会整合、发展社会文明,是我国社会发展的必然要求。

(一) 现实需求

1. 社会主要矛盾转化的需求

党的十八大以来,随着党和国家各项事业的发展以及社会主要矛盾发生转化,中国特色社会主义进入了新时代。目前,我国已迈入新发展阶段,发展的国内外环境发生了深刻复杂的变化。不同社会制度和发展模式在相互比较中既合作又竞争，而竞争的一面更加突出。我国作为世界上最大的发展中国家和社会主义国家，面对日益复杂的国内外形势，如何巩固和发挥中国特色社会主义制度优势，进一步将制度优势转化为治理效能，实现高质量发展，保障新发展阶段全面建设社会主义现代化国家目标的实现，是必须认真思考和研究的重大课题。

社会主要矛盾的转化是构成新时代历史方位的重要依据，人民日益增长的美好生活需要和不平衡不充分的发展之间的矛盾日益突出。随着人民对民生建设和社会治理有更高的期待，人民的美好生活需要的内涵更加丰富，迫切需要解决社会不平衡不充分发展的问题。在"五位一体"总体布局中，社会建设是比较薄弱的环节，它既包括民生工作也包括社会治理，两者既有不同又紧密联系。民生工作涉及人民群众吃、穿、住、用、行等各领域，特别是就业、住房、医疗、教育、养老、食品安全等，牵一发而动全身，解决不好势必会影响社会稳定。社会治理的目标是确保社会运转有序、稳定和谐，提升公共服务的效率和品质，为民生工作提供有力的保障。随着人民生活水平日益提升，人民对民生保障的范围和品质要求越来越高，同时，随着人民的民主素养和维权意识不断提升，参与社会治理的意识、能力和需求也越来越强。因此，面对新变化、新需求，传统社会管理难以满足新时代人民对社会建设的新期待，加强社会建设需要"两手抓"——一手抓民生保障，一手抓社会治理，要创新社会治理工作，提供高质量公共服务，积极应对社会主要矛盾转化产生的社会治理新要求。

2. 社会管理向社会治理转化的需求

社会主义革命和建设时期，我国主要通过党委和政府基于计划经济体制对社会进行组织和管理。国家不仅是社会管理的唯一主体，也是社会服务的唯一供给者，社会管理呈现高度行政化导向，社会保障则处于较低水平。社会管理权力高度集中，政府包揽社会管理和组织的一切事务，形成强政府—弱社会的格局。

改革开放以来，我国以经济建设为中心，全面统筹各项事业改革，社会建设和改革迎来了重要契机。社会管理的理念、体制、方法等有序变革，治理理念由"全能国家"转变为"有限政府"；"整体性社会"的社会特征转变为"多样性社会"特征；等等。① 随着社会主义市场经济体制的改革，市场主体数量迅速增加，社会力量逐渐得到"松绑"，社会组织开始不断发展，单位制、街居制、人民公社体制等传统的社会管理模式逐渐转型甚至淡出。然而，面对剧烈、复杂的社会变化，新的管理体制还不够完善，社会管理的真空和盲点逐渐显现，社会矛盾和问题逐渐累积和凸显。

党的十八届三中全会用"治理"代替"管理"，明确了实现以人民为中心的发展是社会治理创新的目标，不断推进社会治理创新是确保社会和谐发展、增强社会发展活力、推进国家安全稳定、民主法治、人民安居乐业、实现美好生活的重要基础。党的十九届四中全会首次突出强调"社会治理是国家治理的重要方面"②，丰富了社会治理现代化的内涵，提出了重大创新性要求和目标。在社会治理制度方面，进一步凸显了社会治理的公共性、多元性和共同性，明确要求"坚持和完善共建共治共享的社会治理制度"③，创造性地阐述了"中国之治"的社会治理新境界。

随着党对自身执政规律、社会主义建设规律、人类社会发展规律认识的进一步深入，以及我国社会治理实践探索的不断推进，党的社会治理思想、政策、要求和原则不断与时俱进、推陈出新，要求着力构建新时代社会治理体系，以应对风险挑战，保障社会在变迁中实现有序发展。实现治理体系和治理能力的现代化，需要在符合事物发展规律的前提下，不脱离经济社会发展实际，从我国国情和社会治理的实践出发，运用创新思维、法治思维、系统思维、现代化思维，正确认识新时代我国社会发展特点、治理现状和基本要求，预判风险、规避风险、化解风险、解决矛盾，实现国家和社会发展的长治久安。

3. 基层治理的顶层设计向基层治理运行体系转化的需求

习近平总书记关于基层治理的重要论述以及国家关于社会治理宏观体系设计，需要进一步转化为基层社会治理的运行格局和实践。中共中央、国务院《关于加强基层治理体系和治理能力现代化建设的意见》的出台，为创新城乡基层社会良序善治机制，打造共建共治共享的基层治理共同体、

---

① 樊莉：《树立科学的社会管理理念》，《山西师大学报》（社会科学版）2013年第S2期。
② 《十九大以来重要文献选编》中卷，中央文献出版社，2021，第287页。
③ 《十九大以来重要文献选编》中卷，中央文献出版社，2021，第287页。

加强和创新基层社会治理，明确了指导思想和发展思路。《中华人民共和国国民经济和社会发展第十四个五年规划和 2035 年远景目标纲要》专章阐述了构建基层社会治理新格局的发展目标。国家治理效能要得到新的提升，社会治理特别是基层治理水平要显著提升。

　　社会治理经过顶层设计，最终在基层得以落实。基层治理是国家治理体系的"最后一公里"，治理效能最终通过基层治理成效得以体现，社会治理体系要通过基层实践来检验和完善，这是促进我国社会治理能力不断提升的主要方式，对深刻剖析我国社会治理新形势、进一步提升国家对基层社会治理工作的认识和能力，具有十分重要的意义和价值。首先，基层社会治理隶属于国家治理体系的范畴，提升基层治理能力是实现国家治理效能的重要方面。也只有将国家治理体系延展至基层，将国家治理方针政策落实到基层，将国家治理资源配置到基层，才能实现国家治理工作实践至"最后一公里"的目标。其次，基层社会治理是新时代实现民主法治、促进社会安定和谐发展的基本要求和内容。必须始终围绕"基层"这个核心，将多元治理、社会自治等工作落实在基层，以建立健全基层社会治理体制为前提，始终坚持源头治理、依法治理、系统治理、综合治理原则，运用我国社会主义制度的显著优势，更好实现基层人民民主，以协商共治消除社会治理隐患，筑牢社会发展的制度基础。再次，通过基层社会治理解决矛盾纠纷、化解风险隐患、弥合社会裂痕，建立基层社会的和谐健康关系，有助于促进社会整合。最后，基层社会治理是巩固党的执政基础、提升党的执政能力的重要途径。基层社会治理的根本目标和要求是满足人民群众的社会发展需求，提高社会各类组织的公共服务供给能力。践行"以人民为中心"的理念，扎实开展基层社会治理工作和服务，是实现执政为民的基本保障，这必然要求党领导基层社会治理工作，通过协调各方、凝聚人心、激活社会力量、共建治理共同体，夯实党的执政根基，增进党员干部和人民群众的情感联系，在基层工作中不断提高党的执政水平和能力。

（二）理论需要

1. 梳理社会治理理论演变脉络，发展新时代社会治理理论

　　我国社会治理理论是在传统社会管理理论的基础上不断发展形成的，经济社会的发展转型催生了社会治理的新需求，社会治理实践需要社会治理理论的指导。习近平总书记关于社会治理的重要论述,为我国社会治理理论的形成和发展奠定了重要的思想基础。党的十八届三中全会首次用"社会治理"替代"社会管理",虽然仅一字之差,却体现了在理念、模式上的重大突破,尤其是党领导下的社会治理,突破了西方治理的研究主体,形成了具有中国特色的社会治理理论体系。因此,需要从学理上阐明我国社会治理理论创新的内涵、背景、价值意义,以及其与我国经济社会发展的适应性、自治性与融合性。综观中央对社会治理的要求、目标,尤其是在基层社会治理层面,更多表现为指导性原则、方针,需要学者在理论上进一步梳理"管理"到"治理"的转化,从"社会治理"到"基层治理"的深入。在此过程中,变化的是什么?不变的是什么?内涵、特征、要求、目标、方法等分别是什么?回答这一系列问题,需要进行理论上的深入研究。本研究以基层社会治理为研究内容,以习近平总书记关于基层治理的重要论述为遵循,从治理理念、方法、主体、机制建设等方面对基层社会治理提出新的构想和思路,旨在从理论上丰富社会治理内容,拓展研究的层次性,这也是本书研究的理论价值所在。

2. 不断完善治理体系,助推中国特色社会主义制度的巩固和发展

社会科学的主要研究目标是对社会现象的产生、发展和变化进行描述、解释和预测,其最终任务是探究社会问题的解决之道,社会治理的研究尤其体现这一特点与功能。研究社会治理主要有两个视角。一是政府的视角,如政府职能的转变以及内部管理机制的创新,包括重塑流程、优化体制、创新机制等方面;二是基层社会的视角,通过构建"多元参与主体"的格局,形成共建、共治、共享的基层治理局面,并通过采用现代化的治理工具提升治理水平和能力。这两个视角虽然关注重点有所不同,但实际上相辅相成。当前,我国社会管理到社会治理的发展,核心因素是实现政府角色和功能定位的转变,这是构建新时代我国社会治理体系的关键环节。政府转型的完成度不仅关系到社会治理多主体格局的构建,还关系到社会组织的充分发育发展、民众参与社会治理的可能性以及基层社会释放新的活力与创造力。因此,我们需要从理论上进一步阐明政府和社会的关系,研究政府改革和社会组织发展的必然性,分析说明实现基层自治不仅是着眼于治理效能的提升,也是实现人民民主的内在要求。本研究旨在聚焦新时代背景下我国各种社会问题与矛盾的内生性因素,对目前基层社会治理实

践中存在的常态化及非常态化的各种问题及其成因进行分析,从治理理念、制度和机制建设等方面提出新时代我国基层社会治理的基本思路,进一步对社会治理领域内的基层社会治理理论与实践进行延展性和深入性探讨,以完善社会治理体系、促进社会治理理论和实践的丰富发展,助推中国特色社会主义制度的巩固和发展。

(三) 研究意义

本书通过对基层社会治理理论和实践的研究,立足新时代我国社会体制改革和社会转型的现实背景,以社会治理理论为研究基础,探讨我国基层社会治理的体制改革和主体格局创新的思路和理念。结合"党委领导、政府负责"的国家治权主导模式,不断提高"社会协同、公众参与"的能力与水平,通过基层治理理念的创新,形成我国基层社会治理全新的局面;以法治社会、民主社会建设为基础,全面推进多元主体共同参与基层社会治理。

1. 加强治理体制机制建设,防范和化解重大风险

现代社会是风险社会,国家的发展不仅在于积累经验,同时在发展中也会出现问题和隐患,特别是我国正处于新发展阶段,在构建新发展格局的过程中,经济社会需要进一步转型发展,而转型期往往也是社会矛盾的多发期、频发期,社会问题和矛盾呈现集中、易发、高传导等特点。可以预见,随着我国社会主义现代化事业的推进,未来会面临来自国内与国外、自然与社会等多重维度的风险和考验,包括自然灾害、公共卫生等突发事件,这些都会给我国基层社会治理造成更大压力,提出新的挑战和要求。如果重大风险发生之前不能及时预警预判,重大风险发生之后不能及时作出反应、判断并化解,国家安全和社会稳定就将面临重大威胁和挑战,而各种风险隐患所产生的后果都将最终作用于基层、反映在基层社会。因此,必须加强基层社会治理的体制机制建设,尤其要加强对社会应急体制的建设和完善,强化全民风险及危机意识教育,提高防范和化解风险的能力和本领,以问题意识和底线思维提高风险辨识和应对风险的实践能力。防范和化解社会风险已经成为影响社会主义现代化战略目标实现的重要内容,体制机制建设必将成为实现强国目标最稳定、最有效、最可靠的保障。

2. 解决基层社会矛盾，提供高质量公共服务

基层社会治理的直接目标是解决基层社会矛盾、提供高质量公共服务。具体来说，就是通过基层社会治理的创新化、体系化建设，稳步提高基层社会治理人员素质、水平和执行能力，广泛发动社会力量，充分调动社会组织和公民的积极性，激发其主体性意识，构建"社会紧密协同、公众广泛参与"的基层社会治理新格局；以治理机制和理念的创新不断提升基层社会治理效能，形成"人人共建、人人共治、人人共享"的治理共识，不断提升基层社会的治理能力，有效地解决基层社会问题和矛盾，满足人民对美好生活的需要。本书以此为研究目的，通过研究新时代各种风险挑战背景下的基层社会治理问题，提出基层社会治理新的构想思路，探寻解决问题、提升服务的方式方法，最终推动实现基层社会的稳定发展。

3. 加强基层治理体系构建，培育自治社会

我国建立了"党的领导、人民当家作主、依法治国有机统一"[①]的社会主义国家政治制度；构建了"公有制为主体、多种所有制经济共同发展，按劳分配为主体、多种分配方式并存，社会主义市场经济体制等社会主义基本经济制度"[②]。与此相适应，我国社会治理坚持以"人民美好生活需要"为导向、以构建"共建共治共享"治理体系为基本内容，要求其体现与整个国家政治、经济制度的对应和协调。因此，基层社会治理需要体现党领导下的多元性、民主性的体系构建原则，以建成"自我组织、自我管理、自我教育、自我监督"的自治社会。长期以来形成的政府"包揽一切"的治理局面仍然有其历史惯性，与快速发展的市场经济相比，我国社会组织发育、民众参与、社会发展仍然有一定的滞后性。构建现代化的基层治理体系，要着眼于自治社会的培育，着眼于激发社会参与治理的主体性意识，形成治理的共同体。自治社会的形成既是基层社会治理的基础，也是实现基层社会治理现代化的重要目标。本书通过对基层社会治理体系的研究，着力于促进基层自治社会的培育和发展。

二 研究现状述评

关于新时代我国基层社会治理的研究，国内尚属兴起阶段。2013 年之

---

① 《习近平谈治国理政》第 4 卷，外文出版社，2022，第 251 页。
② 《十九大以来重要文献选编》中卷，中央文献出版社，2021，第 280~281 页。

前，国内学者主要研究"社会管理"，之后开始转向"社会治理"，并逐步深入"基层社会治理"领域。国外对此课题的研究成果更加鲜见，西方文献中没有"社会管理"和"社会治理"的概念，这是独具中国特色的表达方式。因此，国外研究综述主要集中于对本研究具有借鉴与启示意义的西方治理理论与实践的研究。

（一）国外研究述评

1. 政府与社会关系的研究——治理出现的动机

"治理"一词流行于20世纪80~90年代，并在21世纪成为引人注目的概念。西方关于"治理"的研究早于我国，"治理"（governance）一词本是操控、控制的意思，治理问题研究的主要代表性学者有詹姆斯·N. 罗西瑙（James N. Rosenau）、罗茨（R. Rhodes）、格里·斯托克（Gerry Stoker）等。政府与社会的关系是西方社会热衷讨论和研究的话题，它构成西方治理理论形成和发展的背景，无论是罗西瑙还是罗茨，都是基于政府统治失灵导致社会治理失败而提出关于治理的概念及其必要性的。早在古希腊罗马时期，基于城邦共同体的国家和社会是难以区分的，国家和社会高度融合，人们将"对自己私事的关心同参与公共生活结合起来"[①]。中世纪神学统治时期，由于严格的等级制和神学的绝对统治，古希腊、罗马时期用于描述城邦或共和国生活状况的公民社会概念就被弃而不用了[②]。随着资本主义的萌芽和发展，"城市居民有充分自由任意处理他们的财产和与他们所爱的人结婚，自由地离开和来到城市"[③]，市民阶层开始形成，市民社会出现。资产阶级用这一概念来反对神学统治，然而这一时期，市民社会仍然是隶属于政治国家的一个范畴。资本主义制度确立后，黑格尔提出了现代意义上的市民社会，指出"市民社会"具有相对独立性，是与国家相对的私域领域，由此"市民社会"与国家（政府）构成二分的结构。随着市场经济的发展，基于资本和市场的强势地位和表现，许多西方学者将市场独立出来，形成政府、市场、社会的三元结构，并以此来观察和研究政府和社会的关

[①] 〔美〕萨拜因：《政治学说史》下卷，刘山等译，商务印书馆，1986，第32页。
[②] 顾成敏：《西方公民社会概念的历史演变》，《开封大学学报》2011年第3期。
[③] 〔美〕菲利普·李·拉尔夫等：《世界文明史》，赵丰等译，商务印书馆，1998，第102页。

系。然而，随着经济危机的周期性爆发，政府的无力、市场的失灵、社会的无序日益显现，学者们开始认识到，无论是政府、市场还是社会自我调节，都不是万能的，将政府和社会当作简单对立关系的考察和研究，只能增加两者之间的对抗性，无法真正解决日益严重的经济社会问题。当代西方学者认同在承认社会具有独立、自主特点的基础上重塑国家与社会的关系，两者应当是互相平衡、互相监督、互相制约的关系。在此基础上，面对国家与社会共生的事实，要实现基于利益最大化的友好相处，则需要在共同目标下，通过合作互补、渗透参与等方式实施共同的、有目的性的行为，这实际上构成现代治理的基本内涵。

尽管罗西瑙、罗茨等学者认为，政府已经逐渐弱化、"空洞化"，管理已出现无政府状态的可能性，进而提出了无政府治理的观点，但实际上他们并不是要用社会取代政府，制造政府和社会的消极对抗，而是在各自的论著中进一步阐明政府和社会共同参与治理的合作关系。现代西方学者在探讨治理时，经历消极国家以及政府万能的极端争论后，基于政府失灵和民主发展的要求，大多数学者更倾向于缩小政府职能范围，减少政府干预，扩大社会自治领域，促进形成成熟的市民社会，构建"小政府、大社会"的治理结构，并认为政府代表公共利益，而社会具有自利性，只有两者实现合作才能克服各自弊端。大多数学者更加理性地认识到，政府和社会之间只有通过基于合作关系的良性互动才能实现更加有效的治理。

2. 治理的内涵和特点研究——治理主体的多元化趋势

美国学者罗西瑙在《没有政府的治理》一书中着重论述了治理与秩序的关系，并在"治理"与"政府统治"比较研究的基础上，提出两者并非同义词，并归纳出"治理"一词的内涵和特点。他认为，"治理"与"政府统治"两个概念具有本质性的区别，虽然两者具有高度重合的目标受众，在理论内容的阐述中都涉及"目的性的行为""目标导向的活动""规则体系的含义"等有关执行的概念，然而政府统治是通过正式权力和警察力量的支持来保证其制定的政策得到执行的，治理则是由未必合法或来自正式规定的共同目标所支持，"目标"的实现不依赖国家机器的强制执行。因此，与"政府统治"相比，"治理"具有更加丰富的内涵和表现形式。他将治理定义为在一系列活动领域里的管理机制，虽然其没有正式的授权，但能有效地发挥作用。① 治理是被多数人接受才会生效的规则体系；但是政府的政策即便遭到普遍的反对，仍然能够付诸实施。罗西瑙通过比较研究揭示了治理主体的多元与合作关系等治理的基本特点。"治理"不但包含正式形式的政府体制机制，还包含非政府体制机制，在"治理"所涉及的范围之内，社会组织和公民都有同样的机会通过合理运用治理体制机制来实现自身的目标。

世界著名公共管理学家、英国南安普敦大学教授罗茨是西方治理理论的又一典型代表，他早期的文章《新的治理》曾经轰动世界公共管理学界。他认为，治理是一种新的统治方式，或者是用新的方法进行统治。罗茨列举了关于治理的六种不同用法和定义：①作为最小国家的治理，即国家削减公共开支，以最小的成本取得最大的效益；②作为公司管理的治理，即指导、控制和监督企业运行的组织体制；③作为新公共管理的治理，即将市场的激励机制和私人部门的管理手段引入政府的公共服务；④作为"善治"的治理，即强调效率、法治、责任的公共服务体系；⑤作为社会—控制论系统的治理，即政府与民间、公共部门与私人部门之间的合作与互动；⑥作为自组织网络的治理，即建立在信任与互利基础上的社会协调网络。② 他认为，治理是政府、非营利组织和私人部门围绕公共产品和服务的提供而形成的一种相互依赖的伙伴关系，它意味着政府与非政府组织边界的消失，意味着政府的角色发生相当大的转变。政府与非政府组织的关系从传统的统治、管理向网络转变。作为网络中的一员，政府与非政府组织是合作与伙伴关系，因此治理是以信任为基础的运用外交手段最终实现互惠结果的过程，信任、互动和互惠是治理的三个显著特征。

英国学者格里·斯托克在《作为理论的治理：五个论点》一文中指出治理的五个内容和特点：①治理是来自政府而又不仅限于政府的一整套社会公共机构和行为者的体系或机制；②治理在为社会和经济问题寻求答案的过程中存在界线和责任的模糊性；③社会公共机构在治理中存在权力依赖；④治理是行为者网络的自主自治；⑤办好事情不在于政府的权力、

---

① 〔美〕詹姆斯·N. 罗西瑙主编《没有政府的治理》，张胜军、刘小林等译，江西人民出版社，2001，第4~5页。
② 〔英〕罗茨：《新的治理》，木易编译，《马克思主义与现实》1999年第5期。

命令或运用其权威,政府的能力和责任是运用新工具和技术对治理进行控制和指引。① 他认为,"治理"是"统治"在社会发展过程中的一种全新阐述。

在关于治理的各种定义中,全球治理委员会的定义具有代表性和权威性,该定义认为治理是各种公共的或私人的个人和机构管理其共同事务的诸多方式的总和,是使相互冲突的或不同的利益得以调和并且采取联合行动的持续过程,既包括有权迫使人们服从的正式制度和规则,也包括各种人们同意或认为符合其利益的非正式的制度安排。②

西方社会对治理的研究主要侧重于政治学、行政学、公共管理等领域,对于治理理论的研究,主要是在"统治"内涵的基础上,强调"治理"和统治的关系。从纵向脉络来看,"治理"是"统治"的新的发展形式;从横向比较来看,两者在含义、内容、表现形式等方面都有所不同。对"治理"内涵进一步剖析研究,可以总结出"治理"的两个基本特点:一是基于社会问题的复杂性和多样性形成"治理"的基本内容;二是面对问题的解决,"治理"强调政府已不再是解决问题的绝对主导。治理理论的特征充分体现在社会治理结构中,社会才是社会事务管理的主体,社会组织及团体乃至个人要在社会管理中发挥独特的作用和价值。

3. 治理的核心内容——"网络管理"与治理自主的需求

在社会与政府得以和解的情况下,政府和社会能够通过合作共同进行治理。因此,治理以多主体参与为前提,形成了网络结构,强调组织的自主自治。这里的网络并非现代信息技术的互联网,而是由组织形成的治理网络,在我国的话语体系中,类似于治理体系。罗茨用网络这个术语来描述一些在服务提供上互相依存的组织,这些网络由组织组成,而组织为了实现自己的目标,使自己对结果的影响最大化,避免在游戏中依赖其他活动者,需要相互间交换资源(例如信息、资金、技术等)。③ 罗茨认为,治理就是关于网络的管理,并概括了网络管理中治理的四个特征。一是组织

---

① 〔英〕格里·斯托克:《作为理论的治理:五个论点》,华夏风译,《国际社会科学杂志》(中文版)1999年第1期。
② 转引自孙文平、朱为群、曾军平《现代国家治理理论研究综述》,《地方财政研究》2015年第7期。
③ 〔英〕罗茨:《新的治理》,木易编译,《马克思主义与现实》1999年第5期。

之间的相互依存。公共的、私人的、自愿部门（志愿者组织）互相依赖的关系，使他们的界限更加模糊和灵活。二是相互交换资源以及协商共同目的的需要导致了网络成员之间持续互动。三是游戏式的互动以信任为基础，由网络参与者协商和同意的游戏规则来调解。四是保持相当程度地对国家的自主性。[①]包括罗茨在内的西方学者站在社会的立场上研究治理，在网络管理的论述中，最终以实现社会的自主性为落脚点。然而也有一些学者质疑，网络管理能否保持真正的自主性，自主性对于政府力量的排斥能否推动社会和政府进行有效的合作，缺乏政府力量支持的治理能否实现。由于自主性和依赖性之间矛盾的存在，无政府的治理可能无法实现。格里·斯托克认为："由于对权力的依赖，以至并非原来所求，而政府影响不良的结果导致这样的问题愈加恶化。"[②]他主张网络的自主自治，但认为社会对政府的依赖是不可避免的，政府治理产生的不良后果，使治理网络承担了政府的行政管理任务，导致政府和社会的边界更加模糊，社会反而产生了更强烈的政府依赖。权力的依赖往往导致所谋求的意图和最终的结果未必一致。格里·斯托克还进一步强调，权力依赖会导致边界和责任的模糊，权责不清会导致治理的低效率。享受更多福利而不履行责任的倾向，使国家日益形成职责转移的体制；公私部门职责和界限的模糊，使决策者和公众不清楚有关事务到底应由谁来负责，甚至决策者在出现问题时会相互推诿，引导舆论将错误归咎于对方，以摆脱相应的责任。因此，在治理主体多元化的过程中，必须解决的问题是权责边界的科学划分，而边界的确定是主体间竞争的结果，这一竞争过程与西方传统治理模式相比呈现"去中心"的趋势。可以看出，西方社会和政府之间的和解十分有限，西方学者的各种观点几乎都建立在对政府不信任的基础上，依然将政府和社会设定为对立关系，因此，在治理的网络管理中，社会和政府始终处于博弈之中。然而，这种博弈并不否定社会和政府的关联，反而加强了彼此间的依赖关系，具体体现为政府和社会在职能和作用上的相互补充。它们通过网络组织的博弈，进一步消解政府控制，最终以实现社会自主自治作为构建理想

---

① 〔英〕罗茨：《新的治理》，木易编译，《马克思主义与现实》1999年第5期。
② 〔英〕格里·斯托克：《作为理论的治理：五个论点》，华夏风译，《国际社会科学杂志》（中文版）2019年第3期。

治理体系的根本追求。

总之，网络管理要实现公共利益，必须加强政府、社会、志愿者、公众等行为主体之间的彼此合作，要以权力分享为基础管理公共事务，以网络管理的形式发挥优势互补的治理作用，以权责明晰、信息共享的治理结构，实现整体优势最大化的效应。

4. 治理模式研究——治理的"去中心"倾向

西方传统治理模式是为了适应工业经济和社会发展而形成的政府组织管理模式。为减小周期性的政治选举对行政组织稳定性的影响以及革除"政党分肥"的弊端，西方学者纷纷主张将政治和行政分离，使行政系统成为非政治性的治理工具。美国政治家伍德罗·威尔逊（Woodrow Wilson）在《行政学研究》一文中对这一问题进行了总结，第一次明确提出应该把行政管理当作一门独立的学科来研究。[1] 被称为"组织理论之父"的德国社会学家马克斯·韦伯提出，建立以"分部与分层、集权与统一、指挥与服从"为特征的组织形态，在政治和行政分离的基础上，进一步形成主导西方各国行政管理的科层官僚制框架。[2] 这一传统的治理模式具有保持治理组织一致性、连续性的特点，能够使行政管理工具化、理性化和非人格化，不因选举的变化而使组织体系发生紊乱，但这一模式也有明显的缺陷，如过于强调权力的集中与控制，不能适应民主和市场发展的需求，官僚体系的日益膨胀使其逐步丧失效率优势等。

（1）"企业化政府模式"。改造传统治理模式成为西方学者研究管理的重点内容，被称为"政府再造大师"的美国学者戴维·奥斯本（David Osborne）与美国学者特德·盖布勒（Ted Gaebler）在合作出版的《改革政府》一书中，提出"重塑政府，以企业家政府取代工业社会的官僚制政府"的主张，认为改造传统治理模式最主要的办法是用"企业家精神"来克服官僚主义，即政府要讲究实效，按效果而不是按投入拨款，政府要进行全面质量管理，利用业绩数据来确定问题，找出根源，制定解决办法，进而实施。[3] 其核心观点是主张管理的市场化和自由化，政府是"掌舵"而不是"划桨"，是授

---

[1] Woodrow Wilson: "The Study of Adminlstration", *Political Science Quarterly*, 1887.
[2] 〔美〕马克斯·韦伯：《经济与社会》下卷，林荣远译，商务印书馆，1997，第278页。
[3] 〔英〕戴维·奥斯本、特德·盖布勒：《改革政府：企业家精神如何改革着公共部门》，周敦仁等译，上海译文出版社，2016，第4~5页。

权而不是服务,要将竞争机制引入公共服务,政府应关注结果而不是投入,要以满足顾客需要为驱动,将层级制改变为参与制,用市场化原则改造政府管理。

(2)"政府未来的治理模式"。美国学者B.盖伊·彼得斯(B. Guy Peters)在《政府未来的治理模式》中提出未来政府的四种治理模式,并从问题、结构、管理、政策制定和公共利益等方面进行了分析。①市场式政府,强调政府管理市场化,他认为政府具有自利倾向,因此要破除政府对管理的垄断,引入市场机制,进一步分散政府的权力,只有市场才是资源最优的配置方式。②参与式政府,主张对政府管理有更多的参与,他认为层级制不利于民主机制的发挥,要关注层级较低的员工和组织的需求,要用扁平式组织替代层级制组织,实现管理的多元参与。③弹性化政府,主张政府需要有更多的灵活性,他认为传统政府随着官僚机构的膨胀容易僵化,政府需要根据变化随时调整组织机构,以增加政府管理的灵活性。④解制型政府,主张减少政府内部规则、法令法规的控制,如果政府的决策和执行受到诸多束缚,政府管理也将日益失去效率,难以产生理想绩效,他主张减少内部控制,解除政府束缚,以实现更优的公共利益。①

(3)"新公共服务模式"。珍妮特·V.登哈特(Janet V. Denhardt)和罗伯特·B.登哈特(Robert B. Denhardt)夫妇在《新公共服务》一书中,针对"企业家政府"模式进行批判,并提出建立新公共服务理论。与奥斯本和盖布勒提出的政府应"掌舵而不是划桨"的理念不同,登哈特认为政府应"服务而不是掌舵",主张应重新重视民主、公民权、公共利益等公共行政中的核心价值,并系统阐述了新公共服务模式的基本内涵,即服务于公民而不是顾客;追求公共利益;重视公民权的追求应胜过企业家精神;应具有思考的战略性、行动的民主性;明确责任、重视人,而不只是重视生产率,政府不再直接提供公共服务,而是承担协调者、中介者角色等。②

此外,西方学者在治理模式的研究中,还出现了费利耶(Ferlie)主张

---

① 〔美〕B.盖伊·彼得斯:《政府未来的治理模式》,吴爱明、夏宏图译,中国人民大学出版社,2013,第5~20页。
② 〔美〕珍妮特·V.登哈特、罗伯特·B.登哈特:《新公共服务:服务,而不是掌舵》第3版,丁煌译,中国人民大学出版社,2016,第22页。

的以"效率为驱动、实现组织的分散与分权、以卓越的价值文化追求提升公共服务质量"为特征的治理模式；罗西瑙以解决全球治理为目标，以国际事务治理、建立全球规则体系、形成全球"普世价值"等为内容的全球治理结构的治理模式；等等。无论哪一种模式都呈现共同的特征：在民主化的社会中，治理主体之间的关系更强调平等，而关系平等需要塑造一个"去中心"的治理组织结构，"去中心"要求打破层级管理体制，建立扁平的网络互动组织结构，既要追求效率，又要追求服务，更要注重体现民主、公平和参与的治理价值观。在实践层面，西方各国政府的治理改革因国情不同而在具体目标上也存在差异，但基本上都致力于解决三个方面的问题，即促进经济发展、解决官僚主义问题，以及在有限的财政基础上满足日益高涨的公民需求。[1]

（二）国内研究述评

我国传统治理思想和治理实践有着十分悠久的历史，我国古代"治理"有"治平""治化""治术""治本""治宜"之说[2]，从尧舜时期就有了关于"天下为公"的治世思考，其中"和谐""安民"等思想对我国现代治理具有启发和借鉴意义。然而，我国传统治理主要强调政治统治和政府控制功能，与新时代治理要求相比，无论是在治理理念、内涵上，还是治理体制、模式、目标上，都有明显的不同。

从20世纪90年代开始，受到西方治理理论研究的启发，国内学术界开始从政治、经济、社会、人文、地理、管理、民俗等多个视角出发研究社会治理发展，尤其在党的十八届三中全会后，学者对社会治理的研究出现了高潮，在社会治理的理念、模式、体制等方面都取得了丰富的研究成果，为我国基层社会治理创新提供了坚实的理论与实践基础，也为国家治理政策的制定提供了有力的支撑。

1. 关于"治理"相关概念的内涵、特征研究

学者毛寿龙从公共事务管理的角度定义"治理"，他提出在社会治理结

---

[1] 毛寿龙：《治道变革：90年代西方政府发展的新趋向》，《北京行政学院学报》1999年第1期。
[2] 李龙、任颖：《"治理"一词在中国古代的使用》，《北京日报》2017年11月20日。

构中，政府应以掌舵者身份进行宏观调控，而不是作为公共事务的直接参与者。① 学者俞可平认为，治理不同于统治，它指的是政府组织和（或）民间组织在一个既定范围内运用公共权威管理社会政治事务，维护社会公共秩序，满足公众需要。治理的理想目标是善治，即实现公共利益最大化的管理活动和管理过程。善治意味着官民对社会事务的合作共治，是国家与社会关系的最佳状态。② 党的十八届三中全会后，结合社会治理的顶层设计与政策要求，学者们从政治性和学理性统一的角度出发阐释社会治理的含义。学者姜晓萍认为，社会治理是以实现和维护群众权利为核心，发挥多元治理主体的作用，针对国家治理中的社会问题，完善社会福利，保障改善民生，化解社会矛盾，促进社会公平，推动社会有序和谐发展的过程。③ 学者周红云从历史和问题出发，通过社会管理和社会治理两个概念的比较指出，社会治理是为了实现社会秩序稳定，对社会组织、社会事务、社会活动进行规范和协调的管理过程，是对政府管理出现"真空"地带的公民社会领域的管理。从这个角度讲，它和社会管理具有相似的内涵，但与社会管理不同的是，社会治理强调主体间的平等关系、多向度的合作协商关系，强调公民自治与政府治理的合作关系以及主动治理、柔性治理、动态治理的基本特征。④ 学者龚维斌从社会治理对社会管理的继承和延续关系上指出，社会治理是社会管理的升级版，在社会治理概念出现之前，社会管理已经开始渗透社会治理的思想和理念。因此，社会治理和社会管理并不是对立的，而是继承和发展的关系，社会治理强调多元主体、民主协商、依法办事、以人为本等基本特征。⑤ 学者王思斌从方法和机制的视角定义社会治理，认为社会治理是通过民主参与实现社会秩序的方法和机制，社会治理优于社会管理的条件是形成有效实现政府所承担职能的方式和机制，根据我国治理实践，他进一步提出社会治理有管控型治理、博弈式治理、协商式治理、服务型治理四种类型⑥，他认为每种类型都可能会对治理产生

---

① 毛寿龙、李梅、陈幽泓：《西方政府的治道变革》，中国人民大学出版社，1998，第5页。
② 俞可平：《治理与善治》，社会科学文献出版社，2000，第1~15页。
③ 姜晓萍：《国家治理现代化进程中的社会治理体制创新》，《中国行政管理》2014年第2期。
④ 周红云：《从社会管理走向社会治理：概念、逻辑、原则与路径》，《团结》2014年第1期。
⑤ 龚维斌：《社会治理是社会管理的升级版》，《理论视野》2014年第1期。
⑥ 王思斌：《实现有效的社会治理》，《社会治理》2019年第1期。

积极作用，关键是针对不同问题合理使用不同的治理方式。这一观点进一步丰富了对社会治理的认识：社会治理并不是统一的治理方式，在基本内涵一致的情况下，应根据不同情况甄别问题，采用更合适的方式解决问题。鉴于本书进一步研究的需要，通过梳理相关文献，笔者认为，学者叶海云、方文瑞对基层社会治理内涵的界定较为清晰明了，他们认为，基层社会治理就是在党的领导下，政府与社会组织协同处理基层社会公共事务，以达到化解社会矛盾、维持社会稳定的目的。[1]

在不脱离我国治理传统和现实国情的背景下，学者们对治理的相关范畴进行了研究，对"治理"与"社会治理"作了定义和分析。这一新的表达既注重对以往治理实践的纠偏，又注重其现代意义的阐释。尤其"社会治理"是我国独有的概念，学者们对它的界定和学理分析具有理论的原创价值。学者们对治理与社会治理的中国阐释，为我国治理理论研究作出了基础性的贡献，在这一基础上，依据社会治理的顶层设计和实践的变化，学者们的研究进一步丰富和发展了彰显时代价值和要求的治理内涵。

2. 社会治理研究取向

理解社会治理的研究取向需要始终注意社会治理和社会管理的比较，只有在对比中才能理解社会治理的创新价值。在基本概念的界定和特征分析中，学者们将社会治理视为实现基层民主的重要形式，体现具有中国特色的政治文明和社会进步，强调社会发展和社会自治，形成政府和社会之间的良性互动关系，相关代表性的观点有以下几点。

（1）社会治理主体的拓展。学者俞可平认为，社会管理向社会治理的转化是理念的重大创新，意味着治理主体从单一转向多元，不再是单一的政府公共权力机构，还包括社会组织、社区组织、企事业单位，甚至公民自己。他更强调我国社会治理主体的中国特色，即在我国多元化的治理主体中，最重要的是中国共产党的各级组织。[2] 学者王猛、毛寿龙指出，理想的主体结构设计应该是在明确各主体比较优势与责任的基础上构建竞争与合作的主体网络，政府、市场主体与社会组织、社会各阶层、个体共同参

---

[1] 叶海云、方文瑞：《基层社会治理的标准化路径探索》，《第 18 届中国标准化论坛论文集》2021 年第 10 期。

[2] 俞可平：《中国的治理改革（1978~2018）》，《武汉大学学报》（哲学社会科学版）2018 年第 3 期。

与社会治理。① 社会治理主体的拓展和社会管理对主体的理解显然不同，治理的多元化主体已经达成共识，将党组织、基层政府、自治组织、社会组织、公民等纳入多元化治理主体范围是党中央对基层社会治理的整体设计，学者们更多从治理的实际需求出发阐释多元化的必然性，以及各主体在治理中的功能作用，在这一视角下研究影响各主体功能有效发挥的体制机制障碍，将社会治理主体研究引向更深入的层次。

（2）政府职能转变是核心议题。在多元化治理中，政府已经不再是唯一主体。因此，新时代党领导下的社会治理就必然要对政府进行治理体系下的改革和功能角色的重新定位。学者王智通过对政党—政府—社会的三元结构变迁以及三元关系在建构上的思路悖论的研究，提出汲取三项资源、平衡三种权威、建立健全理性化意识形态系统、健全法治化政权分野系统、健全制度化党内民主系统、健全有限化政府系统、健全规范化市场系统，以构建新条件下党与政府、社会的良性关系，实现治理主体的良性互动，他认为，政府必须增强服务供给，政府不仅是管理者，更是服务者。② 学者贺东航、高佳红认为，社会治理主体主要分布在基层社会，城乡社区是主要的组织单位，随着治理下沉到基层，政治势能获得了更多的条件依赖，因此，需要转变基层政府职能，把政绩的考核标准由"经济导向"逐渐转向"服务导向"，使基层政府向为公众提供"公共服务"的角色转变，使组织网络更加稳固，进而形成有效的群众动员基础。③ 学者们在对治理方式和路径的研究中，将注意力集中于从管理向治理转变过程中政府职能的转变，重点强调在治理的变革中，核心是对政府权力的重新塑造，以打造服务型政府。

（3）社会组织是社会治理的增量。社会治理以政府与社会关系的界定为前提。社会在这里是一个抽象的概念，在具体的社会治理研究中需要进一步解构社会，才能在治理主体的多元化结构中，正确发挥各治理

---

① 王猛、毛寿龙：《社会共享与治理变革：逻辑、方向及政策意蕴》，《社会科学研究》2016年第4期。

② 王智：《中国共产党领导国家与社会的历史与逻辑——以"党—政府—社会"三元关系为中心》，《当代世界与社会主义》2012年第2期。

③ 贺东航、高佳红：《政治势能：党的全面领导提升社会治理效能的一个分析框架》，《治理研究》2021年第5期。

主体的社会作用。社会组织是社会的重要角色,是基层社会治理中不可或缺的重要参与力量。因此,激发社会组织的主体性意识、发挥其治理功能,是构建我国基层社会治理体系的重要内容。自 20 世纪 80 年代以来,国内学者开始关注并研究社会组织,形成了大量具有启发性的研究成果。

一是关于社会组织的培育研究。从"管理"向"治理"的转向需要更好发挥社会组织的作用。学者李璐认为,随着我国治理转型,政府向社会放权,社会组织需要"接得住",有效承接政府的权力转移,履行社会使命。但我国社会组织起步晚,普遍发育不全,需要结合治理需求和社会组织自身成长规律,有序引导社会组织发展并发挥其功能。因此,她从"捐赠者—社会组织—服务对象"的三方互动视角出发,提出把激励社会资金参与社会组织建设、激励社会组织内部非营利化运作、激励社会广泛参与社会组织建设,作为培育社会组织良性发展的三个关键环节。[1]

二是社会组织管理体制研究。学者韩恒指出,"双重管理"已经不能涵盖社会组织管理体制的基本特征,需要改进双重管理体制,避免管理失灵,他总结了政府管理社会组织的七种模式,并从登记管理、业务管理、人事管理等方面对每种模式进行了深入分析,说明我国对社会组织的管理方式并不是单一的,而是根据不同类型对各类社会组织实施分类管理,多样化的管理体制构建使管理覆盖多种类型的社会组织,避免在社会组织快速发展中出现管理失灵。[2] 学者王名、孙伟林提出了我国社会组织管理体制未来发展的三大战略,即发展型战略、控制型战略和规范型战略,并强调以制度创新为主导力量,使我国社会组织管理体制改革创新全面展开,让社会组织管理体制变迁走向以发展社会组织为主旋律的新方向。[3] 学者张倩倩根据新时代社会组织发展的要求,梳理了我国社会组织管理体制从"管制主导""吸纳赋权"到新时代"政社共治"的变迁线路,提出以建立社会组织"走出去"的督导机制、效果评估机制、风险防控机制,培养现代专业化职业型社会组织为导向的管理体制,为新时代社会治理体制机制创新提供了新的

---

[1] 李璐:《社会组织培育机制研究》,《合作经济与科技》2017 年第 22 期。
[2] 韩恒:《试论政府管理社会组织的主要模式》,《社团管理研究》2008 年第 8 期。
[3] 王名、孙伟林:《社会组织管理体制:内在逻辑与发展趋势》,《中国行政管理》2011 年第 7 期。

启发和思路，对社会组织培育和发展具有较强的可操作性和现实价值。①

3. 多视角的基层社会治理研究

社会治理的理论研究与基层治理的实践在互动中逐步深化，基层治理更加侧重于实践，学者们基于基层治理能力的提升，从经验总结、模式创新、理论归纳等多个视角出发，进一步丰富了对基层社会治理的研究。

（1）基层社会治理与党组织关系的研究。新时代加强党对基层社会治理的领导，是激发基层治理活力、构建中国特色治理体系的基本要求。党建对社会治理产生的影响取决于党建的策略与方法，处理得好，党建与基层社会治理发展就可以相得益彰；处理不好，会使党组织与社会治理之间的张力增加。

新时代的治理要求多元主体实现协同治理，但在基层治理实践中，跨部门共治始终是一个难题。在前述西方治理理念的研究中，西方学者认为各主体都有自利倾向，难以进行有效的合作，这在西方制度下是难以克服的弊病。国内学者以我国制度为基础，结合治理实践经验，将主体实现协同的研究重点集中在党组织在基层社会治理中的功能和作用上。学者陈晓岚提出社会治理新格局已成为党整合社会的新抓手，梳理了党的社会整合历史，总结了党的组织建设、整合载体搭建、吸纳动员群众等三种整合机制，并认为这三种整合机制在整合、效率、效度上都有自身的缺陷。因此，新时代治理需要通过织密组织纽带、整合治理资源、强化基层认同、引领动力的制度化建设等，打造"横向到边、纵向到底"的党组织网络，发挥党组织优势，实现各主体之间的协同合作，推动社会整合和基层社会治理。② 学者陈晓岚对基层社会治理与党组织关系的研究，兼顾历史与现实、制度与实践、理论与基层，在相关文献中具有一定的代表性。

此外，学者们从不同视角出发研究党建与基层社会治理。学者吴丹、石锦澎提出党建融入社会组织建设的思路，以党建为中心力量促进社会组织在基层社会治理中的强关系形成。③ 学者许晓、季乃礼从国家、政党、社

---

① 张倩倩：《社会组织治理机制创新研究——基于中国社会主要矛盾转化视角》，《行政与法》2021年第4期。
② 陈晓岚：《党建引领社会治理新格局的整合逻辑》，《广东社会科学》2021年第2期。
③ 吴丹、石锦澎：《中心性与强关系：党建引领社会组织发展的机制研究》，《南昌大学学报》（人文社会科学版）2021年第5期。

会的结构出发，研究面向乡村振兴战略下的农村基层社会治理，提出以村级党组织建设改造农村社会，重塑乡村社会生产生活，以党建加强农民群体思想教育，确保农民广泛参与农村自治，通过党组织建设实现国家与农村社会结构的均衡互动。[①]

（2）基层社会治理模式研究。一是关于城市社区治理研究。学者左晓斯、张桂金以广州市天河区的治理实践为例，提出基层治理的"七力凝聚"模式，即以政治建设提升引领力、以基层工作机制创新增强治理动力、以自治建设激发治理活力、以法治建设增强治理定力、以德治建设增强治理内力、以科技赋能提高治理智力、以创新化解机制增强治理合力的基层治理模式，从而最终实现党建强、反应快、手段智、重心低、实策细、自治法治德治相融合的基层治理，这一研究成果对城市社区治理具有极强的启示和借鉴价值。[②]

二是农村社区治理。农村建设始终是我国现代化建设的短板，农村基层治理需要将治理与建设有机统筹，以农村社区建设为基础，解决农村居民实际困难，以乡村治理推动农村建设。学者蒋学平、李娟认为，构建新型农村社区治理模式，首要问题是深化文化体系建设，推进群众性精神文明创建活动，扫除农村黑恶势力，进行农村"微腐败"整治；其次要加强农村社区的基础设施建设，维护农民的基本利益，做好生产、就业、公共卫生、社会救助优抚、基本养老、公益慈善等基础性工作，以重点解决农业环境污染、生态系统退化等问题，统筹推进农村社会建设和社会治理，将其纳入乡村振兴战略，推动城乡一体化建设。[③]

三是基层全域治理研究。学者杨发祥、郭科从全域治理的基层治理视角出发，提出实现基层治理效能的路径，应以全域治理的视野在更高层级中推动统筹共同体行动与协同合作。当前，基层矛盾和问题出现跨界、跨域、条块分割等现象，单从基层视角难以解决，需要提升治理空间层次，

[①] 许晓、季乃礼：《党的群众路线历史演进与经验启示：乡村治理的视角》，《西南民族大学学报》（人文社会科学版）2022年第7期。

[②] 左晓斯、张桂金：《基层社会治理"七力凝聚"模式及其启示——基于广州市天河区的经验》，《社会治理》2021年第10期。

[③] 蒋学平、李娟：《农村社区治理路径选择与实践探索》，《山东农业工程学院学报》2021年第7期。

发挥高层级治理组织作用，实现基层治理空间整合、府际关系与条块协同、边界突破与合作共享。① 这一研究为基层治理提供了全新的视角，是一种全新的基层社会治理研究模式。

四是基层社会治理的文化共识研究。社会文化共识是基层社会治理的重要支点，学者文军深入文化层面对基层治理进行研究，认为我国社会治理发展到了文化价值观层面的集中感知和集中表达时期，已经出现了由压抑到激发、由同质到异质的价值观转变。基层社会治理要将理顺各种利益关系作为重心，形成大部分社会成员可接受的社会文化共识，以"立体式的文化治理"消解基层社会治理的平面思维和治理方式，以文化共识和政府治理改革，推进基层治理中的"人心管理"。②

（三）综合评述

国内学者站在马克思主义立场上，以习近平总书记关于社会治理的重要论述为指导，批判地借鉴西方学者的治理研究成果，为中国特色的社会治理理论研究找到了切入点。不可否认，西方治理理论研究与其工业化和现代化进程相互同步和协调，在研究深度和广度上都有目共睹。因此，在结合我国国情对社会治理理论进行融合研究时，对西方国家不同理论派别的研究和梳理就显得尤为必要。尽管西方学术界对治理的内容研究多样化，各派别时而理论交锋，但是剖玄析微，在关于社会治理的目标、结构主体、治理内容方面，西方各治理理论基本趋同，如政府在社会治理结构中应破除控制的理念而主要承担协调的职能；应当积极推进社会各主体成员共同参与社会治理，形成政府、社会、公民等多元合作的治理机制；公共利益的最大化应当是各国社会治理的首要目标；政府要通过精简机构提高治理的效率和水平，提供高质量的社会公共服务；等等。

然而，"应然"不一定会成为"必然"。受制于资本主义制度属性和资产阶级立场的局限性，西方学者的研究实际上是为了缓和资本主义社会矛盾、维护资产阶级统治，无法实现真正的人民治理、民主治理、共同治理，在实践中出现了为维护统治阶级和少数精英利益而漠视甚至不惜侵犯和牺牲

---

① 杨发祥、郭科：《全域治理：基层社会治理的范式转型》，《学习与实践》2021年第8期。
② 文军：《社会文化共识是基层治理的支点》，《西部大开发》2014年第11期。

广大人民群众利益的情况。西方国家奉行"社会达尔文主义",因治理失效而导致社会混乱的情况屡见不鲜,现实让我们看到了西方制度和治理面临的困境,以及西方治理理论的局限性和实践的虚伪性。西方治理研究与其社会发展程度息息相关,要解决的是西方治理中存在的问题,由于受到西方社会的价值理念、思维方式、政治制度等影响,西方关于治理的研究往往将社会和政府看作对立关系,即一种权力相互博弈的关系。西方学者以"社会中心"的视角研究治理,在假定政府治理失灵、市场失效、国家不起作用的情况下,强调社会的自组织运行,过分夸大市场、社会和公民在治理中的作用和功能,这实际上是"新自由主义"思潮的表达方式。在研究西方治理理论时,需要明确我国治理基础、治理传统、治理环境、治理文化、治理目标与西方社会的差异,需要思考和研究我国政府与人民的关系、党在社会治理中的功能与作用、新时代我国要用治理来解决什么样的问题等,在此基础上才能形成符合我国国情的治理政策和话语表达,破除治理的西方话语体系垄断,构建有中国特色的治理体系和模式。但不可否认的是,西方学者在治理领域研究的历史积淀、理论分析、研究视角、思路方法等,以及西方现代化过程中的治理实践,对我国社会治理具有重要的启示和借鉴意义,西方治理经验与教训需要我们实事求是、与时俱进地进行批判性吸收。

马克思主义经典作家关于社会治理理论的很多论述,虽然没有直接使用西方学者的概念与措辞,但蕴含了社会主义国家社会治理的思想资源。马克思主义认为,社会管理的最终目的是为社会提供公共服务,人民才是社会事务管理的主体,强调要在无产阶级政党领导下实现人民治理,最终在共产主义社会实现人民的联合自主管理,这为我国社会治理的现代化提供了基本思路和发展方向。本研究认为,目前社会治理理论尤其是基层社会治理理论存在一定的局限。其一,社会治理的研究成果虽然纷呈,对基层治理的研究也有一定的关注度,但相对于西方较为完善的社会治理理论来说,我国的基层社会治理理论在研究的深度和广度方面仍存在一定的欠缺。目前对于基层社会治理的研究主要集中于对基层治理政策的阐释和实践层面的具体治理模式的分析,而对基层社会治理的制度建设、体制机制建设的整体性研究较少,制度建设、体制机制建设是形成基层社会治理体系的重要内容,我国基层社会治理的整体目标是实现治理体系和治理能力的现代化，通过治理体系的完善来保障治理能力的现代化，因此，新时代的基层社会治理，既需要进行局部性研究，也需要进行整体性研究。其二，受历史与时代发展的局限，基层社会治理研究需要根据社会发展、形势变化、人民的需求的变化，保持与时俱进。当前，我国已进入社会主义现代化建设的新阶段，中国式现代化道路的拓展、人类文明新形态的发展，需要结合世情、国情、党情、社情、民情的新变化，不断拓展我国基层社会治理研究。从这个角度来看，基层社会治理拥有广阔的研究空间，学者们需要不断探索、挖掘、总结，助推形成具有中国特色的、引领人类文明发展的基层社会治理理论和实践体系，用中国话语阐释中国治理，在治理研究中进一步构建中国特色基层治理话语体系。

第一章 基本概念和基础理论

概念是理论的基石，研究新时代我国基层社会治理需要对基本概念进行界定，以明确研究对象。理论是实践的基础和先导，治理和社会治理思想构成基层社会治理研究的理论基础，本章在基本概念界定的基础上，以追根溯源、以往鉴来、批判吸收、继承发展的眼光和态度，对马克思主义经典作家治理思想、中华优秀传统治理思想、西方治理理论、中国共产党关于社会治理的重要论述进行梳理、概括，分析以往理论思想成果对当下的启示和价值，为新时代我国基层社会治理研究夯实理论基础。

第一节 基本概念界定

概念是人们在认识过程中把感性认识上升到理性认知，将所感知的事物的共同本质特点加以抽象和概括，建立起自我认知的一种表达形式，是人类认知的思维和理论体系中最基本的构筑单位。治理、社会治理、基层社会治理以及治理主体性是本书进行研究的基本概念范畴，需要逐一进行梳理和界定。

一 治理与社会治理

20世纪90年代以来，随着学术界的不断研究探索，治理已经逐渐成为各国领导人观察国家社会发展的维度，治理理论也成为各个国家治国理政的重要理论参考，这宣告了治理时代的来临。

（一）治理

在英语世界中，"治理"（governance）的话语表达，本意是掌控、引导和操控，和"统治"（government）概念相近并交替使用。中文中的"治理"和"管理"两者并无本质区别,往往被视为同义语并互相解释。在我国典籍文献中,"治理"的出现早于"管理","管理"作为外来词于近代传入我国。融合东西方文化、遵循学术界研究发展规律,以及相关概念在党中央政治文件中的使用顺序,本研究认为,从"统治"到"管理"再到"治理"术语的演变,符合现代治理理念的发展逻辑,治理理论的形成发展主要基于两大背景。

一是国际组织的倡导和推动。1989 年,世界银行在关于非洲发展问题的报告《撒哈拉以南非洲:从危机到可持续增长》中提出"治理危机"。自此,"治理"一词开始被广泛地运用到政治发展的相关研究与政府的政策体系之中。1995 年,全球治理委员会对"治理"一词作出了界定:治理是指各种公共的或私人的个人和机构管理其共同事务的诸多方式的总和,是使相互冲突或不同的利益得以调和并且采取联合行动的持续过程,既包括有权迫使人们服从的正式制度和规则,也包括各种人们同意或认为符合其利益的非正式制度安排。[①]"治理"作为一个显性的政治用语,与国际组织对发展中国家发展状况的关注和描述有关,主要动机源于国际组织对发展中国家援助的需要。国际组织在对发展中国家进行援助的过程中发现,援助效果和预期之间有很大差距,这促使它们开始关注援助效果与被援助国治理之间的关系,援助效果不佳往往被认为主要是由被援助国的治理失败所导致,包括管理混乱、腐败横行、暗箱操作等。尤其在苏东剧变后,西方所期待的以"民主化、市场化"为导向的政治经济改革所引发的社会秩序混乱,使它们对政治在经济、社会、政策层面所产生的影响有了更加深刻的认识。

二是西方学者对各自国家经济社会发展问题的思考。尽管 20 世纪 90 年代因为苏东剧变,西方国家迎来了所谓的"制度胜利",然而他们所期待的西方式民主并没有征服世界,这使他们开始反思民主制度下的治理有效性问题。西方国家自身的社会问题亦引起学者们的关注,欧洲国家的高福利政策导致政府财政入不敷出,用于福利的财政支出在 GDP 中的占比不断提高,使经济投资受到极大影响,经济发展效率降低。许多国家和地方政府

[①] 转引自孙文平、朱为群、曾军平《现代国家治理理论研究综述》,《地方财政研究》2015 年第 7 期。

出现财政危机，甚至一些州、城市宣布破产。因为经济增长效率不高，劳动就业、基础教育、医疗保障、中产阶级危机等社会问题开始显现。基于此，西方国家开始反思有效治理问题，有观点认为，国家之间在政治上的重要区别不在于政府的组织形式，而在于政府的组织效度及实现目标的效力。对自身经济社会发展问题的思考，使他们开始反思政府治理，并在实践中进行探索和改革，如瑞典推行的自由化、市场化的反向改革，以及美国克林顿政府、英国布莱尔政府所推行的政治和治理的"第三条道路"等。

在理论和实践的推进中，"治理"被赋予了某种先进性，成为与"统治"不同的一种新型政治文明和研究范式的代表。[1] "文明终结"所引发的资本主义制度"优越感"让西方学者认为政府"统治"的功能应当削弱，"治理"才是一种新的政治文明范式。各国学者的观点从理论视角出发总结概括起来共有五种。一是治理主体包括政府在内的社会公共机构和行为者。政府不是唯一的公共权威，在得到社会认可的前提下，公共机构、私人机构都是新的权力中心。二是治理在解决社会和经济问题的过程中，存在权力、责任界线的模糊性。由于权力的转移，政府与社会、公共与私人部门的权责边界将更加模糊。三是治理在涉及集体的目标和行动时，存在彼此之间的权力依赖。因此，基于共同目标的治理行为，必须加强组织之间的信息沟通与资源交换，从而这强化了行为者本身的依赖。四是治理意味着参与者最终将形成一个自主的网络，通过网络承担政府转移的责任，实现与政府的合作。五是好的治理并不仅限于政府运用权力、权威发号施令。政府要使用新的管理办法、技术工具来引导和控制公共事务。[2]

总之，"治理"的出现和使用在不同视角中具有不同的价值意蕴。从国际组织的视角来看，关注的是发展中国家或者转型国家要按照民主化、市场化、自由化的方向进行"治理"重构；从注重"国家中心"主义的欧洲国家来看，关注的是打破国家—社会的平衡，让社会发挥更大的作用；从对国家有严重防范心理的美国来看，更注重以提升政府效率为目标，对行政体制本身进行民主化改革。

---

[1] 国务院发展研究中心公管所：《社会治理的理论与实践探索》，中国发展出版社，2018，第6页。

[2] 俞可平：《治理和善治：一种新的政治分析框架》，《南京社会科学》2001年第9期。

（二）社会治理

现代"治理"概念源自西方，西方不曾有"社会管理"和"社会治理"的概念。马克思、恩格斯也没有使用过"社会治理"一词，但在他们的著作中蕴含社会治理的思想。从"国家和社会"在不同社会形态中的地位来看治理，阶级社会产生之前的原始社会，没有国家只有社会，因此社会治理占据主导地位；阶级社会产生之后，国家和社会并存，国家治理逐渐取代社会治理占据了主导地位，社会治理从属于国家治理；当人类社会发展到更高阶段，消灭阶级和国家之后，在自由人联合体中，社会治理将转变为纯粹的公共治理，为实现人自由而全面的发展发挥其功能。因此，马克思、恩格斯所实际关注和研究的社会治理主要包括资产阶级社会和无产阶级社会两个不同阶段的治理。资产阶级治理是为了维护阶级统治，是庸俗的；无产阶级治理的前提是推翻资产阶级统治，以建立无产阶级专政为基础，是真正实现以人民利益为中心的有效治理。

在我国，从国家视角来看，治理涵盖治国理政的经济、政治、文化、社会、生态、外交、军队、党建等工作；从地方视角来看，治国理政在地方上的实践主要表现为社会治理，地方上的各项治理往往统称为社会治理，各项治理活动本身也是一个有机联系的整体，需要从整体、协同推进的角度予以研究。因此，可以理解为治国理政在国家层面是国家治理，在地方层面是社会治理。从"五位一体"总体布局视角来看，社会治理在国家视野中是与经济、政治、文化、生态治理等相并列的概念，社会治理是关于社会建设领域的治理理论与实践。

从现代治理的发展来看，治理的动机主要来源于对政府治理和社会问题的反思。从国家—政府—社会的角度来看，政府治理包括对政府自身的治理，社会治理主要涉及公共社会治理，政府治理的最终目的也是解决社会问题，两者都是国家治理的重要组成部分。从这个意义上看，治理通常主要是指社会治理。因此，我们需要从两个层面理解社会治理：一是社会治理的主要目标是解决社会问题；二是社会治理需要多主体参与，实现国家（政府）与社会的合作。作为社会主义国家，与西方不同的是，我国强调在国家治权主导下的社会治理，政府与社会的关系并非对立博弈，而是协同合作、互相塑造，强调通过共同激发社会活力来解决社会问题，以治理共同体的形成实现社会整合。

"社会治理"是我国独有的表达，我国提出"社会治理"这一概念，有着非常明确的政策和治理领域指向。在中国特色社会主义"五位一体"总体布局中，社会治理明确指向社会建设领域，通过社会治理解决社会问题、促进社会建设、发展社会文明，这是社会治理最基本的作用。关于社会治理的内涵，笔者在文献综述部分已经进行了介绍和分析。简言之，笔者认为，社会治理是以社会管理为基础，对原有社会管理进行改革创新，以实现和维护人民利益为核心，以发挥"党委领导、政府负责、社会协同、公众参与"的多元治理主体功能为基础，通过协同合作、民主协商，对社会组织、社会事务、社会活动进行规范和协调，针对治理中的社会问题，建立健全体制机制保障，加强社会建设，改善民生，化解社会矛盾，促进社会公平正义，以构建治理共同体推动国家社会整合，实现社会有序和谐发展的过程。

二 基层社会治理

基层社会治理是本研究的关键词与核心概念，以往研究成果中较少对其进行理论概括。本研究在阐述治理和社会治理内涵的基础上，对基层社会治理进行概念界定，并对其特点、目标及要求进行分析。

(一) 内涵及特点

严格来讲，"基层社会治理"并不是一个理论范畴，它以治理和社会治理相关理论为理论基础。"基层"在我国是一个行政地理区划概念，因此，"基层社会治理"界定了社会治理具体实施的行政层次和地域范围。基层社会治理属于社会治理的范畴，是社会治理在地方和基层的具体体现，虽然两个概念时常被互换使用，但"基层"一词仍具有明确的具体指向。

理解基层社会治理内涵，关键在于对"基层"的界定。国际惯例将乡、镇层次的政府界定为基层政府，而我国将基层社会界定为县级层次及以下的社会层面，这种界定方法有一定的依据，其法律依据在我国《宪法》第107条中有明确说明，基层政府应具备完整的职能设置，并对本行政区内各个方面具有管理权限。① 因此，以建制完善程度为视角，县级政府属于基层政府，并且能够直接接触群众，调解处理社会问题。此外，乡镇政府也属于基层政府，但是职能设置并不完整，而街道办事处本质上是政府的派出机构，是政府向社会的延伸，隶属于县（区）级政府机关。当前，我国基层政府特别是乡镇级别的基层政府采取纵向的垂直管理，乡镇级别的政府职能发挥以及对本级别所辖行政区域内社会资源的利用受到很多约束，尤其是在财政体制方面，乡镇财政统一归县级政府管理。随着时代的发展，在我国，无论是政策表达还是治理实践，做实基层治理、实现基层群众自治的要求，通常都将城乡社区治理纳入基层治理的范围之中。

以《关于加强基层治理体系和治理能力现代化建设的意见》精神为依据，本研究将"基层"聚焦到乡镇（街道）、村（社区）这一范围。新时代基层社会治理强调在党的领导下发扬基层民主，构建共建共治共享的治理共同体，乡镇（街道）、村（社区）党组织是治理共同体中的领导力量；乡镇（街道）属于政府派出机构，是治理共同体中的行政力量代表；村（居）民委员会属于群众性自治组织，是治理共同体中社会力量的主要代表。因此，应聚合各主体并有效发挥其作用，以多元共治构建基层社会治理新格局。

在界定治理和社会治理概念的基础上，基层社会治理的内涵显而易见。本研究将基层社会治理的内涵界定为：党组织和基层政府通过发挥领导、组织、协调和控制等职能，城乡社区、社会组织和公民通过体现参与、管理、反馈和服务等功能，共同实现社会治理系统在基层各个领域的协调运行和正常运转的过程。基层社会治理以体制机制建设为重点，保障基层社会高效运转，解决基层问题、化解基层矛盾、消除基层风险、提升公共服务能力，实现基层和谐稳定、人民安居乐业。基层社会治理是治理的重点和难点，具有源头性、综合性、系统性等特点，需要更加注重治理主体的多元化，注重人民群众权利的依法保护、实现和保障，注重使用多种手段、方式和工具，实现风险在基层的消除和矛盾在基层的化解。

（二）治理目标

新时代基层社会治理的整体目标是实现治理体系和治理能力的现代化，

---

① 卢汉龙主编《社会建设与社会治理》，社会科学文献出版社，2006，第142页。

具体目标可分为三个。一是发挥党领导下的多元治理主体功能，激发社会活力，激活人民主体性，实现基层自我教育、自我管理、自我服务、自我监督，保障人民民主权利，巩固党的基层政权；二是基层社会治理旨在全面、高效地解决当前基层社会出现的各种问题、矛盾，防范和化解基层社会风险；三是基层社会治理必须能够提高社会福利水平，保障和改善民生，促进社会和谐、公平和正义。推进基层治理体系和治理能力现代化建设是全面建设社会主义现代化国家的一项重要工作，中共中央、国务院在《关于加强基层治理体系和治理能力现代化建设的意见》中进一步明确新时代基层治理的指导思想、原则和内容等。首先，健全体系。加强基层党组织，乡镇（街道）、村（社区）自治组织体系，基层社会组织体系建设。其次，创新机制。加快构建常态化管理和应急管理动态衔接的基层治理机制，构建城乡融合发展的基层治理机制，构建培育与践行社会主义核心价值观的基层治理机制。再次，提供高品质服务。加快构建全方位、高质量的为民服务格局，建立网格化管理、精细化服务、信息化支撑、开放共享的基层治理服务平台，制订城乡社区服务体系建设规划。最后，形成整体合力（组织领导合力、城乡协作合力和干部群众合力）。由此可见，稳固基层政权、解决问题、提升服务水平、实现健康有序发展是基层社会治理现代化发展的目标和基本要求。通过健全制度、创新机制、提供高品质服务形成治理的整体合力，是我国基层社会治理的基本内容，这也为解决基层社会治理问题提供了根本途径。本书聚焦以上目标、要求和内容，研究新时代我国基层社会治理的改革创新。

（三）社会治理与基层社会治理的关系

基层社会治理是社会治理体系在基层的延伸和拓展，也是社会治理活动在基层的体现和实践。基层社会治理是社会治理的核心工作，在理论研究和治理实践中，社会治理主要是指基层社会治理，社会治理隐含基层社会治理的目标与内涵，这两个概念往往也会互换使用，表达同一主题。城乡社区是社会最基层、最核心的单元，也是社会矛盾和问题的聚集区和高发区，是社会治理和社会建设的关键着力点和落实点，因此，社会治理中的各项事务治理本质上就是指基层社会治理。

在新时代的治理中，治理目标随着治理层级的不断提升而更加注重治理的合法性和公平性；随着治理层级的不断下沉，治理目标则更关注治理的效率和效果。因此，社会治理强调的是公平、法治、民主等原则性治理理念，而基层社会治理更关注解决问题、化解矛盾、协调治理等具有策略性、实际性的措施和方法。可见，基层社会治理在强调"基层""地方"的同时，还兼顾了实现国家和社会治理目标的整体性和系统性；社会治理则将基层社会治理看作具有整体性、全局性的总体系统和机制。总体而言，社会治理与基层社会治理密不可分，在目标和内容上各有侧重，既有区别又有联系，从形式上表现为集合与子集的关系。因此，需要将社会治理和基层社会治理有机结合起来，以综合视角观察和研究新时代我国基层社会治理。

三 社会治理中的主体性

主体性是从社会管理到社会治理转变的核心要义，在多元主体的形式转变中，更需要考虑的是各主体的治理主体性的强化和提升。在这里，主体性是指社会治理各个主体在治理中的积极性、自主性、能动性、创造性及责任心等，只有主体性被激发，才能转化为执行力，从而真正实现多元治理。

（一）社会治理效果不佳主要源于社会主体性不强

随着国家发展、社会进步，人们的民主需求和权利意识逐步增强，人民对民主的渴望日益强烈。随着我国社会主义市场经济体制的确立，经济改革不仅推动了社会变革，同时也需要一个强大的社会作为支撑和保障。但长期以来政府主导社会的局面使社会形成了较强的政府依赖，"有事找政府"的心理和行为方式进一步加重了政府的社会压力。在我国这样一个人口规模庞大、社会问题复杂的国家，政府不可能解决所有的问题，这种依赖性导致政府忙于应付各种社会矛盾和问题，从而其他方面职能的履行被弱化，政府承载了过多的职能，而社会因为制度体系得不到有效发育，参与治理的功能被进一步弱化。这种治理结构难以激发社会主体的主体性，不仅会导致社会、民众对政府的过度依赖，也会形成脆弱的社会结构和民众心理状态。社会问题的解决要求政府不能"缺位"，在政府无法兼顾或者作用有限的情况下，问题的解决很难及时有效地满足社会期待，而这可能会使社会矛盾转变为对政府的不满。基于此治理结构背景，迫切需要以社会主体性的有效发挥助推社会问题的解决。

（二）治理创新需要发挥主体性

我国社会治理的发展，需要处理好传统管理中政府与社会的关系。政府不能包办一切，需要社会力量共同参与治理，政府必须加强自身治理，明确在治理中的权责边界，这是政府加强自身治理的前提和内容。政府找到自己在治理中的合适位置，相比传统管理来讲，就是一种治理创新。政府要既不"缺位"也不"越位"，通过权责约束进一步发挥在治理中的主体性作用。要通过社会体制改革，发挥民主与社会吸纳的功能，使社会力量和民众走上治理舞台，从观众变为演员，从消费者、接受者变成建设者、供给者。社会"出场"只是第一步，关键在于社会主体参与治理的意愿。平等、合作的伙伴关系塑造尤为重要，平等性的认知往往是人们主体性得以激发的基础，没有平等的关系基础就无法激发参与者的主体性，唯有通过平等性的关系塑造才能使各治理主体间逐步走向交往与合作，使社会主体愿意参加、乐意参加、主动参加、积极参加，并形成"我是治理主体""我是不可或缺的治理主体"的意识，激发社会主体参与治理、合作治理的热情。我们常说，"群众的智慧是无限的"，创新的基础力量在基层，唯有激发社会治理主体的主体性意识，才能有效激活治理创新的社会力量。

（三）党和国家的治理成就彰显主体性力量

党的十九届四中全会总结了中国特色社会主义的制度优势，党的十九届六中全会总结了中国共产党百年奋斗的重大成就和宝贵经验，无论制度优势、重大成就还是宝贵经验，都立基于党在不同时期有效地动员群众、组织群众，激发群众的主体性意识，从而将群众的积极性、能动性、创造性充分发挥出来，凝聚成强大的革命、建设和改革力量，进而推动历史的前进。我国的政治和社会动员体制具有显著的优势，"中国之治"体现了在制度认可基础上的主体性力量。

由此可见，治理和基层社会治理内在逻辑的共同支点就是主体性，治理与基层社会治理就是要通过培育社会的自主性，充分发挥其积极性和协作自治作用，加强主体间的合作共治，推动社会发展。然而，实现不同主体的主体性凝聚是一个重要问题,各主体素养、能力、道德境界各有不同,存在利益的差异,而基层社会治理关注的是公共利益,只有个体利益与公共利益高度融合,主体性才能被更好地激发,治理才能显示出更优的效果。然而,实现利益协调、统一,往往是实践中最为困难的事情,通过协商找到最大公约数,基于共同目标取得最大限度的共识,就成为激发主体性的重要基础。在广泛共识的基础上激发治理的主体性,以确保取得更优的治理效能,需要充分发挥我国制度优势、党的思想政治工作优势、党的群众路线优势,发展全过程人民民主、协商民主,显示出不同于西方治理的特色和模式。

第二节 基础理论

马克思主义经典作家的治理思想、中华优秀传统治理思想、西方治理理论,以及中国共产党关于社会治理的重要论述,都是在不同时空环境下,对治理进行思考、探索的重要成果,需要对这些理论成果进行梳理、分析,并探究其中对新时代我国基层社会治理具有启发意义的有益成分。

一 马克思主义经典作家的治理思想

中国共产党领导的社会主义国家的治理理论与实践,必然要在历史唯物主义所揭示的人类社会发展规律中定位自身的发展方向。马克思主义经典作家的治理思想,既是基于规律的设想,也是基于实践的思考和总结,更重要的是,其以无产阶级专政为根本前提,从社会性质的角度深刻地阐述了国家及其治理的功能和价值,因而成为我国基层社会治理的重要思想来源。

马克思、恩格斯没有经历过具体的社会主义国家治理实践,他们主要是基于历史唯物主义原理对未来社会进行预测性的设想,其关于治理的思想是在对主要资本主义国家进行研究和批判,以及对巴黎公社成败得失进行总结的基础上形成的。列宁在世界上第一个社会主义国家的革命和建设过程中,进行了无产阶级政权主导下的国家治理探索。之后,在斯大林时期形成了关于社会主义国家治理的"苏联模式"。虽然这些经典作家并没有对"治理"一词作出过明确的解释,但他们的治理思想和实践对我国治理发展产生了重大影响,并构成我国国家治理和社会治理的重要思想基础。

(一) 马克思、恩格斯的治理思想

基于国家的阶级性和社会性特征,马克思、恩格斯认为:"当阶级差别在发展进程中已经消失而全部生产集中在联合起来的个人的手里的时候,公共权力就失去了政治性质。"① 国家具有政治统治和经济社会管理两种主要职能,经济、社会管理为国家管理提供基础。随着国家消亡,政治统治即政治管理的职能也会消亡,但社会管理职能不但不会消亡,还会占据主导地位。从这个视角来看,我国社会治理创新不但体现了社会主义现代化国家建设的现实观照,也符合科学社会主义所昭示的未来社会建设发展的规律。

1. 国家与社会关系的重构

国家与社会关系的重构是马克思、恩格斯治理思想的逻辑起点。马克思、恩格斯的治理思想并未以独立著述的形式集中呈现,他们的治理思想也并未对"治理""国家治理""社会治理"进行严格区分,但他们依然在大量的论著中充分地阐述了自己的治理思想,并且在不同情景下阐述了体现其治理思想的国家和社会指向。从这个角度进行总结来看,治理主要包括国家治理和社会治理,两者是一个此消彼长的自然历史过程,随着国家的消亡,以国家为主导的治理在未来社会中将让位于社会治理。

然而,这里首先要明确国家和社会的关系。黑格尔的精神理性长期将国家与社会关系倒置,国家与社会关系的正确定位需要在对资产阶级国家观批判的基础上完成。马克思、恩格斯也正是在对资本主义国家观进行批判的基础上建构自己的国家学说的,并在这一过程中形成了关于国家本质和社会治理的思想。黑格尔认为,国家是普遍理性的代表,具有永恒的理性,是精神自我运动的结果,国家高于社会并决定社会,市民社会只有通过国家理性的统摄和推动才能实现自由和理性。黑格尔将国家和社会分离并以此作为分析国家功能的方式的做法,得到了马克思、恩格斯的肯定。但马克思、恩格斯并不认同黑格尔关于国家本质及国家与社会关系的定位,马克思、恩格斯认为,黑格尔的国家观是唯心的,并且黑格尔使国家与社

---

① 〔德〕马克思、恩格斯:《共产党宣言》,人民出版社,2018,第50页。

会关系本末倒置。国家绝不是精神理性的外在表现,也不是一种塑造社会的外在力量,它是"社会在一定发展阶段上的产物",是"从控制阶级对立的需要中产生的"①。马克思指出,国家"是一个阶级用以压迫另一个阶级的有组织的暴力"②,恩格斯也阐述了同样的观点,国家"在一切典型的时期毫无例外地都是统治阶级的国家,并且在一切场合在本质上都是镇压被压迫被剥削阶级的机器"③。马克思、恩格斯将国家与社会的关系描述为:"国家是统治阶级的各个人借以实现其共同利益的形式,是该时代的整个市民社会获得集中表现的形式。"④马克思指出,只有"家庭和市民社会本身把自己变成国家。它们才是原动力"⑤。因此,国家是晚于社会出现的,是社会发展到一定阶段的产物,社会是国家形成的基础。国家诞生之后主要有两种职能:一是政治统治,二是经济社会管理。恩格斯认为:"政治统治到处都是以执行某种社会职能为基础,而且政治统治只有在它执行了它的这种社会职能时才能持续下去。不管在波斯和印度兴起和衰落的专制政府有多少,每一个专制政府都十分清楚地知道它们首先是河谷灌溉的总管。"⑥在马克思、恩格斯看来,先有社会后有国家,当社会无法调节阶级矛盾时,就需要有一种凌驾于社会之上的力量来进行政治统治并发挥化解矛盾的作用。因此,国家是阶级矛盾不可调和的产物,而国家进行政治统治必须以公共事务的管理职能为基础,这也是国家进行政治统治的必要条件和主要内容。

2. 马克思、恩格斯治理思想的主要内容

(1) 无产阶级专政是社会主义国家治理的基本前提。马克思、恩格斯虽然没有经历过具体的国家治理,但他们的治理思想首要强调的就是无产阶级及其政党对治理的主导。社会主义是代表人类发展方向的文明形态,社会主义国家治理要以建立高度发达的物质文明为基础,进一步建立先进的政治文明、精神文明、社会文明等,为人类进入共产主义理想社会、解

---

① 《马克思恩格斯选集》第4卷,人民出版社,2012,第188页。
② 《马克思恩格斯选集》第1卷,人民出版社,2012,第422页。
③ 《马克思恩格斯选集》第4卷,人民出版社,2012,第193页。
④ 《马克思恩格斯选集》第1卷,人民出版社,2012,第212页。
⑤ 《马克思恩格斯全集》第1卷,人民出版社,1956,第251页。
⑥ 《马克思恩格斯全集》第1卷,人民出版社,1995,第523页。

放自身创造充足的条件,而实现这一目标,必须以实现无产阶级专政为基本前提。马克思、恩格斯在《德意志意识形态》《哲学的贫困》等著作中,就曾表明无产阶级专政的必要性。他们认为,无产阶级专政是一种特殊的国家形态,具有过渡性质,在一定时期内又能实现秩序性,能够为社会主义向共产主义过渡创造有利的条件。马克思、恩格斯在《共产党宣言》中指出:"工人革命的第一步就是使无产阶级上升为统治阶级,争得民主。无产阶级将利用自己的政治统治,一步一步地夺取资产阶级的全部资本,把一切生产工具在国家即组织成为统治阶级的无产阶级手里。"[1] 只有实现无产阶级专政才能实现民主,这里的民主是最广大人民的民主,是对一切剥削阶级的最严格专政,只有实现无产阶级专政才能"尽可能快地增加生产力的总量",为无产阶级专政的国家开展治理创造充足的物质前提。因此,实现无产阶级专政是社会主义国家治理的基本前提。实现无产阶级专政必须以无产阶级政党为领导力量,"共产党人到处都支持一切反对现存的社会制度和政治制度的革命运动。在所有这些运动中,他们都强调所有制问题是运动的基本问题……他们的目的只有用暴力推翻全部现存的社会制度才能达到"[2]。无产阶级政党是最革命的政党,是将所有注意力集中于推翻剥削制度、实现人民民主的政党,无产阶级政党是社会主义国家的领导力量,无论是革命、建设还是管理,都需要无产阶级政党的领导和组织,唯此才能确保国家治理的无产阶级性质,确保社会主义国家治理主导权由无产阶级掌握。因此,代表人民利益的无产阶级政党不仅要实现无产阶级专政,确保自身始终处于社会主义国家政治的中心地位,而且还要在此基础上领导人民实现国家治理和社会治理。

(2) 社会自治是社会主义国家治理的内在要求。马克思、恩格斯运用历史唯物主义方法分析了不同历史时期国家治理的本质和要求。他们特别强调了国家政治统治和管理职能之间的关系,这种关系不是静态的相互作用,而是随着生产力的发展,两者在治理中的地位和职能发挥空间都会发生新的变化,在国家治理中把握这种变化趋势,有利于制定符合历史发展方向的治理政策。国家是一个历史范畴,其会随着阶级的消亡而走向消亡,

---

[1] 〔德〕马克思、恩格斯:《共产党宣言》,人民出版社,2018,第51页。
[2] 〔德〕马克思、恩格斯:《共产党宣言》,人民出版社,2018,第65页。

国家的消亡意味着其政治统治功能的消失,而公共权力将会回归社会。回归社会的治理必然会凸显治理中的人民主体地位,治理也将表现为社会自治。国家消亡并不是主张无政府主义,只要社会存在就需要进行管理,社会管理有序才能更好地保障人的自由全面发展。因此,随着国家消亡,政府的管理职能将转交给社会,实现人民主导的社会自治。巴黎公社时期的社会管理就是人类进行社会自治的一次伟大尝试。马克思指出:"公社的真正秘密就在于,它实质上是工人阶级的政府,是生产者阶级同占有者阶级斗争的产物,是终于发现的可以使劳动在经济上获得解放的政治形式。"①恩格斯进一步指出:"1871年,工人阶级自从有自己的历史以来第一次在一个作为首都的大城市中掌握了政权"②,"巴黎公社已经不是原来意义上的国家了"③。马克思、恩格斯对巴黎公社的管理方式给予高度评价和赞扬,认为巴黎公社展现了工人阶级的能力和力量,实现了工人阶级掌权并进行自我管理的愿望,这种尝试孕育着人类实现自身解放的基本方向和途径。也就是说,只有无产阶级专政才能保证人民的权利,才能激发社会和人民的主体性,有效动员社会力量,实现真正的社会自我治理,这本身也是人类实现解放的重要表现。

(3)人民主体地位是社会主义国家治理的价值旨归。思想家们的理论体系最终都会以对人性的关怀为落脚点。马克思、恩格斯创立的科学社会主义理论,旨在以在共产主义社会中实现自由人联合体的形式,实现人的自由全面的发展,"代替那存在着阶级和阶级对立的资产阶级旧社会的,将是这样一个联合体,在那里,每个人的自由发展是一切人的自由发展的条件"④。"人民主体"是马克思主义的根本价值立场,它强调人不仅是生产力的核心要素,而且是推动历史发展的根本动力,也是国家治理的基本力量。马克思在《〈黑格尔法哲学批判〉导言》中指出:"不是国家制度创造人民,而是人民创造国家制度。"⑤ 历史唯物主义的基本观点认为,人民群众是社会财富的创造主体,是社会精神财富的创造者,更是社会变革的决定力量。

---

① 《马克思恩格斯选集》第3卷,人民出版社,2012,第102页。
② 《马克思恩格斯选集》第4卷,人民出版社,2012,第266页。
③ 《马克思恩格斯全集》第34卷,人民出版社,1972,第123页。
④ 〔德〕马克思、恩格斯:《共产党宣言》,人民出版社,2018,第51页。
⑤ 《马克思恩格斯全集》第3卷,人民出版社,2002,第40页。

实现人的自由全面发展是无产阶级革命和国家治理最终要实现的最高追求和价值旨归，能否实现治理中的"人民主体"，是判断制度是否先进的根本依据。马克思指出："正因为立法权当时代表着人民，代表着人类意志，所以它所反对的不是一般的国家制度，而是特殊的老朽的国家制度。"[1] "人民是否有权来为自己建立新的国家制度呢？对这个问题的回答应该是绝对肯定的，因为国家制度如果不再真正体现人民的意志，那它就变成有名无实的东西了。"[2] 关于巴黎公社，马克思认为："共和国的真正'社会'性质仅仅在于工人们管理着巴黎公社这一点。"[3] 马克思明确了社会主义国家治理中的人民主体地位，进一步指出，"公社一举而把所有的公职——军事、行政、政治的职务变成真正工人的职务，使它们不再归一个受过训练的特殊阶层所私有"[4]。关于社会治理中的人民主体地位，马克思在对未来社会的设计中进行了相关论述，《共产主义原理》指出："由社会全体成员组成的共同联合体来共同地和有计划地利用生产力；把生产发展到能够满足所有人的需要的规模；结束牺牲一些人的利益来满足另一些人的需要的状况；彻底消灭阶级和阶级对立；通过消除旧的分工，通过产业教育、变换工种、所有人共同享受大家创造出来的福利，通过城乡的融合，使社会全体成员的才能得到全面发展；——这就是废除私有制的主要结果。"[5] 恩格斯在废除私有制、建立无产阶级专政的历史唯物主义分析中，展望了社会主义国家由人民共同治理、共享社会福利，最终实现社会全体成员自由全面发展的前景。《共产党宣言》中主张的"剥夺地产，把地租用于国家支出。征收高额累进税。废除继承权……实行普遍劳动义务制……对所有儿童实行公共的和免费的教育"[6] 等，进一步明确了无产阶级专政国家如何进行国家治理、社会治理，以及国家的社会性功能，即通过治理最终实现人的自由全面发展。

（二）列宁的治理思想

列宁进一步发展了马克思、恩格斯的治理思想，将马克思在《哥达纲

---

[1] 《马克思恩格斯选集》第 1 卷，人民出版社，1995，第 315 页。
[2] 《马克思恩格斯选集》第 1 卷，人民出版社，1995，第 315 页。
[3] 《马克思恩格斯选集》第 3 卷，人民出版社，1995，第 107 页。
[4] 《马克思恩格斯选集》第 3 卷，人民出版社，1995，第 97 页。
[5] 《马克思恩格斯选集》第 1 卷，人民出版社，1995，第 243 页。
[6] 〔德〕马克思、恩格斯：《共产党宣言》，人民出版社，2018，第 50 页。

领批判》中指出的未来社会的第一阶段称为"社会主义",以一种完整的社会形态展现了第一阶段的长期性和复杂性,强调了国家治理的重要性,认为社会治理从属于国家治理。

1. 列宁治理思想的形成背景

19世纪末期,资本主义从自由竞争阶段发展到垄断阶段。与此同时,世界范围内的工人运动以及被侵略被压迫人民争取民族独立和人民解放的运动也进入新阶段。然而,在欧洲,受伯恩斯坦修正主义的影响,第二国际内部出现了思想混乱,工人运动出现了分化并陷入低迷。十月革命胜利后,为了实现向社会主义的直接过渡,苏俄政权主张对资本主义经济基础进行大规模的国有化改造,以国有化改造消解资本主义发展的经济基础,使反革命势力丧失破坏革命的物质根基,提出要大力发展生产,组织生产建设,从对资本的改造转变为"管理俄国"。

然而,十月革命发生时正值第一次世界大战,新诞生的苏维埃政权不仅遭到俄国反革命势力的进攻,也遭到了帝国主义国家的联合围剿。在复杂严峻的国内外形势下,列宁实施了"战时共产主义"政策。实施大中型工业企业的国有化,实行对小工业企业的监督;采用余粮收集制;禁止日用必需品的私人交易,对产品实物供应及主要消费品实行配给制;实行货币和核算的总管理局制,国家直接制定每个企业的产、供、销计划;推行普遍的义务劳动制;等等。通过对国家、经济、社会进行严格的集中管理,对资源进行集中调度使用,列宁领导的苏俄政权有效地聚合了革命力量,经过3年战争,最终保住了世界上第一个苏维埃政权。战争结束后,苏俄国内的情况却急转直下,各地普遍爆发了农民暴动,甚至出现了喀琅施塔得水兵反对布尔什维克党和苏维埃政权的大规模武装暴动。苏俄政权长期推行的战时共产主义政策引发了严重的经济危机、社会危机,并最终酿成政治危机。战时共产主义作为一种社会主义模式,其特点是在组织社会经济活动时,主要采取纯粹军事、行政计划的手段,基本排斥了市场和商品关系,它是在残酷的战争环境和物资极度匮乏的特殊条件下,被迫采取的带有军事性的非常措施。战时共产主义政策超过了理论上和政治上所需要的限度。

正是在这样的背景下,列宁开始采取谨慎的社会主义过渡路线,用渐进过渡替代直接过渡,提出并实行新经济政策。新经济政策以粮食税代替征收，允许农民自由买卖余粮，允许私商自由贸易，并且将一部分小工厂还给私人，还准备把一些企业租给外国资本家。新经济政策是为了解决苏俄国内严重的经济困难和政治危机，并建立社会主义公有制经济基础。新经济政策与战时共产主义政策的不同之处在于，战时共产主义政策想越过资本主义直接过渡到社会主义，最终导致失败，而新经济政策则是主张认可商品关系、利用资本主义，通过发展市场逐步地过渡到社会主义。这是列宁正视俄国经济落后、生产力低下的国情，对社会主义建设新道路、新方式的伟大探索，是对社会主义理论和实践的一次重大创新，创造性地发展了科学社会主义。随着新经济政策的实施，苏俄国内情况得到好转，人民生产生活开始恢复并发展，有效巩固了无产阶级专政的社会主义政权。

苏俄社会主义政权并非建立在经济基础高度发达的资本主义国家基础之上，它的前身是资本主义国家中经济发展水平较为落后的俄罗斯帝国。因此，在十月革命胜利后，摆在苏俄面前的问题是在一个经济落后的国家如何开辟社会主义道路，如何有效地对社会主义国家进行治理，推动社会主义各项建设事业。列宁从国有化着手，经过从"直接过渡"转向"迂回过渡"，从战时共产主义政策到新经济政策的不断探索，初步找到了一条符合苏俄实际的道路。战时共产主义和新经济政策，既是一种社会主义的发展模式，也是一种社会主义国家的治理模式，这一探索开启了无产阶级专政下社会主义国家的建设和治理进程。斯大林执政后，新经济政策逐步淡出历史舞台。

2. 列宁治理思想的主要内容

（1）以国家为中心的治理。以国家为中心进行治理的思想始于列宁，他开创了在社会主义制度基础上以国家为主导的治理进程。历史唯物主义主张无产阶级专政后的国家治理是一种手段，在未来社会最终要实现人民治理。列宁认为："国家是一个阶级压迫另一个阶级的机器，是迫使一切从属的阶级服从于一个阶级的机器。"[①] 列宁赞同马克思、恩格斯的国家消亡论，但主张国家消亡的前提是实施无产阶级专政，他将无产阶级专政与国家消亡论结合在一起，认为只有在无产阶级专政下才会促进国家充分发展并使之逐步走向消亡，进而在国家消亡的基础上实现充分的人民自治。苏

[①] 《列宁全集》第37卷，人民出版社，2017，第70页。

俄复杂、严峻的国内外形势，以及社会主义社会发展的长期性、复杂性，决定了国家不会在短时期内消亡。因此，要实现以国家为中心的治理，必须强化无产阶级专政，防止资本主义复辟。列宁在《国家与革命》中指出，在社会主义国家"剥削者已被击溃，可是还没有被消灭"①。剥削者作为反无产阶级的力量，重新掌握政权的企图始终存在，因此必须对剥削者实行专政。在落后国家建设社会主义需要发挥国家专政的职能，通过国家集中资源、聚合力量来建设社会主义。列宁在治理实践中逐步形成了以国家为中心的治理思想和理念，并强调在未来社会的第一阶段即"社会主义"阶段中国家的治理主导地位，以国家为中心的治理既包括国家治理也包括社会治理，强调国家治理在两种治理中的中心地位。

（2）无产阶级政党是治理工作的领导核心。列宁认为，社会主义俄国是相对落后的，在国内各种条件相对落后的情况下，社会主义建设是一个长期、复杂的过程。在治理工作中，人民群众、社会成员还不具备治理的相关能力，还不能直接参与社会治理和管理，因此，在建设和管理中充分发挥无产阶级政党的作用就显得十分重要。列宁治理思想的关键内容是无产阶级政党在治理中的地位和作用。列宁认为，无产阶级政党是苏维埃政权、社会主义国家的最高领导力量，基于无产阶级政党的革命性、先进性，它在社会主义国家的治理中将始终发挥领导核心作用，因而，无论何地何时"对于应该有共产党的领导这一点，我们不能有任何怀疑"②。在各方面都比较落后的情况下，只有通过共产党的领导，充分发挥共产党的领导核心作用，才能防止并纠正"群众中不可避免的小资产阶级动摇性，抵制无产阶级中不可避免的种种行业狭隘性或行业偏见的传统和恶习的复发"③。列宁还进一步强调"国家政权的一切政治经济工作都由工人阶级觉悟的先锋队共产党领导"④，在国家建设和治理工作中，无产阶级政党作为先进的政党和政治力量，作为社会主义国家的领导者，作为最重要的治理主体，理应承担相应责任，通过党的统一领导提高政府工作效率和治理效能。因此，列宁强调要加强党的建设、发扬党内民主、理顺党政关系、提升干部

---

① 《列宁全集》第37卷，人民出版社，2017，第277页。
② 《列宁选集》第4卷，人民出版社，2012，第306页。
③ 《列宁选集》第4卷，人民出版社，2012，第474页。
④ 《列宁选集》第4卷，人民出版社，2012，第624页。

素养和能力、加强民主监督以及社会主义法制建设等，真正使党的治理结构优化，提高治理能力，保证从根本上发挥党的领导核心作用。

（3）教育人民，提升人民的治理能力。在以国家为中心的治理过程中不断培养和提升人民的治理能力，实现以人民为主体的治理，是社会治理的主要目标。社会治理的实施与人民群众的参与不可分离，公众治理能力是提升治理水平的重要因素，治理一个国家需要各种各样的专业人才，他们需要掌握各行各业的专门知识，形成专业治理的能力，因此，并不是任何个人就能胜任的。苏俄十月革命胜利后，在社会主义建设中就遇到了治理人才短缺的问题，苏俄不但经济基础十分薄弱，人民群众也大多没有文化，列宁认为，人民群众虽然暂时无法胜任各行各业的治理工作，但是要相信人民群众"能够管理并学会管理"[1]。直接从群众中选拔管理者的"速度无论多快，还是满足不了我们的要求，因为我们需要有大量的工人农民能做管理工作，熟悉各种专业的管理部门，而现在连十分之一、百分之一也没有得到满足"[2]，因而，提升群众的治理能力成为社会主义国家建设中的一项迫切工作。列宁十分重视教育，认为教育是社会主义国家治理的基石，并强调将教育和生产实践结合起来，以解决教育与生产脱节的问题。列宁主张将教师争取到社会主义建设阵营中，发挥教师专业技术强的特点，大力发展教育事业。列宁认为，必须发挥共产党的作用，共产党是群众中的先进分子，具有领导、指挥和管理的能力，要充分发挥共产党的作用，教育群众、提高群众的管理素养和能力，"只有工人阶级的政党，即共产党，才能团结、教育和组织无产阶级和全体劳动群众的先锋队……通过无产阶级领导全体劳动群众"[3]。列宁同时指出了工会在教育人民方面的价值和作用，"工会却不是国家组织，不是实行强制的组织，它是一个教育的组织，是吸引和训练的组织，它是一所学校，是学习管理的学校"[4]。列宁十分重视管理者的素质问题，并且认为应当通过教育提升管理者的素质，尤其是在苏维埃政权稳定下来后，在社会主义经济建设中管理者的能力提升显得更重要。列宁在被人们称为"政治遗嘱"的五篇重要文献中，专门

---

[1] 《列宁选集》第3卷，人民出版社，1995，第414页。
[2] 《列宁全集》第37卷，人民出版社，2012，第412页。
[3] 《列宁全集》第41卷，人民出版社，2017，第85页。
[4] 《列宁全集》第40卷，人民出版社，2017，第202页。

论述的一个重要问题就是文化教育及建设问题,并指出"为了革新我们的国家机关,我们一定要给自己提出这样的任务:第一、是学习;第二、是学习;第三、还是学习"①。列宁还强调了通过合作社等社会组织提高人民管理能力。列宁的治理思想充分反映了俄国党和人民在物质生产实践中逐渐建立的历史自觉。教育不仅能够激发人民群众的热情,更能提升人民的治理能力,从而突出人民在治理中的主体地位,推动苏维埃社会主义建设。

此外,列宁还强调对共产党严明纪律要求、对党的队伍加强教育、建立健全法律制度是社会治理发展的必由之路。法律制度作为社会治理的主要手段,是维护公共秩序和规范社会行为的基础。建立社会主义法律制度,主要是保证全体劳动人民能够履行职能并享有权利,确保治理目标的实现,要将立法和执法作为前提,坚持社会主义根本制度的特征和属性。应该根据国情在不阻碍经济发展的情况下,使治理能够充分体现社会主义法律精神与民心主张。

(三) 经典作家治理思想的启示

经典作家所处的时代和我国社会主义新时代,无论在国内外环境还是生产力发展水平上都有显著不同,然而,正如马克思、恩格斯在《共产党宣言》1872年德文版序言中指出的那样:"不管最近25年来的情况发生了多大的变化,这个《宣言》中所阐述的一般原理整个说来直到现在还是完全正确的……这些原理的实际运用,正如《宣言》中所说的,随时随地都要以当时的历史条件为转移。"②经典作家无法也不可能对今天的治理实践作出具体安排和设计,但经典作家在历史唯物主义和辩证唯物主义基础上形成的治理思想,已成为我国治理理论和实践发展的思想来源和重要理论基础。中国特色社会主义是科学社会主义,习近平总书记关于国家治理、社会治理的重要论述是对马克思主义治理思想的继承和发展。虽然经典作家对治理的分析和论述并没有以专著或者专章的形式呈现,而是渗透在相关理论的阐述中,很多治理思想相对分散甚至"碎片化",但他们治理思想

---

① 《列宁全集》第43卷,人民出版社,2017,第384页。
② 〔德〕马克思、恩格斯:《共产党宣言》,人民出版社,2018,第3页。

中的一些基本理念和原则对我国现代化治理发展具有重要的借鉴和启示意义。

1. 社会主义国家治理要坚持无产阶级专政

我国社会治理是社会主义国家的治理,实现社会治理体系和治理能力现代化是建设社会主义现代化国家的基本内容和要求,这决定了我国社会治理发展必须坚持历史唯物主义和辩证唯物主义基本方法,以马克思主义为指导,坚持科学社会主义方向。无论是马克思、恩格斯还是列宁,经典作家治理思想的形成无不建立在对资本主义国家治理批判的基础上,只有推翻资产阶级统治、建立无产阶级专政的国家,才能实现社会主义国家的人民治理。资产阶级专政下的治理是为了维护资产阶级统治,是对广大人民利益的侵犯和剥夺,代表的是永远少数人的利益,只有无产阶级专政才能维护人民的根本利益。鉴于时代环境的巨大变化,列宁指出:"在无产阶级专政的这种或那种类型上……每个民族都会有自己的特点。"[1] 根据我国革命和建设实际,毛泽东将无产阶级专政表述为人民民主专政,这是经典作家无产阶级专政思想在中国的新发展,"对人民内部的民主方面和对反动派的专政方面,互相结合起来"[2]。无论是革命年代,还是全面建设社会主义现代化国家的新时代,人民民主专政作为四项基本原则的主要内容,始终是我国的立国之本、建设之基,新时代的国家治理和社会治理必须以人民民主专政为基本前提。我国正处于社会主义初级阶段,社会主义还需要一个长期的发展过程,通过人民民主专政始终掌握国家治权主导,是我国治理与西方治理的本质区别,也是我国实现治理现代化的制度基础和根本前提。因此,新时代的治理必须坚持经典作家无产阶级专政思想,在我国,就是要以人民民主专政的制度优势保证社会主义国家治理效能的实现。

2. 社会主义国家治理要始终坚持无产阶级政党领导

"只有工人阶级的政党,即共产党,才能团结、教育和组织无产阶级和全体劳动群众的先锋队……并领导全体无产阶级的一切联合行动,也就是说在政治上领导无产阶级,并且通过无产阶级领导全体劳动群众。"[3] 确保

---

[1] 《列宁选集》第 2 卷,人民出版社,2012,第 777 页。
[2] 《毛泽东选集》第 4 卷,人民出版社,1991,第 1475 页。
[3] 《列宁全集》第 41 卷,人民出版社,2017,第 85 页。

和巩固无产阶级政党在社会主义国家治理中的领导地位是经典作家关于治理的核心思想，只有坚持无产阶级政党领导，才能确保无产阶级专政的实现，无产阶级政党在社会主义国家建设和治理中始终处于领导核心地位，发挥中流砥柱作用，脱离无产阶级政党领导，社会主义国家治理就失去了主心骨，人民利益就失去了代表者和维护者，社会主义事业就会偏离正确方向，因此，"国家政权的一切政治经济工作都由工人阶级觉悟的先锋队共产党领导"①是社会主义国家治理的基本原则。回顾党的百年奋斗历程，之所以取得革命、建设及改革的胜利和现代化事业的伟大成就，最根本的经验就是坚持党的全面领导，这是中国共产党对马克思主义政党学说的坚持和发展。习近平总书记指出："要推进国家治理体系和治理能力现代化，国家治理体系是由众多子系统构成的复杂系统，这个系统的核心是中国共产党，人大、政府、政协、法院、检察院、军队，各民主党派和无党派人士，各企事业单位，工会、共青团、妇联等群团组织，都要坚持中国共产党领导。"②党的十八大以来，我国推进全面深化改革并将国家治理体系和治理能力现代化作为重要内容，在我国治理现代化建设中，党不断强化党的全面领导、强调党的自我革命，以党的自我革命带动社会革命，通过构建现代化治理格局，不断推进各项事业发展，取得巨大成就。站在新的历史起点上，推进和实现国家治理现代化必须继续坚持党的全面领导，"必须坚持党政军民学、东西南北中，党是领导一切的，坚决维护党中央权威，健全总揽全局、协调各方的党的领导制度体系，把党的领导落实到国家治理各领域各方面各环节"③。

3. 社会主义国家治理要始终坚持人民主体地位

经典作家始终强调，人民群众是历史的创造者和推动者，是社会主义国家建设和治理的主体。与资本主义国家只维护少数人的利益不同，社会主义国家始终站在人民立场上，为最广大人民谋利益。无论是为中国人民谋幸福、为中华民族谋复兴，还是为人类谋解放，中国共产党作为马克思主义政党的初心使命归根结底都是实现人的自由全面发展，进而推动人类

---

① 《列宁全集》第42卷，人民出版社，2017，第381页。
② 《习近平关于社会主义政治建设论述摘编》，中央文献出版社，2017，第34页。
③ 《十九大以来重要文献选编》中卷，中央文献出版社，2021，第272页。

进入自由人联合体的社会。因此，无论是初心使命还是理想目标，两者都始终坚持历史唯物主义和辩证唯物主义原理方法，始终坚持人民立场，始终坚持为实现人的解放而不断奋斗的方向。马克思主义就是关于人类解放的思想，中国共产党的历史就是一部为中国人民谋幸福的历史。《中共中央关于党的百年奋斗重大成就和历史经验的决议》将"坚持人民至上"作为党的百年奋斗的重要历史经验，深刻阐释："党的根基在人民、血脉在人民、力量在人民，人民是党执政兴国的最大底气。民心是最大的政治，正义是最强的力量。党的最大政治优势是密切联系群众，党执政后的最大危险是脱离群众。党代表中国最广大人民根本利益，没有任何自己特殊的利益，从来不代表任何利益集团、任何权势团体、任何特权阶层的利益，这是党立于不败之地的根本所在。只要我们始终坚持全心全意为人民服务的根本宗旨，坚持党的群众路线，始终牢记江山就是人民、人民就是江山，坚持一切为了人民、一切依靠人民，坚持为人民执政、靠人民执政，坚持发展为了人民、发展依靠人民、发展成果由人民共享，坚定不移走全体人民共同富裕道路，就一定能够领导人民夺取中国特色社会主义新的更大胜利，任何想把中国共产党同中国人民分割开来、对立起来的企图就永远不会得逞。"[①] 新时代我国治理现代化建设，必须继续坚持人民至上原则，充分彰显人民在治理中的主体地位，坚持一切治理工作为了群众、依靠群众，治理成果由群众共享，进而充分动员、组织好群众，激发群众参与建设和治理的主体性意识，使之自觉投身于我国治理现代化事业。

二 中华优秀传统治理思想

中华民族是勤于思考、善于创造的民族，在5000多年的历史发展中形成了浩如烟海的理论成果，其中同样蕴含关于治理的思想结晶。习近平总书记指出："治理国家和社会，今天遇到的很多事情都可以在历史上找到影子，历史上发生过的很多事情也都可以作为今天的镜鉴。中国的今天是从中国的昨天和前天发展而来的。要治理好今天的中国，需要对我国历史和传统文化有深入了解，也需要对我国古代治国理政的探索和智慧进行

[①]《中共中央关于党的百年奋斗重大成就和历史经验的决议》，《人民日报》2021年11月17日。

积极总结。"① 因此，实现中国特色社会治理的创新与发展，需要以历史眼光对中华优秀传统文化中的治理思想进行考察，充分汲取和借鉴其中仍然具备强大生命力的宝贵成分。

（一）中华优秀传统治理思想的主要成果

中华优秀传统文化博大精深、意蕴丰富，在社会治理思想上形成了特色鲜明、各有侧重的不同流派，如以"仁""德""礼"为核心准则的儒家治理思想；以"无为"、反战、天人合一为核心准则的道家治理思想；以"兼爱""非攻""尚贤"为核心准则的墨家治理思想；以"法治"、严刑、富国为核心准则的法家治理思想；等等。对这些典型的文化流派及其治理思想进行整体梳理，是从中获取启迪智慧的首要前提。

1. 儒家治理思想

（1）以君子人格为导向的个体约束。一是重仁义而轻功利。儒家思想认为，君子之所以为君子，从根本而言在于，其始终将仁义标准作为为人处世的根本准则，即使在一顿饭的短暂时间里，在陷入危急的时刻和颠沛流离的处境下，也不会舍弃仁义行事的原则，"君子无终食之间违仁，造次必于是，颠沛必于是"（《论语·里仁篇》）。而与此相反，逐利行为常常会导致人与人之间、国与国之间"多怨"，造成人际交往和社会治理的不和谐、不安定。因此，重视功利被视作与君子人格相背离的小人标准，"君子喻于义，小人喻于利"（《论语·里仁篇》）。同时，君子的仁义标准对其社会行为提出了较高要求。"君子成人之美，不成人之恶"（《论语·颜渊篇》），显示出儒家治理思想对利他主义的推崇与提倡。儒家思想认为，整个社会实现和谐治理的关键在于形成互济互惠的人际关系，使人们摆脱追名逐利的狭隘意图。

二是求诸己而勿怨尤。儒家思想认为，君子的高尚品行是在社会实践中得到检验和升华的。一方面，在激烈的社会竞争中，君子能够做到为人坦诚、直面失败和不足，并积极从中吸取经验和教训，以他人的长处来砥砺自身进步，"见贤思齐焉，见不贤而内自省也"（《论语·里仁篇》）。另

---

① 习近平：《牢记历史经验历史教训历史警示 为国家治理能力现代化提供有益借鉴》，《人民日报》2014年10月14日。

一方面，面对应然与实然可能发生的冲突与矛盾，君子应致力于自我省思，以个人品行的不断提升推动整个社会和谐愿景的实现，"行有不得者，皆反求诸己，其身正而天下归之"（《孟子·离娄章句上》）。

三是"君子不忧不惧"（《论语·颜渊篇》）。儒家思想提倡"生死有命，富贵在天"（《论语·颜渊篇》）的天命观，但并不能因此就将其归为彻底的宿命论，相反，这恰恰是儒家基于动荡的时代环境对君子提出的品格要求。一方面，客观的自然规律不可违背，因此要做到"君子敬而无失，与人恭而有礼"（《论语·颜渊篇》），即以平和安定的心态应对客观存在的糟糕处境与挫折，以恒定的目标追求自我命运的实现，正所谓"不知命，无以为君子也"（《论语·尧曰篇》）。另一方面，面对自然规律，亦需要有积极入世的鲜明态度，摒弃"欲洁其身，而乱大伦"（《论语·微子篇》）的退避心理，通过自身言行来维系合理的社会秩序，推动社会治理的顺利进行，这与新时代提倡建立的"人人有责、人人尽责、人人共享"的社会治理秩序具有内在契合之处。

（2）以礼法秩序为核心的社会准则。从礼法的社会规范功能来看，一方面，儒家强调发挥礼的柔性约束作用，主张"无礼义，则上下乱"（《孟子·尽心下》），认为礼本质上代表仁义、德性，是全体社会成员理应遵循的社会原则。另一方面，儒家思想认为，相较于礼的柔性约束，法的刚性限制同样应该运用于社会治理之中，礼本身就是法的基础，法是礼的进一步延伸，所谓"《礼》者，法之大分，类之纲纪也"（《荀子·劝学》）。特别是对于社会出现的恶劣行为来说，仅从礼的角度进行道德约束无法从根本上起到规范和警示作用，必须依靠严厉的刑罚，"罪至重而刑至轻，庸人不知恶矣，乱莫大焉"（《荀子·正论》）。因此，在儒家社会治理思想中，礼法要共同发挥规范作用，这在一定程度上契合了我国提倡的法治与德治相统一的社会治理原则。

（3）以民生民意为基础的治理措施。一是爱民护民。在儒家思想中，统治者的权力及其合法性依据来源于天命，而天命的根源则在于人民，即"天视自我民视，天听自我民听"（《尚书·泰誓中》）。因此，统治政权必须爱护人民、保护人民，保证社会治理运行稳定有序。一方面，爱民护民的关键是减轻人民负担，不强制人民从事过于繁重的劳动，减轻人民所负担的各项税赋徭役，"道千乘之国，敬事而信，节用而爱人，使民以时"(《论语·学而篇》)。另一方面，统治者要做到与民同乐、以身作则，亲身参与人民的生活实践，增进同人民的联系，"古之人与民偕乐，故能乐也"(《孟子·梁惠王上》)。

二是富民安民。儒家思想认为，"是故明君制民之产，必使仰足以事父母，俯足以畜妻子，乐岁终身饱，凶年免于死亡。然后驱而之善，故民之从之也轻"(《孟子·梁惠王上》)，指明了富民与安民之间的内在联系，强调了富民安民对于和谐社会治理的极端重要性。据此，儒家提出了一系列富民安民的治理举措，如"夫仁政，必自经界始。经界不正，井地不钧，谷禄不平。是故暴君污吏必慢其经界。经界既正，分田制禄可坐而定也"(《孟子·滕文公上》)。同时，儒家对理想社会的治理愿景作出了整体描述："五亩之宅，树之以桑，五十者可以衣帛矣；鸡豚狗彘之畜，无失其时，七十者可以食肉矣；百亩之田，勿夺其时，数口之家可以无饥矣；谨庠序之教，申之以孝悌之义，颁白者不负戴于道路矣。七十者衣帛食肉，黎民不饥不寒，然而不王者，未之有也。"(《孟子·梁惠王上》) 这进一步提醒要将人民放在治理国家的首要位置，对新时代以人民为中心的治理同样具有启示意义。

2. 道家治理思想

(1)"治欲修心"的自我道德治理。道家认为，治理社会和国家的根本在于治身，"为国之本，在于为身"(《吕氏春秋·审分览》)，强调人自身在治理中的基础性作用，道家将治理思想的核心转向对人自身的管理和控制，强调治身的关键在于治欲。一方面，人自身所天然具有的多方面欲望极易导致个人的迷失和沉沦，"五色令人目盲，五音令人耳聋，五味令人口爽，驰骋畋猎，令人心发狂；难得之货，令人行妨"(《道德经·第十二章》)。另一方面，欲望在一定程度上亦具有积极意义，对人、社会、国家的进步发展发挥了重要作用。因而，道家主张以辩证的态度对待欲望，"利于性则取之，害于性则舍之"(《吕氏春秋·本生》)。据此，道家提出了诸多"治欲修心"的方法主张，旨在提升个人自我道德的治理和控制能力，为整个国家和社会治理奠定基础，如致虚守静、心斋、坐忘、以理胜欲、知本去害、调养心神等。

(2)"由己及人"的道德治理机制。道家认为，治国与治身在结构和性质上具有共同特性，治身是指向自己，治国则是更广泛地涉及他人，因此，

"以身为天下"的治理原则贯穿于道家思想的发展历程之中。如《管子》以心与其他身体器官之间的联系来喻指君主与臣子之间的责任划分，明确指出了君主贤明在治理国家中所起到的关键作用，"心之在体，是君之在位也；九窍之有职，则官之分也。心处其道，则九窍循理；嗜欲充益，然目不见色，耳不闻身"（《管子·心术上》）。《吕氏春秋》以心与五官为例，进一步说明了臣子的道德品行同样关乎治理国家的效能，"耳目鼻口不得擅行，必有所制。譬之若官职，不得擅为，必有所制"（《吕氏春秋·贵生》）。据此，道家以"身国同治"思想提出了相应的治国举措，如《管子》强调治国需要遵循治身的"虚""静"之道，君主要虚心沉稳，善于倾听采纳下级意见，做到广开言路；《淮南子》指出，治国应观照治身中的"达乎性命之情"原则，让民众休养生息。

（3）"尊道贵德"的道德治理理念。道家认为治国与治身具有同一性，万事万物都要遵循客观之道，"遵循政治治理中那种由道所支配的客观规律，顺应由道落实到个体身上所展现出来的自然而然之性，其实质是顺势而治，给予民众一个自治自为的空间"[1]。因此，在道的指引和约束下，道家形成了以道德治理为核心的多项实践思考。在治理制度的设计上，主张要遵守道的自然规律。道家提倡的"身国同治"，是覆盖治身、治家、治乡、治邦、治国、治天下全过程的治理理论，而在这些不同治理阶段中所需要遵循的共同原则就是道，"辅万物之自然而弗能为"，各项治理制度应基于对客观规律的正确认识而设计，而不是违背自然规律。

3. 法家治理思想

（1）以富国强兵为核心目的。法家更为深刻地领会到春秋战国时期"强国务兼并，弱国务力守"的特点，因而极力提倡治理的首要目的应该是富国强兵，唯此才能在乱世中争得一席之地，"凡有地牧民者，务在四时，守在仓廪。国多财则远者来，地辟举则民留处。仓廪实则知礼节，衣食足则知荣辱"（《管子·牧民》）。这使法家治理思想相比于儒家治理思想试图让人各安本分、"明明德"、"持之以义"，以及道家治理思想的无为而治，具有更加明显的主动性和进取性。当前，我国全面建成社会主义现代化强国的一个重要内容就是富国强军，争取国家、民族发展的主动权。因此，

---

[1] 吕锡琛：《善政的追寻——道家治道及其践行研究》，人民出版社，2014，第30页。

法家治理思想具有契合我国发展实际和时代特征的重要价值。

（2）以改革变法为主要手段。法家提倡"不法古，不循今"的改革理念，主要针对的是儒家固守纲常、鼓吹人治的旧式治理思想。儒家认为，治理国家的关键在于君王的仁义品德，而这种德性的培养只能通过"法先王""祖述尧舜，宪章文武"的方式实现，因此要求在治理国家时必须依循周礼旧制，"不愆不忘，率由旧章"（《诗经·大雅·假乐》），其忽视了时代变动所带来的新特点，不利于治理的因时而进。法家正是注意到儒家在实际治理过程中存在的此类弊病，提出"各当时而立法，因事而制礼；礼法以时而定，制令各顺其宜"（《商君书·更法》），强调要根据不断变动的实际情况来改革国家的各项治理举措。

（3）以法律保障为根本规范。作为对儒家"为国以礼""以德为政""以理服人"的"礼治主义"的回击，法家提出以"缘法而治""一断于法""以法为教"为特征的"法治主义"。事实上，在儒家治理思想中亦有关于法治的相关表述，但相较于伦理道德和礼法纲常而言，法律的强制规范作用只是补充性的存在，即"德主刑辅""以礼去刑"，儒家治理思想的整体基调是礼先于法。法家则持有法先于礼的观点，从功能角度而言，法扮演"天下之程式也，万事之仪表也"（《管子·明法解》）的重要角色，发挥"主之所以制天下而禁奸邪也，所以牧领海内而奉宗庙也"（《管子·明法解》）的重要作用，是公平正义最基本的体现，是衡量一个国家治理水平的核心标准，"故法度行则国治，私意行则国乱"（《管子·明法解》）。同时，法一经确定就具有高度的稳定性，在参与具体治理过程中能够最大限度地避免个体意志的影响，"夫立法令者，以废私也，法令行而私道废矣"（《韩非子·诡使》），从而能够保证国家和社会治理的平稳运行。

（二）优秀传统治理思想的现代启示

1. 坚持以人为本的治理原则

儒家秉承"民为邦本"的治理思想，提出"民之所欲，天必从之"的治理理念，这启示我们在新时代的社会治理中，要把人民标准贯穿始终，把人民是否满意作为衡量治理成效的根本尺度。一是在社会治理的根本目的上，要把增进人民福祉、提高人民生活水平作为根本出发点和落脚点，致力于满足人民不断增长的治理新需要，做到社会治理服务人民，社会治理成果由人民共享；二是在社会治理的依靠力量上，要注重发挥人民的主人翁精神，一切治理活动都要坚持人民的主体地位，尊重人民首创精神，以人民为师，汇聚人民群众的主体力量，不断推进社会治理向纵深发展。

2. 坚持德治和法治的理念

中华文明源远流长，在5000多年的历史长河中创造了灿烂的文化，形成了高尚的道德准则、完整的礼仪规范和传统美德，被世人称为"衣冠上国""礼仪之邦"。中华民族对道德的追求有着悠久的历史，历来强调"修身、齐家、治国、平天下"，我国传统治理思想中的"国无德不兴，人无德不立"理念，集中彰显了中华先贤对以德治国的深刻思考。我国的历史发展和文明传承之所以没有中断，与我国优秀传统文化和道德规范机制有着重要的关联。在我国新时代基层社会治理中，要更注重运用和发挥好优秀传统文化的力量以及道德在治理中的调节和规范作用。法字从"水"，象征法的公平，所谓法平如水，是法所追求的价值目标，也是人们对法的期望，公平是自古以来司法自律的基本标准。同时，"缘法而治""一断于法""以法为教"的"法治主义"强调了法、制在治国理政中的重要地位和作用。

道德是法治的基础，法律只有以道德为支撑，才会拥有广泛的社会基础，进而成为维系善治的良法。法律与道德，历来是建立公序良俗、和谐稳定社会的两个重要保障。法治与德治是国家和社会治理的重要方式，法治依靠国家机器的强制力保障，德治依靠人们的内心信念和社会规范实现，二者在治理中发挥着不可替代又相辅相成的作用，共同目的都是通过调整社会关系、解决社会矛盾、维护社会稳定，实现社会的健康有序运行。因而，依法治理是实现社会有序发展的刚性方式，以德治理则是实现社会有序发展的柔性方式，新时代我国基层社会治理需要将二者有机地结合起来，以保障社会发展和谐有序。

3. 坚持与时俱进的治理思维

传统治理思想中蕴含"因时而变，因势而动""世异则事异，事异则备变"的治理思维。中华文明之所以能够不断传承创新，中国社会之所以能够不断发展进步，是因为我们历来强调要以发展的眼光看待时代和形势的变化，不断革除陈旧的治理方式，探索开辟新的治理发展道路。当前，我国全面深化改革进入深水区和攻坚期，各种顽瘴痼疾和利益藩篱不断凸显，极大地制约了国家和社会治理进程的有序推进。因此，必须始终以与时俱进的思维、伟大斗争的精神、坚定的改革决心指引治理发展全过程，敢于破除不合理的旧制度，因事而化、因时而进、因势而新，继续推进治理工作向更深层次、更广领域、更突出矛盾聚焦发力，不断清除治理障碍和弊病，与时俱进地推进基层社会治理工作。

三 西方治理理论

现代意义上的"治理"一词来源于西方社会，西方国家没有"社会管理""社会治理"的概念，西方学者主要是从政治发展、公共管理的角度出发研究治理问题的。西方治理研究成果在我国社会体制改革和社会治理创新中具有启发价值，并对我国治理研究产生一定的影响。我国现代化和西方现代化目前正处于同一时空背景下，虽然制度各异、国情不同，但西方治理理论与实践成果依然可以作为我国社会治理的重要比较和参照对象。我国社会主义建设强调对人类一切文明成果的借鉴和吸收，因此，西方治理理论可以作为我国社会治理研究的理论借鉴。

（一）西方治理理论形成的背景和主要成果

经济作为社会发展的基础，与政治、文化、社会等彼此之间相互影响，西方国家的治理研究与其经济发展周期密切相关。20世纪70年代，受到石油危机、货币危机等影响，西方国家经济陷入持续低迷。经济的衰退导致西方国家出现财政危机，财政危机进一步导致用于社会服务和建设的资金链条的断裂，随着失业率的不断攀升、基层社会矛盾的不断显现，针对政府的抗议活动频繁爆发，西方社会秩序在不同程度上产生了混乱，政府如何应对危机、如何有效实施对经济和社会的管理成为日益突出的问题，学者们对此进行了深入思考和研究。

1. 西方治理理论形成的背景

西方国家对于市场和政府在治理中的作用与价值有着长久的信赖历史。但在实际治理中，市场和政府并不是万能的，都存在缺陷，随着经济衰退、社会福利水平下降，政府的公信力会受到挑战，原有政府管理模式和效果也将遭受广泛质疑。

（1）财政危机引发治理反思。自由主义主张市场万能，认为市场经济可以解决一切问题，市场调节可以自动实现平衡发展、社会公正。而实际上,不受约束的市场经济、野蛮生长的资本正是造成贫富差距和社会不公的主要原因。第二次世界大战结束后,面对西方国家普遍存在的贫困、失业、社会不平等问题,学者们提出应由政府出面积极解决社会问题,主动承担社会责任,推行增进社会福利的政策,以克服因市场失灵所造成的社会危机。1942年的《贝弗里奇报告》和1944年的《费城宣言》所提倡的"社会服务国家",构成第二次世界大战后西方大规模推行福利国家制度的重要理论来源和基础。福利国家建设对缓和战后西方社会矛盾,促进经济社会重建发挥了重要作用。然而,福利国家建设需要经济的强劲发展和充足的政府财政作为基本支撑,资本主义经济发展的周期性特征使西方国家不可避免地出现由经济衰退所引发的财政危机。随着公民对民主、平等、自由等价值的追求日益强烈,人们对福利的需求越来越高,西方政府在社会福利的支出上呈现不断上涨的趋势,一些财力较弱的国家和政府由于收支不平衡而引发了财政危机。[①] 为了解决财政危机,缓解政府压力,西方国家主动进行行政体制改革,转变政府职能,开始尝试将部分公共服务职能转移给社会组织。当然,仅从经济视角分析还不足以说明政府在治理中的改革动机。西方国家内部各政党之间围绕执政权进行激烈争夺,为迎合选民、争取更多选票,他们在福利上竞相作出"高承诺"。同时,冷战时期不同阵营国家之间的激烈竞争,使西方政府的财政预算不断增加,当财政预算超过经济承载能力时,大多数政府选择以负债的方式维持运转,这进一步加剧了经济和财政运行的风险。巨大的潜在风险使西方国家意识到,政府已经无力承担更多的社会公共投资和服务,为了降低公民对政府的不满情绪,保障政府的正常运行和管理,必须改革管理体制,以新的管理促进社会稳定。

(2) 全球化发展凸显治理的作用。全球化是一个自然历史过程,最早从经济领域开始。随着全球化的形成和日益发展,金融、资本、劳动力、科学技术、数字信息等在全球范围内加速流动,跨国公司成为全球经济治理的重要力量。全球化不仅为社会经济发展带来了革命性变化,也深刻影响了社会政治和文化的发展和变革。全球化背景下的局部社会问题逐步呈现向世界扩散的趋势,单一国家消除问题、控制危机的难度越来越大,往

[①] 丁东红:《论福利国家理论的渊源与发展》,《中共中央党校学报》2011年第2期。

往一国问题解决不好，就会引起连锁反应，导致危机影响范围不断扩大，从一国蔓延至区域，甚至全球范围。由全球化引发的社会政治最深刻的变化之一就是，治理和善治的作用不断显现，"少一些统治，多一些治理"成为一些西方国家的宣传口号。尤其冷战结束之后，国际政治经济格局出现深刻变化，全球治理成为广受世界关注的实践课题。在许多西方学者看来，随着全球化的发展，治理正取代统治逐渐成为人类政治生活的重心，善政转向善治，政府的统治转向没有政府的统治，甚至民族国家的政府统治也将要走向全球治理。[①] 全球治理的必要性和迫切性已经不是一个单纯的理论问题，而是国际社会亟须解决的实践难题。在全球化背景下进行治理，需要改革传统的管理体制机制，形成更加适应全球化发展的治理模式。

（3）民主意识增强了民众参与治理的意愿和热情。参与治理不仅是公民实现自我价值、社会价值的需要，也是公民实现自身权利的重要途径和方式。政府和市场都不是万能的，在市场体制里找不到市场失灵的解决方案，因此，作为纠错者的政府被推向了治理前台，然而，政府对经济的过多干预又会导致经济发展缺乏活力。同时，新的风险是如果不对政府权力加以制约，就会导致公权力无限扩大。市场失灵后政府出场，那么如果政府失灵，谁来纠错呢？基于此，治理就被视为一种社会资源的配置方式。一方面，民众的民主意识和权利意识的增强不允许政府权力无限扩大；另一方面，为避免政府决策失误、提升政府支持率，需要政府释放权力，让民众更多地参与治理工作，以体现民主价值。为了提升政府的公信力、支持率，政府必须采取科学、合理的措施，满足公民社会治理的参与性需求，进而获得社会公民的广泛支持，这成为西方国家治理发展的重要动力。面对日益复杂的社会问题，单纯依靠政府进行解决，步履维艰。治理革新已是大势所趋，而社会多主体参与治理，一方面促进了社会民主化的发展，另一方面也促进了治理理论和实践的进一步发展。

2. 西方治理的代表性理论成果

1989年，世界银行首次使用"治理危机"一词，随后，"治理"一词开始被广泛运用到政治发展研究中。20世纪90年代后，在对传统管理模式的反思中，治理研究在西方国家兴起并得到迅速发展，在城市建设、政策

[①] 俞可平：《论国家治理现代化》，社会科学文献出版社，2014，第14~15页。

扶贫、环境保护、惩治腐败、社区建设等方面的研究成果得到了充分的应用和实践，形成了治理理论百花齐放、百家争鸣的局面，并产生了新公共管理理论、新公共服务理论、善治理论等代表性的理论成果。

新公共管理理论主张，政府公共管理部门应当运用企业管理方式，采用竞争机制，政府职员在保持政治敏锐性的同时，要积极、主动地对社会公众的意见进行回应，并给出反馈。政府职员的录用和人事任免，要学习企业招聘员工的做法，在录用、任期、薪酬、人事管理等环节上采取更加灵活有效的管理方式。将政府按照企业制度运作，形成类似"企业家政府"的管理模式，其最终的目的是使政府像企业一样关心产出和效率，提升社会公共服务的产出和质量。新公共管理理论以效率为追求目标，以客户需求为导向，强调政府发挥协调职能，建议将企业竞争机制引入政府管理之中，这种企业式政府管理理论已经成为西方社会主流治理理论之一。

新公共服务理论实际上是对新公共管理理论的进一步升级，它吸收新公共管理理论所倡导的改革政府社会公共管理职能的内容，进而在批判企业式政府管理理论的基础上提出，将民主、公正、参与、交流等元素纳入社会服务管理框架中，使政府在公共服务中更注重实现公民的权益和公共利益。它将效率提高和生产力发展置于民主、社区以及公共利益等框架体系中，对传统的公共行政理论和管理主义公共行政模式具有某种替代作用，致力于建立以协商对话和公共利益为基础的公共服务行政模式。

善治即良好的治理，这是随着治理理论的兴起而被提出的新概念。作为一种全新的分析框架，善治治理理论着眼于政府与公民的合作网络，提供了自身独特的视角和范畴，并体现了政治发展的方向。善治就是使公共利益最大化的社会管理过程，其本质特征是政府与公民对公共事务的合作管理，体现了政府与市场、社会之间的一种新颖关系。[①] 治理主体包括具有社会管理职能的公共部门、社会中的单独个体，以及其他社会组织或机构。协调是治理的基础，而不是控制。治理强调在公共生活治理中政府与公民的合作关系，政府应发挥引导与协调的作用，最终形成一个多元合作的自主网络。随着治理实践和理论的发展，学者们相继提出了"多中心治理""网络化治理""嵌入式治理"等治理理论。总体上，善治模式具有合法性、

---

① 陈广胜：《走向善治》，浙江大学出版社，2007，第 101~102 页。

开放性、责任性、回应性、参与性、协商性、有效性、公正性及稳定性等特征。善治理论认为,治理是一个过程而并非一套规则或活动。实现善治,即一种良好的治理,需要政府与公民进行合作管理,政府的社会公共行为应当以"公共利益最大化"为治理追求的目标,形成政府与公民合作治理的模式,建立政府、社会和市场的全新社会公共关系。

理论指导实践,通过实践反思并完善理论,实现理论和实践在现实基础上的良性互动,是理论生成的必然路径。各个国家都在实践的基础上不断反思、完善理论,修订具体的实施政策,以更好的指导实践。西方国家的社会治理理论与实践也遵循了同样的规律。西方国家在对治理进行反思基础上形成的"第三条道路"理论——倡导社会民主化、民主即权威,保障公民的平等参与机会,对社会弱势群体的关注与保护,明确社会管理中权责关系等,就是对西方国家社会治理理论和实践的反思与发展。西方治理理论与实践具有较强的理论和现实意义,虽然阶级立场和资本主义制度本身的局限性使其理论与实践存在先天的不足,在治理中无法克服制度性矛盾带来的问题,但它的理论主张依然是针对西方治理现实和发展要求的一种选择,在实践中也取得了一定的成效。因此,西方治理理论和实践不仅对西方资本主义国家产生了重大影响,对我国社会主义国家的社会治理也有着十分重要的借鉴和启示价值。

(二) 西方治理理论的启示

在西方治理理论与实践的发展中,治理机制的构建是核心内容,并在西方发达国家的治理发展中起到了关键性作用。同时,治理机制的构建对我国社会治理发展具有一定的启发价值。

1. 参与多元化的理念在治理机制中确立

西方国家普遍认为,社会公民不仅是社会服务和公共产品的消费者,更是社会建设和服务的参与者和生产者。在社会发展过程中,人们通过多种参与途径和渠道表达自己的想法和需求。公民是影响治理绩效的强大力量,是参与治理活动、制定公共政策、提供公共服务和产品等不可或缺的供给力量。随着公民参与治理的思潮和运动不断兴起,西方社会对公民参与治理的权利和价值有了新的思考。一是公民参与权的扩大。在传统治理中,公民参与治理具有极大的局限性,政府部门制定政策和进行决策,公民基本没有表达机会和话语权。在新的治理理念中，公民的参与不仅涵盖政策的制定，还包含政策的执行，公民有权参与政策的制定并提出自己的意见，公民还可以参与政策的执行，对治理工作进行监督和干预。二是公民监督权的扩大。新的思潮和运动改变了传统治理中公民监督管理的模式，听证会、陪审团、投诉平台等形式的丰富极大拓展了公民参与治理的范围，提升了公民的监督权。三是参与治理的人员范围扩大。不同阶层、职业、年龄、收入的社会公民都具有一定的参与权。近年来，一些西方国家不断尝试让更广泛的民众在治理中拥有一席之地，通过公民投票、论坛、听证会等方式，不断提高社会公民的参与比例，扩大参与成员的范围，更多的基层民众具有了一定的治理参与权。实践证明，基层治理应该注重公民参与治理的普遍性，无论是社会公共服务、市政建设，还是相关政策的制定和执行，都应该鼓励和提倡公民参与。当前，我国社会治理体系的构建强调治理主体的多元化，需要借鉴西方治理实践中多元主体经验，强调在我国党委领导、政府负责的多元主体结构建设中，既要彰显社会主义制度基础上的治理特色，也要凸显在我国社会治理体系构建中国家治权主导的基本原则。

2. 合作原则在治理机制中的体现

在社会治理体制中，合作体现在政府与社会组织、政府与公民之间的相互协商、共同合作的关系上。合作能够极大地促进社会治理工作的高效运行，实现社会治理的民主协作。一方面，合作有助于社会公共资源进行科学配置，提高社会治理体系中各主体的凝聚力和团结力，促进社会向稳定、有序、和谐的方向发展；另一方面，合作为治理体系中不同个体达成相对一致的观点和意见提供了可能，社会治理体系包含众多主体，而每一主体都有不同侧重的相关利益和需求，合作性原则是保障社会治理机制稳定运行的重要原则。对于社会治理机制的合作性原则，学者阿克塞尔罗德提出的建议有一定的参考性。一是采用预测未来的方式，帮助公民树立信心，相信当前的规划在未来能够得到长期的坚持和发展，并利用未来实现的可能性因素促进与公民的相互合作。二是通过合作的规定和条例约束拥有合作关系的个人和组织，避免其出于不可预测的原因导致合作关系破裂，以促进合作关系的长久和稳定。三是提倡在合作中保持关联人之间的亲密关系，将共同利益作为合作关系的最高目标。四是注重合作关系中的奖励行为,对帮助其他关系人的个体采取适当的奖励,以促进合作的健康运行。五是提高合作中的是非观念辨别力,合作关系是一种共同进步、共同繁荣的利益关系,但是在合作中也要做好利益均衡、相互尊重以及遵守法律法规。① 我国社会治理所强调的民主协商、共建共治共享,以及党在治理中发挥领导和协调各方作用等,都强调在合作基础上寻求社会共识的治理基本原则,西方在治理理论和实践探索中形成的合作原则,对我国通过民主、协商、合作实现社会治理发展,有一定的借鉴和启示价值。

3. 制度建设是保障治理体制高效运行的重要方式

秩序是制度化的核心,具有理性化、系统化的特点,以及促进体制高效运行的作用,也有助于加强体制内各利益主体之间相互依存、相互制约的关系。对于体制而言,制度化是成本最低的运行方式,能够保障不同行为主体之间有序开展活动,实现体制的正常运行,也能够明确体制内各主体之间的权利和义务关系。在西方国家的社会治理体制中,制度是治理活动的"软件",体现在具体的国家法律、政策法规和行业规范中,是对治理工作中各治理主体的约束条件和行为规定,并且以这种约束和规定保障治理体系中的利益、合作关系。西方治理的制度化建设成果体现为治理体系的基本规则、运行规则以及规范性。道德准则的形成和运行是西方治理实践的保障基础,制度化建设既降低了治理成本,又提高了治理效率,这对我国社会治理发展具有一定的启示意义。党的十九届四中全会总结了我国的制度优势,将制度优势转化为治理效能需要进一步加强和完善我国治理体系的制度建设,通过制度建设保障我国社会治理科学化、规范化运行,以制度的约束力提升治理的执行力,推进我国社会治理创新发展。

总体来讲,西方国家治理理论的产生与发展受多种因素的共同影响,是一个复杂而又相互联系的过程。社会治理不仅要体现治理的参与性、民主性、合作性,更关键的是要通过制度化建设规范权利与义务关系,以保障治理工作的有效性。西方发达国家的治理理论研究走在世界前列,研究我国社会治理需要重视西方治理理论的研究成果,需要国内学者运用辩证的方法客观地进行分析研究,取其精华、去其糟粕,予以批判性的借鉴,在此基础上探索适合我国国情的基层社会治理道路。

---

① 〔美〕阿克塞尔罗德:《合作的进化》,吴坚忠译,上海人民出版社,2016,第 101~118 页。

四　中国共产党关于社会治理的重要论述

党在延安时期局部执政 13 年，在处理党政关系、社会治理等方面积累了许多成功经验，这一时期的治理实践，为党在新中国成立后治理思想的发展提供了重要的历史启示。随着新中国的成立，由中国共产党主导的国家治理和社会治理拉开序幕。因为社会治理是国家治理的重要方面，社会治理受到国家经济、政治体制的重要影响，需要在国家治理体系框架内进行分析，所以本书重点研究党全面执政后治理思想的发展。

新中国成立后，经过社会主义革命、建设和改革各个时期的探索和发展，经过历届党中央领导集体不断改革、创新所形成的关于社会治理的一系列论述，成为我国治理理念和治理实践传承创新的主要标志。

（一）社会主义革命和建设时期党关于社会治理的重要论述

社会主义革命和建设时期，以毛泽东同志为主要代表的中国共产党人领导全国各族人民，经过长期的反对帝国主义、封建主义、官僚资本主义的革命斗争，取得了新民主主义革命的胜利，建立了人民民主专政的中华人民共和国；新中国成立以后，顺利地进行了社会主义改造，完成了从新民主主义到社会主义的过渡，确立了社会主义基本制度，发展了社会主义的经济、政治和文化。

毛泽东正视社会主义社会的矛盾及其性质，围绕矛盾的治理与建设社会主义现代化的关系，强调两者之间的有机统一，从而奠定了我国社会治理工作的基本思路。作为农业大国，毛泽东始终重视我国的农村问题，革命早期就注重对农村进行社会调查，提出"没有调查就没有发言权"[1]，"调查就像'十月怀胎'，解决问题就像'一朝分娩'"[2]。毛泽东通过调查、分析、研究，揭示了当时我国乡村社会中复杂的阶级结构，对苏区"左"倾错误、"问题与主义"之争等进行了有力回应，这对我国乡村社会改造具有十分重要的价值。新中国成立以后，毛泽东先后在《关于正确处理人民内部矛盾》《论十大关系》以及党的八大报告中，阐述了关于人民内部矛盾

---

[1]《毛泽东文集》第 2 卷，人民出版社，1993，第 248 页。
[2]《毛泽东选集》第 1 卷，人民出版社，1991，第 110 页。

和国内主要矛盾的学说。时至今日，无论基层产生的社会矛盾在表现形式上多么复杂多样，就其性质而言，主要还是人民内部矛盾。统筹兼顾处理好人民内部矛盾和社会治理的关系，在协调和处理好各种关系的基础上，调动一切积极因素进行社会主义现代化建设，"团结一切可能团结的人，并且尽可能地将消极因素转变为积极因素"[①]。在从"消极"向"积极"的转化中，毛泽东提出了以"团结—批评—团结"为主的说服教育方法，这与阶级斗争的强制性形成鲜明对比，是用温和的、民主的方式解决人民内部矛盾，最终聚焦于矛盾的治理和现代化建设，这是党从阶级斗争方式治理逐渐转向现代社会治理方式的有益探索，这种探索对今天我国实现社会治理现代化仍有重要意义和价值。

新中国成立后，党的工作重心逐渐转入城市，毛泽东提出"着手我们的建设事业，一步一步地学会管理城市"[②]。社会主义改造完成后，所有制问题得到解决，管理问题成为最重要的问题。"枫桥经验"经毛泽东肯定和批示后在全国推广。"枫桥经验"依靠群众，采取以说理为主的斗争形式，做到基层矛盾不上交，历时50余年仍然历久弥新、经久不衰，不断发展创新，成为我国基层社会治理的重要典范，后述将进一步阐释新时代"枫桥经验"。

总之，毛泽东关于社会治理的理论和实践，以"对立统一"为基本方法论原则，以人民民主专政的确立为社会治理的重要前提，突出人民在社会主义现代化建设和社会治理中的主体地位。

（二）改革开放和社会主义现代化建设新时期党关于社会治理的重要论述

党的十一届三中全会后，以邓小平同志为主要代表的中国共产党人聚焦经济建设和社会生产力的发展，强调社会主要矛盾的历史性转化，围绕矛盾的变化思考治理问题，指出生产力发展是基础，用经济办法解决社会问题是邓小平社会治理的主要思路。"文革"结束后，社会治理的首要问题是恢复社会秩序和进行经济建设，解决社会问题需要通过经济发展来完成，

---

① 《毛泽东文集》第7卷，人民出版社，1999，第228页。
② 《毛泽东选集》第4卷，人民出版社，1991，第1428页。

建设社会主义过程中会存在诸多问题，问题的解决对于社会发展来说至关重要，同时，问题也只有在发展中才能得到解决。生产力是社会发展的最根本动力，要通过发展生产力来解决问题，破除生产力发展的桎梏，以生产关系和上层建筑的改革为突破口，通过政治体制改革为国家和社会治理工作创造制度前提，以此破除"人治"并转向"法治"。"一个人讲的每句话都对，一个人绝对正确，没有这回事情"①，这一论述破除了"两个凡是"的精神枷锁，回归了马克思主义真理观。加强社会主义法治建设，保证和巩固人民当家作主的根本地位，实现社会主义民主，为社会治理打牢了法治基础。政治体制改革要"分步骤、有领导、有秩序地进行"②，邓小平指出要保证党的领导，同时党要善于领导，"领导就是服务"③。通过权力下移，中央有序放权，从中央到地方、从政府到企业、从农村到城市，有层次、有秩序地逐步将权力下沉到基层，从而激发基层党组织、社会组织、人民群众参与社会治理的热情，党通过向基层提供服务，更好地体现、保证和巩固党的领导。邓小平特别注重经济建设和社会秩序的整体性和协调性，注重吸取以往的深刻教训，突出以社会稳定为前提，通过提升人民生活水平，让人民共享改革和发展的红利，不断协调改革、发展和稳定的关系。在法治前提下，通过理顺制度关系发展生产力、化解社会矛盾，最终实现共同富裕的价值目标。

随着社会主义市场经济体制的确立及实践，由市场化改革所带来的治理问题体现在国家社会发展的方方面面。江泽民根据世情、国情、党情的深刻变化，提出"三个代表"重要思想，通过加强党的建设，保证党的先进性、纯洁性，提升党在市场经济改革背景下的执政能力，以党的建设引领经济改革、社会建设事业，解决社会治理问题。社会主义市场经济的发展加速了我国城市化进程，走工业化、城市化的发展道路逐步成为我国实现现代化的重要共识。这必然要求加快产业结构和就业结构的调整，必然要求把农村人口转移到城市。随着人口流动规模的扩大，如何进行流动人口治理成为这一时期加强社会治安、维护社会稳定的重要问题。党中央明

---

① 《邓小平文选》第 2 卷，人民出版社，1994，第 38 页。
② 《邓小平文选》第 3 卷，人民出版社，1993，第 252 页。
③ 《邓小平文选》第 3 卷，人民出版社，1993，第 121 页。

确要求,必须克服"重收费、轻管理"的错误倾向,建立健全流动人口的管理体系。这一时期,我国开始从"担心农村人口大规模进入城市,冲击城市社会秩序",向"主动适应城市化趋势,引导人口有序流动,为产业结构、就业结构调整服务"转变,从"控制"思维向"管理服务"思维转变。以流动人口治理为抓手,逐步加强对相关衍生问题的治理,如户籍制度、子女入学、住房制度、社会保障、流动党员管理等。随着经济和社会体制转轨以及国有企业改革的深入,城市因下岗、失业所导致的困难职工日益增多,对党的领导和社会稳定构成新的挑战,需要高效、合情、合理地妥善处理社会矛盾和问题,提高党的执政能力和水平。对此,江泽民指出:"要防止用强迫命令等不正确的办法来处理人民内部矛盾,尤其要坚决防止用处理敌我矛盾的方法来处理人民内部矛盾,防止侵犯广大群众的合法权益。"[1] 江泽民进一步指出:"道德规范和法律规范应该相互结合,统一发挥作用。有了良好的道德素质,就能够使人们自觉地扶正祛邪、扬善惩恶,就有利于形成追求高尚、激励先进的良好社会风气,保证社会主义市场经济的健康发展,促进整个民族素质的提高。努力建设与发展社会主义市场经济相适应的社会主义道德体系,是项十分重要的工作,必须放在突出位置来抓。"[2] 在发展社会主义市场经济的过程中,要把依法治国和以德治国结合起来,提高针对社会事务的法治化管理能力,形成与社会主义市场经济发展相适应的社会主义思想道德体系,广泛调动人民参与经济、文化、社会建设的积极性。必须从根本上解决社会建设、国家安全和社会稳定的保障性问题,不断增强群众参与社会建设和管理的意愿,促使人们尽可能多地参与其中,实现社会的稳定发展。

进入 21 世纪以来,随着科学发展观的提出和构建和谐社会目标的确立,中国特色社会主义总体布局加入"社会建设"的重要内容,"以人为本、构建和谐社会"的社会管理逐渐成为学界关注和研究的焦点。胡锦涛指出:"社会管理,说到底是对人的管理和服务,涉及广大人民群众切身利益,必须始终坚持以人为本、执政为民,切实贯彻党的全心全意为人民服务的根本宗旨,不断实现好、维护好、发展好最广大人民根本利益。要坚决贯彻

---

[1] 《十四大以来重要文献选编》上卷,人民出版社,1996,第 127~128 页。
[2] 《江泽民文选》第 3 卷,人民出版社,2006,第 91~92 页。

党的群众路线,坚持人民主体地位,发挥人民首创精神,紧紧依靠人民群众开创新形势下社会管理新局面。"① 这不仅明确了我国社会管理的本质,也明确了新形势下做好社会管理工作的要求:"以人为本、执政为民是检验党一切执政活动的最高标准。"② 社会管理是一项基础性工作,是党十分重要的执政工作,因而这也成为检验社会管理工作的最高标准。这一时期,民生工作是关注的焦点,"社会管理要搞好,必须加快推进以保障和改善民生为重点的社会建设"③,这进一步明确社会建设在内容上包括社会服务与社会管理,社会服务以民生工作为重点,社会管理要保障社会服务功能的发挥。要围绕这一主题,将民生工作纳入制度化建设轨道,在党的领导下走好走实群众路线,不断推进社会管理体制机制的改革。

总之,改革开放和社会主义建设新时期,党在实践探索中不断创新社会治理思想,指导和推进了我国社会主义现代化事业的总体发展,并在这一进程中不断凸显社会建设的价值意义,并最终将其体现在中国特色社会主义"五位一体"总体布局之中,彰显其重要战略价值和地位。

(三)新时代党关于社会治理的重要论述

党的十八大以来,中国特色社会主义进入新时代,社会主要矛盾发生转化,在全面建成小康社会的基础上,我国开启了全面建设社会主义现代化国家新征程,目标聚焦于在21世纪中叶建成社会主义现代化强国,实现中华民族伟大复兴的战略梦想。以习近平同志为核心的党中央立足新时代矛盾的转化,提出实现国家治理体系和治理能力现代化的目标,这是我国社会主义现代化事业的重要组成部分。

习近平总书记从战略高度规划国家治理问题,社会治理作为治国理政的重要组成部分,要在统筹推进"五位一体"总体布局和协调推进"四个全面"战略布局中实现创新和发展。同时,要注重各项改革的系统性、整体性、协调性,实现改革的有机联动和整体推进。社会治理是"精细活",关系到群众生活的方方面面,通过加强社会治理提供有效的社会服

---

① 《十七大以来重要文献选编》下卷,中央文献出版社,2013,第149~150页。
② 《十八大以来重要文献选编》上卷,中央文献出版社,2014,第39页。
③ 《十七大以来重要文献选编》下卷,中央文献出版社,2013,第155页。

务、化解基层矛盾、解决基层问题、促进社会建设，提升群众的获得感、幸福感、安全感，是巩固党的基层政权的重要方式。习近平总书记不仅从宏观上对社会治理进行顶层设计，还从微观上对基层社会治理进行策略和方法的指导，从而推动我国社会治理进入全面深化改革和创新发展的新阶段。

根据历史唯物主义"国家—社会"功能的演变机理原理，随着社会发展、时代进步，社会的功能将进一步彰显，对社会治理的需求将进一步提升，更好发挥人民主体作用以推动社会进步，是历史发展的必然。适应新时代我国社会发展现实，在治理理念上，以人民为中心的发展思想要求社会治理不仅要追求社会稳定，更要实现人的全面发展、社会全面进步，推进基层实现治理现代化；在治理主体上，要更好发挥人民及其组织的作用，构建多元治理主体，形成共建共治共享的社会治理格局；在治理方式上，信息化时代，我国数字化社会加速形成，传统治理和数字治理结合日益紧密，为从被动治理转为更加积极、主动的有为治理提供了条件。社会治理要树立问题意识、风险意识、底线思维，要在加强事后治理能力的基础上，逐步转向风险问题的事前预防，提升预防、监测能力，加强体系建设，防患于未然，形成系统治理、依法治理、综合治理、源头治理的现代化治理体系。

在我国社会主要矛盾转化的基础上，聚焦矛盾与治理，面向社会主义现代化建设目标，以习近平同志为核心的党中央顺应历史发展方向，把握社会发展规律，将社会治理提升到前所未有的高度，提出一系列关于社会治理的新思想、新观点、新论断，强调战略与战术相结合，通过顶层设计和基层实践相结合，统筹、协调、整体推进我国社会治理工作。本书研究的主体内容是新时代的基层社会治理，主要以习近平总书记关于社会治理的重要论述为理论和实践的创新基础，下文将作进一步展开和阐述，这一部分只作总体性概述。

习近平总书记指出："文明因交流而多彩，文明因互鉴而丰富。"[①] 只有交流互鉴，才能推动人类文明进步和世界和平发展。无论是经典作家的治理思想、中华优秀传统治理思想、西方治理理论，还是中国共产党在实践

[①] 《习近平著作选读》第1卷，人民出版社，2023，第280页。

中形成的治理思想成果，都是不同时空环境下人类社会对治理的探索和思考，新时代我国基层社会治理需要以"追根溯源、以往鉴来、批判吸收、继承发展"的眼光和态度，科学看待治理研究中的文明成果，形成具有中国特色的社会治理理论，为新时代我国基层社会治理创新发展夯实理论基础。

第二章 中国基层社会治理的阶段特点及历史演进

新中国成立后，由中国共产党主导的国家治理和社会治理拉开序幕，我国基层社会治理经历70余年的发展，在计划经济体制和市场经济体制不同阶段形成了相异却又紧密关联的不同基层社会治理模式，促进了我国基层社会治理的创新发展，有效保障了基层社会的稳定。在理论梳理与研究的基础上，本章对我国基层社会治理发展的阶段性特点以及演进历史进行概括和总结，对城乡基层社会治理模式的发展进行分析和归纳。

第一节 中国基层社会治理的阶段特点

社会要形成和保持一定的秩序，就必须有一定形式的管理，对于我国这样一个人口大国来说，既要推动经济发展又要保持社会稳定，管理社会的工作必然十分繁重艰巨，在70余年的治理探索中，为适应不同时期国家社会发展的需要，党不断地对政府和社会在治理中的关系进行调整，从而使我国基层社会治理呈现不同的阶段性特点。

一 从政府管制上升到社会管控

社会主义革命和建设时期，国家和社会治理在很大程度上呈现一体化特点，突出国家和社会发展矛盾相融合的特征。根据当时的经济发展条件和社会基本矛盾，我国社会治理呈现"政府控制"特征，国家权力涉及社会的各个方面，这也反映了社会主义建设初期围绕阶段目标、任务，需要延伸权力布局，构建起自上而下、完整、有效的治理制度体系，进一步凸显"国家中心"的治理理念。党的十一届三中全会之后，党中央拨乱反正，将阶级斗争转向经济建设，确立了全新的国家发展方向。[①] 改革开放初期，以计划经济和管控型社会管理为基础的经济社会体制仍然占据主导地位，但是"经济建设"已经日益成为国家发展的中心工作，随着党的十四大正式提出建立社会主义市场经济体制的目标，经济体制逐步转轨，社会体制加速转型，社会管理逐渐从国家体制中释放出来，我国社会治理进入社会管控的新阶段[②]，社会管控带有管理和控制的双重属性，是从控制到管理的重要过渡。由社会主义市场经济体制带来的社会转型，使原有社会管理体制逐步瓦解，新的社会管理体制逐步建立和形成，面对市场经济和社会转型发展带来的新问题和新挑战，需要协调社会运行各系统之间的关系，修正其运行轨道，控制其运行方向，使之功能耦合、结构协调、相互配套，使各社会运行系统同步行进，促进社会的良性、协调发展。

二 从社会管控进入社会管理

党的十六届四中全会首次提出了"社会建设"的概念，强调要加强社会建设和管理，不断推进社会管理体制创新。党的十六届六中全会通过了《中共中央关于构建社会主义和谐社会若干重大问题的决定》，加速了我国社会建设和社会管理发展进程，并提出构建社会主义和谐社会的目标，提出构建社会主义和谐社会的重大原则。党的十六届六中全会明确建立健全"党委领导、政府负责、社会协同、公众参与"[③]的社会管理格局，不断完善我国基层社会管理体制。2010年，党中央在全国范围内甄选了35个地区作为社会管理创新的试点，并制定了相应的政策和管理机制等，社会管理逐步代替社会管控，成为党和国家关于治理工作的新共识。随着社会的成长、发展，社会管理在党和国家的治理理论和实践中不断显现，社会组织开始有序参与社会公共事务的管理。

三 从社会管理走向社会治理

党的十八大以来，随着"社会治理"概念的提出以及"全面依法治国"

---

① 马明冲、李茗著：《农村基层党组织建设的历史回顾与经验启示》，《西南石油大学学报》（社会科学版）2012年第1期。
② 龙玲玲：《习近平对社会治理规律的时代探索——从马克思主义矛盾观谈起》，《佳木斯大学社会科学学报》2017年第2期。
③ 《十六大以来重要文献选编》下卷，中央文献出版社，2008，第662页。

方略的出台，社会治理的发展有了现代意义。2013年，党的十八届三中全会着眼于维护最广大人民根本利益、最大限度地增加和谐因素、增强社会发展活力，提出创新社会治理体制的一系列新观点、新要求、新部署。概而言之，包括全面推动社会治理方式革新，全面激发治理活动中社会组织的活力，保障社会矛盾的有效消除和问题的快速解决，尽快建立健全社会公共安全机制等。① 党的十八届四中全会提出："全面推进依法治国，总目标是建设中国特色社会主义法治体系，建设社会主义法治国家。"② 明确要以"依法治国"为治理的核心工作，从社会多领域、多角度推进依法治国机制建设，以系统、源头、综合治理为原则改进社会治理方式。之后，党的十八届五中全会通过的《中共中央关于制定国民经济和社会发展第十三个五年规划的建议》指出："加强和创新社会治理，推进社会治理精细化，构建全民共建共享的社会治理格局。"③ 将"社会治理创新"作为巩固和加强党的领导和执政权力的社会实践基础，积极打造"平安中国"的社会新格局，不断推进社会主义法治建设，形成多元主体参与的社会治理结构模式，不断推进社会治理向精细化、规范化发展。在2016年全国社会治安综合治理表彰大会上，习近平总书记发表重要讲话，对加强和创新社会治理提出新要求。社会治理不能忽视对风险的预警和防控，必须提高治理过程的系统化、科学化、智能化、法治化，注重通过科学技术的应用来创新治理方式，全面建设具有中国特色的信息化、全方位的社会治理防控体系。党的十九届四中全会提出："以坚持和完善中国特色社会主义制度、推进国家治理体系和治理能力现代化为主轴。"④ 进入新时代以来，从"社会治理"的提出到将"治理现代化"作为重大战略任务，显示我国已完成从"社会管理"到"社会治理"的转换，全面进入社会治理的新时代。

社会治理的重心在基层，因此，我国从"政府管制—社会管控—社会管理—社会治理"的发展线索以及所呈现的特点，也同样体现在我国基层社会治理之中。

---

① 王丽莎：《国家治理现代化视阈下党的执政能力建设探究》，《唐都学刊》2019年第1期。
② 《十八大以来重要文献选编》中卷，中央文献出版社，2016，第157页。
③ 《十八大以来重要文献选编》中卷，中央文献出版社，2016，第819页。
④ 《十九大以来重要文献选编》中卷，中央文献出版社，2021，第264页。

第二节　社会主义革命和建设时期中国基层社会治理发展

社会管理体制改革往往对应经济体制改革，从新中国成立到改革开放近30年的时间，是我国面对国民经济"一穷二白"、人民生活水平极度低下、国民生产及社会秩序亟待恢复的局面，完成"站起来"任务的关键时期，这一时期，我们党领导人民不仅实现了国家独立和民族解放，还建立了支撑国家独立和发展的各项制度体系。这一时期，我国社会管理具有明显的行政指令性色彩，计划经济体制和高度集中的行政管理模式成为这一时期治理的主要特征，社会所有成员都包含在统一的管理中。单位是城市最重要的社会组织形式，农村地区最重要的社会组织形式则是人民公社，并且经济、政治、社会等职能都与其组织形式形成高度融合，基于人口登记与户籍制度的实行，以及对流动人口的管理的加强，形成了城市和农村分割的社会管理格局。新中国成立后所建立的社会管理体制，对社会秩序的重建、国民生产的恢复、人民生活的稳定都作出了重要的历史贡献。

改革开放和社会主义建设新时期，尤其是随着社会主义市场经济体制的确立，传统社会管理体制已不能适应新的形势，迫切需要变革。随着经济改革的逐步深入和社会人口的加速流动，我国社会结构逐步发生变化，农村人口有序进入城市参与工业化、现代化进程，居民收入在稳步增长的同时差距逐渐拉大，地区差距逐步显现，农村和城市的差距日益明显，由此产生了诸多新的管理需求和问题，社会结构在重置过程中所带来的新变化、新问题加速了社会管理模式的改革。传统"社会管理和控制"模式下的治理方法开始逐步转变为有组织、规范化的"社会管理"模式，但自上而下的行政管理较长时期仍会存在。

一　城市以单位制为主的基层社会治理发展

随着新民主主义革命的胜利，党的工作重点由农村转移到城市，党在革命时期缺乏管理城市的经验，如何在执政后管理城市、怎样管理好城市，成为巩固党的政权、考验党的执政能力的重要课题。这一时期，在城市中形成的"单位制"成为我国社会管理的主要形式。

(一) 单位体制的历史沿革

单位体制是一种特殊的组织形式,是在新中国成立后逐步形成的与计划经济体制相适应的社会发展和管理模式,是社会组织、管理和监管的工具,也是一种资源分配方式,是集"政治、经济、社会"功能于一体的组织形式。几乎每一位城市居民都有一个特定的"单位",无论是企业单位、事业单位,还是政府部门,基本上都采取了这种高度集权的组织形式。从历史演进的角度分析来看,划分单位制历史沿革的依据关键在于对私有制改造的程度。1953~1956 年,我国进行了社会主义改造,这成为划分单位体制的分界点,随着"三大改造"的完成,单位制逐步建立,具体可分为三个阶段。

1. 单位体制的形成时期

新中国成立后,党的工作重点由农村转移到城市,以苏联模式为借鉴,以延安时期建设和管理的经验为基础,党开始在城市管理中尝试单位体制模式。早在 1942 年延安整风运动时期,为克服党内存在的宗派主义、分散主义、山头主义、本位主义等,党中央下发《关于统一抗日根据地党的领导及调整各组织间关系的决定》,开始确立一元化领导体制,该体制是苏联共产党在 20 世纪 20 年代逐步形成的,主要强调党的一元化领导。当今社会学学术界将 1956 年社会主义"三大改造"的完成时间定义为我国计划经济体制的元年,这一年也成为我国单位体制的开端。[1] 因此,在城市管理中运用单位体制是适应社会主义改造完成后建立计划经济体制的必然结果。

自 1949 年新中国成立至 1956 年这段时期,是单位体制的形成阶段。这一阶段,党开始全面执政,需要将执政权力拓展到基层社会,通过借鉴苏联社会主义建设的经验,党开始在城市建立单位体制,单位体制同城市基层管理的发展基本同步。在单位制的推行方面,从党政机关逐步向国有企业转移,城市居民日渐被纳入单位体制。这一时期,"国家—单位—城市居民"模式的基层管理结构逐步形成,党的执政权延伸到基层,国家的社会支配和动员能力大大增强,随着"三大改造"的日益深入,居民逐步被纳入单位体制的社会管理、社会保障和福利体系中。

---

[1] 刘天宝、柴彦威:《中国城市单位制研究进展》,《地域研究与开发》2013 年第 5 期。

2. 单位体制的确立和发展时期

以社会主义"三大改造"的完成为标志,我国初步建立了社会主义经济基础,私有制得到消除,国家建立了高度集中的计划经济体制,以单位为中心的社会治理体制在城市里已基本确立。此时,城市中几乎所有公民都被包括在一个"单位"中,国家成为社会管理中最大的"单位"综合。[①]国家(政府)管理单位、单位管理个人,从而国家(政府)管理个人的社会管理模式逐渐形成,并体现了高度集权的特征。

"单位"是一个党政机构齐全的庞大组织,能够把人们的工作、生活、文化和娱乐等活动融合在一起。"单位"在组织生产劳动的基础上,涵盖了社会几乎所有的功能,单位建设并分配住房,办学校、食堂、医院、电影院、体育场馆等,在单位体制内的成员,其出生、成长、婚育、疾病、养老、丧葬基本上都发生在单位内部,由单位对应各职能部门进行管理。同时,"街居制"也是城市基层治理的一种辅助形式,主要是通过"街居制"街道和居民委员会,对单位以外的少数社会闲散人员进行管理。这种单位制为主、"街居制"为辅的社会组织体系基本实现了对城市居民的管理,改变了我国社会一盘散沙的局面,使国家和社会迅速组织起来,使社会秩序趋于稳定、有序。

3. 单位体制的变迁与解体时期

单位体制在新中国成立后有效地发挥了其结构简单、清晰的优势,迅速将国家、社会和人民组织和动员起来,帮助党和政府集中优势和资源解决国家和社会发展的矛盾问题,使国家社会有序地运转起来。改革开放后,国家的工作重心转移到经济建设,社会主义商品经济得到承认并合法化,市场的力量得以释放,开始逐步向社会主义市场经济方向过渡与发展。1980年,全国人大常委会颁布了《城镇街道办事处条例》《居民委员会组织条例》,1989年,通过了《城市居民委员会组织法》,城镇社会管理体制由原来的"单位制为主、街居制为辅"逐渐演变为"单位制+街居制"。居民委员会属于居民自治组织,虽然仍具有较强的行政化色彩并受到政府的影响,但它提高了社会的自我管理能力,减弱了政府对社会的控制。[②] 随着党的十

[①] 吴金群、王丹:《近年来国内城市治理研究综述》,《城市与环境研究》2015 年第 3 期。
[②] 李宜春:《宁波社会治理创新研究》,浙江大学出版社,2017,第 19~20 页。

四大正式确立社会主义市场经济体制的改革目标，市场化改革成为主要方向，国有企业开始进行以适应市场体制和增强在市场经济中的竞争力为目标的改革，民营企业迅速发展，社会管理体制随之发生变革，"单位人"开始转变为"社会人"，单位制失去了计划经济体制下生存的土壤而开始瓦解，社区管理作为城市管理的主要模式进入加快发展阶段。时至今日，单位仍然是政府机关、企事业单位等的基本组织形式，在社会治理中依然发挥着重要作用，基层治理的主体也包含了单位，单位是基层治理的一个单元，但单位所承载的社会治理功能与计划经济时期相比，在内涵和外延上已经有了很大的不同，它不再成为城市治理模式的主体。

（二）单位体制的组织结构分析

新中国成立后，我国在城市所实行的社会管理模式是高度集中的一元化管理体制，形成了管理运行结构上的两极格局，一极是国家和政府，其权力高度集中；另一极是单位，其数量众多且又相对分散和封闭。城市里绝大部分居民隶属于某一个单位，由国家（政府）管理单位、单位管理个人，街道居委会管理少数社会闲散人员。这种"单位制为主、街居制为辅"的管理模式成为当时社会管理和运行的主要体制和组织形式。在这种管理组织结构中，单位是国家管理人民的中介和实体，国家并不对社会成员进行直接管理。事实上，一个幅员辽阔、人口众多的国家直接管理人民，在实践中是没有效率的，也是不可行的，必须借助某个中介、桥梁，构建一个垂直的管理体系，不同时期的管理模式只是表现为治理主体多样化、多元化的程度，以及垂直管理的层级多少的不同。

1. 组织体系

在"单位制为主、街居制为辅"的社会管理模式中，国家—单位—个人与国家—街居—个人，在组织体系上基本相同，表现为权力的高度集中、对社会的紧密控制。相对于"单位制"而言，"街居制"属于社会组织范畴，其管理主体是街道办事处和社区居委会。"街居制"的建立弥补了"单位制"对社会人员管理覆盖不足的问题，"单位制"和"街居制"相辅相成、紧密相连。在城市管理中，国家主要通过单位来实施相关管理，在单位外部的一部分人，如需要扶助救济的人员、分散于社会各处的闲散人员等，则需要"街居制"发挥其管理作用和功能，某些特殊情况和管理工作，单位制和街居制会发挥复合作用,这样,社会管理在组织体系上做到了全员覆盖。

因为国家管理单位、单位管理个人,国家掌握着单位发展所需的资源、机会、平台和各种利益,同样单位也影响个人社会生活的方方面面,所以形成了个人和单位的紧密联系,形成了个人对单位的高度依赖,单位制社会生活成为城市居民参与社会生活的常态化形式。这种紧密联系和依赖性,使个人无法离开单位,离开单位对个人来讲意味着失去生存和发展的机会,同样,单位亦形成了对国家的高度依赖。在这样一个紧密的社会管理组织体系中,国家自上而下地对城市社会进行有效控制和管理,对新中国成立后政权体系的建立和巩固、社会生产恢复发展、社会组织管理、社会稳定发挥了重要作用。

2. 组织功能

单位体制的建立对应于社会主义计划经济体制的确立,是出于解决经济建设与有限资源分配之间矛盾的考虑。社会主义改造完成后,私有制已经消失,所有单位由国家控制和管理,国家掌握了经济发展的全部资源,根据经济发展战略和需要将之分配到各个单位。这时,单位的首要功能表现为进行经济生产。所有单位由党委领导,并形成党的组织结构,甚至很多单位具有不同的行政级别,这使单位体制拥有了基层政权的政治功能。按照"企业办社会"的思路,由经济生产所形成的单位同时担负起社会管理的责任。因此,单位体制有了集政治、经济、社会于一体的功能。

在社会资源有限的情况下,国家通过计划调控为社会成员分配各种资源。在单位体制的社会功能中,首先表现为提供民生保障。单位作为国家资源调控的受体,按照单位内部组织结构进行资源再分配,并组织生产以获得利润,个人则以工资形式获得收入。单位从事社会建设,提供民生供给和保障,承担单位成员的就业、住房、入学、医疗、退休、社会福利等社会工作并进行管理,单位承担了对社会成员管理的职责,是具有社会功能的组织。其次是发挥利益调控功能,在单位体制中主要通过单位组织内部调控来实现社会成员利益的均等化,通过分配调控使社会成员获得几乎均等的生活资源,从而限制因分配不均等而产生的社会矛盾,维护生产、生活以及社会秩序的稳定。由于单位体制中生产和生活的紧密结合,以及个人对单位的高度依赖,单位在管理中具有绝对的权威性,能够使社会成员的利益需求和矛盾在单位内部实现和解决，做到矛盾不上交、不扩散，充分发挥了单位的利益调控功能。

二 农村以人民公社体制为主的基层社会治理发展

从农村社会管理角度来看，中国共产党的百年奋斗历程是一部党领导农民、组织农民的奋斗史。党自成立以来，在领导人民进行革命、建设和改革的各个时期，都在不断探索领导农民、组织农民的方式方法。新中国成立后，人民公社体制逐渐成为农村社会治理的主要模式。

（一）人民公社体制的形成

革命战争年代，党的工作重心在农村，实行农村包围城市的战略，能否有效发动和组织农民成为革命事业成功与否的关键。党在创立前后就曾大量宣传马克思主义合作思想，介绍苏联合作社发展状况。党在革命根据地通过办农会、组织合作社，在政治和经济上有效地组织了农民，实现了对农村社会的有效管理。

新中国成立后，党提出要实现农民的土地所有制，并开展了土地改革运动，并于1952年底基本完成了土地改革，结束了封建土地所有制，确立了农民对土地的个体权利。土地改革激发了农民农业生产的热情和积极性，实现了农村社会生产力的解放和发展。1953年起，我国开始进行社会主义改造，改造对象之一就是农业。为了适应社会主义建设要求，迫切需要对分散、落后的小农经济进行改造，农民合作化成为改造的主要方向，因此，农业合作化运动轰轰烈烈地发展起来，历经互助组、初级合作社、高级合作社，并最终发展为人民公社。虽然在探索中出现了一些问题和失误，但从制度变迁理论的视角来看，这些探索对后来的农村管理制度变迁和改革都产生了重大影响。

1. 土地改革运动

新中国成立之初，如何将封建半封建土地所有制改造为农民土地所有制，是一个重大的战略和现实问题。1950年，中央颁布了《中华人民共和国土地改革法》，开始推进土地改革。用两年的时间基本完成了这场意义重大的土地革命，到1952年底，全国除了一部分少数民族地区及台湾省外，广大新解放区的土地改革基本完成。全国有3亿多无地少地的农民（包括老解放区农民在内）无偿地获得了约 7 亿亩土地和大量生产资料，免除了过去每年要向地主缴纳约 3000 万吨粮食的苛重地租。①

关于土地革命运动的作用和意义，早在革命年代已经用实践证明了，在 1950 年中央人民政府委员会第八次会议中又得到了总结和肯定，尤其是《中华人民共和国土地改革法》的颁布，明确了土地改革的目的就是要清除封建制度的最后残余，推翻地主阶级剥削制度。土地改革终结了封建土地制度，不仅激发了农民的积极性，激活了农村生产力，同时也迅速地巩固了党在农村基层社会的执政根基，为有效地组织动员广大农民、管理农村社会奠定了重要基础。然而，土地改革运动所确立的农民土地所有权，仍然呈现以小农家庭为单位的特征，并没有改变土地私人占有的所有制形式，这与社会主义制度建设的发展要求仍不相适应。

2. 农业合作化运动

随着党的工作重心转移到城市，面对复杂的国内外形势，迫切需要通过发展工业来恢复发展国民经济，保卫新生政权和国家安全。农业是工业和城市发展的基础，为工业发展提供了生产资料，为城市发展提供了物质基础。农业支持工业发展的前提是解决农村土地所有制问题。为进一步提升农业生产水平，帮助农民克服小农经济以一家一户为单位进行生产经营的困难，兴修水利等农业基础设施、抵御各种自然灾害风险、在农业中使用机械化生产工具等，从而使国家得到更多粮食物资和工业生产资料，必须进行农村土地所有制改革，有效地动员和组织农民，鼓励农民进行生产互助，发挥互助合作生产的优势。

1951 年 9 月，全国第一次互助合作会议召开并通过了《中共中央关于农业生产互助合作的决议（草案）》，为农民指明了走向"互助合作"道路的方向，主要包括三种互助合作组织形式，即季节性、临时性劳动互助，持续性互助组和农业生产合作社。"季节性、临时性劳动互助"是一种简单、初级的劳动互助形式，解决农村劳动的临时性问题；"持续性互助组"是劳动互助的高级形式，以提高农业技术为基础，为农民提供农业工具、畜牧养殖等方面的技术支持，其拥有一定的公有资产，是常年存在的互助

---

① 《新中国峥嵘岁月——废除封建土地制度》，新华网，http://www.xinhuanet.com/politics/2019-09/04/c_1124959932.htm。

合作形式；"农业生产合作社"是以个体农民自愿组织为基础的半社会主义性质的集体经济组织，它的特点土地入股，耕畜、农具作价入社，由社实行统一经营，社员参加集体劳动，劳动产品在扣除相关费用后，按照社员的劳动数量和质量及入社的土地等生产资料进行分配。1953年，《关于发展农业生产合作化的决议》正式颁布，要求重点发展以土地入股为特点的初级农业生产合作社。初级农业生产合作社经历了控制发展、着重巩固阶段。随着1956年《中国农村的社会主义高潮》一书出版，各地农村广泛开展了以发展高级农业生产合作社为重点的合作化运动，原本计划用三个"五年计划"时间完成的社会主义改造提前完成，实现了农业生产资料的集体所有制。

3. 人民公社运动

随着社会主义改造的完成，农业实现了集体所有制，全国各地掀起了"大跃进"运动，各地开展大规模兴修水利等农业基础设施工作，迫切需要集中人力、物力等资源。在中央的指导下，出现了农业生产合作社合并的浪潮，小社合并为大社，大社进一步转变为公社。1958年8月，中共中央《关于在农村建立人民公社问题的决议》正式决定撤乡、镇并大社，以"议行合一""政社合一"的人民公社行使乡、镇基层政权职能，生产大队代替农业生产合作社，正式推行人民公社化运动。通过人民公社管理农村和农民，这一管理模式一直持续到了20世纪80年代初。

（二）人民公社体制的发展

1958年7月，在河南遂平县建立的"嵖岈山卫星人民公社"，是我国的第一个人民公社。人民公社在全国历经25年发展之后彻底消亡，农村基层开始实行"政社分开"的管理机制。其发展阶段如下。

1. 大公社时期

完成社会主义改造任务之后，党中央通过一系列会议和决定，将人民公社确定为我国农业、农村发展的基本制度，并在全国开展人民公社化运动。中央对人民公社进行制度设计，制定和颁布相关政策，极大激发了基层农村建设人民公社的热情。1958年出台的《关于将小规模农业合作社适当合并为大型合作社的意见》进一步提出，农业合作社应该因地制宜地根据自身情况进行有效合并；1958年8月颁布的《关于在农村建立人民公社问题的决议》，明确人民公社是我国农村发展的历史必然，应该在全国进行推广和支持等。① 毛泽东通过调研察觉到人民公社在当时农村发展的现象，在 1958 年 11 月举行的第一次郑州会议中，提出要认清社会主义是当前社会发展的真实阶段，并在 1959 年 2 月召开的第二次郑州会议中对人民公社的发展内容和进程进行自省和调整。② 随着人民公社化运动推进，中央发现了相关问题并极力纠正，并开始加紧调整农村治理政策，如《农村人民公社工作条例（草案）》和《农村人民公社工作条例（修正草案）》（分别于 1961 年 2 月和 3 月发布），将"按劳分配"作为当时农村治理机制的基础原则；1961 年 10 月颁布的《关于农村基本核算单位问题的指示》，明确指出"生产队"制度更契合农村工作实际。③ 人民公社在发展中经过"由小到大"，然后"由大到小"，最终确定以小规模的生产队为农村治理的方向。

2. 公社时期

经过对"大公社"的反思，我国建立了"三级所有，队为基础"的农村治理新体制，这标志着人民公社体制进入新的阶段。通过对基层的密集调查研究，党中央将农村分配方式确立为"按劳分配"机制，相关意见主要体现于 1962 年 2 月颁布的《关于改变农村人民公社基本核算单位问题的指示》，该指示确定以生产队（即小队）为人民公社的基本核算单位。同年 9 月，《农村人民公社工作条例（修正草案）》颁布，进一步规范了人民公社的发展路径，针对社、队规模偏大和经营管理制度不够健全等问题，进行了较为系统的纠正。这一时期，部分地区曾尝试"包产到户"的人民公社制度。人民公社制度是我国在农村进行社会主义建设的探索，既是农业生产体制的探索，也是农村基层政权建设和基层管理的探索。我国于 1983 年开始逐步取消人民公社，1984 年底全国农村完成了由社到乡的转变，乡镇政权得以重塑，人民公社退出历史舞台。

（三）人民公社体制的运行结构分析

人民公社能够成为农村基层管理制度，主要原因之一是公社被认为是

---

① 张爱英：《毛泽东与〈农业六十条〉》，《学术评论》2014 年第 6 期。
② 贺耀敏：《艰难奋斗历程的真实纪录——〈1958—1965 年中华人民共和国经济档案资料选编〉评述》，《经济学动态》2011 年第 10 期。
③ 王敬尧、魏来：《当代中国农地制度的存续与变迁》，《中国社会科学》2016 年第 2 期。

共产主义的基本社会组织,当时的人们普遍认为,只有办大社才能办大事,才能体现公有制的优越性。在党和政府的推动下,人民公社在全国范围内迅速发展,虽然历经大公社和公社等不同阶段,但公社的基本组织机构大同小异。人民公社在组织结构上整体呈现了典型的"一大二公""政社合一"的特征,其组织结构经历了由大到小的过程,也多有反复,这种调整说明了党中央对如何解决农业合作化、集体化问题的思考和探索。从实践来看,党中央从公社所有制到以生产队为基础的转变,直到以包产到户为特征的家庭联产承包责任制得以确立,农村地区解放和发展生产力的问题逐步得到解决。

第三节 改革开放和社会主义建设新时期中国基层社会治理发展

改革开放后,我国基层社会治理逐步发展到了新阶段。随着社会主要矛盾的转变,经济建设成为党的中心工作。为了解放和发展生产力,我们需要对生产关系进行变革,建立更加适应生产力发展的生产关系和上层建筑。因此,我们党开启了以经济体制改革为核心,带动政府行政体制变革,进而实现政府职能的进一步转变的改革历程,这一时期,对社会治理发展提出了新的要求。

一 城市以社区制为主的基层社会治理发展

改革开放初期,在探索和讨论社会主义市场经济体制和政治体制改革的过程中,有关政府与市场、政府与社会的关系问题随之显现。[①] 改革开放从农村拓展到城市,经济建设取代了阶级斗争,经济发展进入快速通道,经济的高速发展不断推进城市化进程,带来了人口流动的加速,农村人口开始大量向城市聚集,尤其在经济特区、沿海开放地区出现了大量"打工"人员。随着改革开放的深入,社会主义市场经济体制确立后,国有企业以建立现代企业制度为目标进行改革,传统的"单位"开始向现代企业转变,

---

① 锁利铭、杨峰、刘俊:《跨界政策网络与区域治理:我国地方政府合作实践分析》,《中国行政管理》2013 年第 1 期。

"企业办社会"的格局逐渐瓦解。民营企业快速发展，对劳动力产生了大量需求，不仅吸纳了大量城市人员，同时也在各个城市形成了庞大的农民工群体。我国加入世界贸易组织之后，经济发展与世界全面接轨，全面融入全球化进程，进一步深化了我国经济体制改革。新的城市发展和人口格局已然形成，传统的城市治理方式亟须变革，以回应城市社会治理的新要求。随着"社会管控"到"社会管理"再到"社会治理"的理念变化，社区服务、社区建设、社区治理的概念先后被提出，城市基层社会治理模式也逐步由街居制转向社区治理制度。

（一）社区制在中国的发展

德国著名社会学家费迪南德·滕尼斯提出"社区"的概念，他认为，社区具有共同体特征，社区内居民具有共同的认知和价值取向。[1] 社区是指若干社会群体或组织集中在一定地域范围内而形成的在社会生活上相互关联的共同体，是构成社会有机体的基本单元，具有社会生活的基本特征，在规模上是宏观社会的"缩小版"和具体化。在我国，"社区"一词最早出现于 20 世纪 30 年代；1986 年，民政部首次将"社区"概念引入城市管理，提出要在城市中开展社区服务工作；1987 年，民政部召开"全国城市社区服务工作座谈会"，提出城市社区服务应从老人服务、残疾人服务、优抚对象服务、困难户服务、儿童服务、家庭服务以及其他便民服务做起。[2] "社区"一词开始在社会管理中被广泛使用，从那时起，城市基层治理历经了从社区服务、社区建设到社区治理的三个发展阶段。

社区服务主要是发动社区成员开展互助性的社会服务活动。1986 年，民政部提出对社区各类弱势群体、优抚对象和普通居民开展城市社区服务工作的要求；1989 年，"社区服务"被正式写入《中华人民共和国城市居民委员会组织法》，这极大地推动了社区服务在全国范围内的发展。社区服务的提出开启了城市管理和社会福利工作的改革，提出并实际推动社区服务的主要是民政部门，其主要构想是通过发挥社区的社会属性，将社会福利

---

[1] 〔德〕费迪南德·滕尼斯：《共同体与社会：纯粹社会学的基本概念》，林荣远译，商务印书馆，1999，第 34 页。
[2] 向德平、华汛子：《中国社区建设的历程、演进与展望》，人民网，http：//theory.people.com.cn/n1/2019/0626/c40531-31196857.html。

从国家福利中剥离出来，建立社会福利事业。2006年，国务院《关于加强和改进社区服务工作的意见》明确提出了加强和改进社区公共服务体系建设的要求。社区公共服务体系建设成为政府公共服务职能在社区的具体化体现，也成为社会管理的重点发展领域。[1] 随着社区服务的普及与推广，社区服务对象也逐步从民政对象扩大至全体社区居民，社区服务的项目也越来越丰富。[2]

社区建设的概念出现于20世纪90年代初，旨在通过城市基层组织建设和完善来抓好社区建设工作。随着中央财政体制改革，城市获得了更多的财权和事权，城市成为独立的利益主体，城市之间也形成了相互竞争的格局。城市为了吸引投资、优化营商环境、开展城市建设，开始通过吸引投资获得更多财政收入，并将之投入城市治理以保障城市进一步发展，从而走上了这样一条以经济发展带动城市进步的道路。随着城市管理任务的日益复杂和繁重，要求将管理事权进一步分散。1996年，上海市积极探索事权下移改革，建立了中心城区"市、区"两级政府、"市、区、街道"三级管理的模式；郊区则实行"市、区、乡（镇）""三级政府三级管理"的模式，这一改革激发了基层参与市政建设、旧区改造和社区建设的工作热情，对上海城市管理产生了重大影响，极大提升了城市治理的精细化水平，这一经验在全国产生了很大反响。2000年，民政部在《关于在全国推进城市社区建设的意见》中强调，社区建设是加强基层政权建设的重要内容。[3] 这意味着社区建设不仅要提供公共服务，而且是基层社会管理体制的创新，是巩固基层政权的重要方式。我国形成了以党组织建设、街居管理体制改革和居民自治组织为主要内容的社区组织改革思路，构建了在党的领导下以街道办事处和社区居民委员会为主的基层组织运行结构。

2013年，党的十八届三中全会研究通过了《中共中央关于全面深化改革若干重大问题的决定》（以下简称《决定》），"社区治理"一词首次在

---

[1] 夏建中：《从社区服务到社区建设、再到社区治理——我国社区发展的三个阶段》，《甘肃社会科学》2019年第6期。

[2] 夏建中：《从街居制到社区制：我国城市社区30年的变迁》，《黑龙江社会科学》2008年第5期。

[3] 《民政部关于在全国推进城市社区建设的意见》，光明网，https://www.gmw.cn/01gmrb/2000-12/13/GB/12%5E18633%5E0%5EGMA1-109.htm。

《决定》中出现,"社会治理"概念首次被正式提出。在阐述"城乡社区治理"时,《决定》明确强调要"建立健全居民、村民监督机制,促进群众在城乡社区治理、基层公共事务和公益事业中依法自我管理、自我服务、自我教育、自我监督"①。2017年,《关于加强和完善城乡社区治理的意见》明确了城乡社区是社会治理的基本单元,全体居民都是社区治理的主体,这成为指导社区建设的纲领性文件。随着社会管理向社会治理的转变,党中央在理论和实践上,使我国基层社会治理的思路更加清晰,通过理念的创新、内容的完善,将社区治理作为我国基层社会治理的主要模式,并且明确提出要进一步完善和提升社区治理体制和治理能力,为夯实党的执政根基、巩固基层政权、实现社会主义现代化事业提供有力支撑。由此可见,社区治理是推动国家治理、社会治理实现现代化的重要基础。

(二) 社区制的特征

社区制不同于街居制,也不同于单位制,具体表现在以下几个方面。

在组织体系上,随着单位制、街居制的瓦解,社区制成为城市基层社会治理的主要模式,形成了在党组织领导下,由街道办事处和社区居委会组成的基层社会组织结构。街道办事处作为人民政府的派出机构,其地位等同于乡级行政区,虽然街道不是国家法律规定的一级行政区划,但在实际工作中,其作为政府派出机构,拥有准一级政府的权力,它由党的系统和政府系统组成。社区居委会是居民进行自我管理、自我教育、自我服务的基层群众性自治组织。居民的范围发生了变化,包括了自然居民和法人居民,其中,法人居民是指驻社区单位。将各单位纳入所驻社区管理范围,这是对原有"单位制"的重要改造。

在管理理念上,单位制、街居制主要是对居民进行社会管理,而社区制则突出社会服务和社会治理。社区所面对的是全体居民,要体现出以人为本的管理理念,服务于居民。社区工作的对象正是居民,因此,社区工作内容与居民生活密切联系。在社区工作中应体现人文关怀,努力增强服务意识,努力为社区居民营造资源配置合理、治安良好、环境优美、生活便利的人文居住环境,实现人与自然、社会的和谐发展。

---

① 《十八大以来重要文献选编》上卷,中央文献出版社,2014,第528页。

在社会管理上，过去街道、居委会作为"单位制"管理的一种补充形式，多是配合政府各职能部门建立在街道中的各机构开展相关工作，如配合税务、工商、派出所等部门工作。在社区制中，社区管理组织在管理上发挥居中协调的作用，社区内的所有政府职能部门机构、各种所有制的单位、各种社会团体或居民自治组织都必须接受街道办事处和社区居委会的协调和指导，形成了新的社会管理格局。①

在治理主体上，党和政府不再包揽一切，这种治理主体的多元化是社会发展的必然结果。政府治理社区的能力是有限的，需要社区专业化的治理力量配合政府共同对社区进行管理，发挥社区自治功能。社区内的企业、单位、社会组织和居民等，在党的领导下逐步形成有共同发展目标的社区治理共同体，进行互助合作，共享社区治理成果，这也是通过基层治理实现民主化的重要路径。

（三）社区制的实践模式

从20世纪90年代开始，一些大城市率先建立城市社区，北京、上海、天津、武汉、青岛、沈阳等地开始进行社区建设、社区管理的尝试和探索，经过多年的建设和发展，逐步形成了各具特色的社区治理模式，为全国社区治理提供了可以借鉴和推广的经验。

1. 地方模式各具特色

上海建立了"两级政府、三级管理、四级网络"的城市社会管理体制，并将党建工作延伸到了具体楼宇。一方面进行社区建设，另一方面进行城市管理体制改革，以建促改，以改促建。在街道管理范围内设立社区，形成社区管理领导系统、社区管理执行系统和社区管理支持系统相结合、相联系的管理体制。社区管理领导系统由城区管理委员会和街道办事处组成；社区管理执行系统由社区发展委员会、市政管理委员会、财政经济委员会和社会治安综合治理委员会组成；社区管理支持系统由驻社区的企事业单位、居民、社会组织等组成，为社区管理提供有力的支持，如建立社区事务咨询会、协调委员会等，对社区主要事务进行商议、协调、咨询和监督

---

① 夏建中：《从街居制到社区制：我国城市社区30年的变迁》，《黑龙江社会科学》2008年第5期。

等。上海模式是党委领导、政府主导社区建设,将政府管理、社区治理和居委会自治有机结合的方式。同时,上海充分利用新技术,建立了社区治理云平台,大大提升了社区治理的效率。

1999年,杭州被确立为国家社区治理实验区,其治理模式的特点是调整居民区规模,探索社区新体制,强化党的领导,加强党组织建设,居民委员会实行直接选举,确保选举的公正透明,这极大激发了居民的参与热情,增强了社区的凝聚力和向心力,也增强了居委会的责任感和使命感。在调整整合的同时,对社区建设的工作经费和硬件设施作了明确规定,将传统居民区调整重组为新型社区是杭州社区管理体制创新的重要举措。[①]

沈阳作为老工业基地,其社区建设和改革走在了全国前列,产生了较大影响力。自1997年沈阳第一次提出社区建设后,其就用社区管委会代替了传统的居委会。沈阳模式的社区范围超越了居委会,但小于街道的范围,在社区内建立了三个以社区自治为主体的组织,包括社区(管理)委员会即执行力量、社区成员代表大会即决策力量和社区协商议事委员会即议事力量。沈阳在社区治理中主动转变政府职能,以民主协商和选举的方式建立社区自治组织。

上海模式将社区建设和城市管理体制改革有机融合,社区建在街道层面;杭州模式创新了社会管理体制,采用了三级管理组织人员交叉任职、合署办公的形式,体现了社会治理主体的多元复合、功能互补;沈阳模式则用社区管委会代替了传统的居委会,用民主协商的方式培育和发展社会组织,提升居民自治组织的水平和能力。除此之外,还有武汉模式、宁波模式等,都各具特色。

2. 可供借鉴的经验

要通过对具体社区治理模式的分析,最终总结各种模式在治理中形成的可推广的经验。总体而言,共同的经验是加强党的领导,加强社区党建工作,更好地发挥政府主导作用,发挥社会组织作用,激发居民参与治理的积极性,提升治理水平。不同模式的共同特点都是在党的领导下,在政府主导推动下,协调各方作用,形成各自的治理特色。社区治理结构需要

---

① 胡羽:《城市社区治理模式研究——基于三个典型社区治理模式的比较分析》,《理论界》2014年第12期。

以强大的政府为后盾，事实证明，社区治理改革总体上是由政府主导和推动的，政府能力与社区治理改革成效呈正相关关系。强大的政府需要扎实的党建工作支持，党通过政治建设、组织建设、制度建设等不断推动提升政府治理能力。社区治理和改革需要强大、成熟的社会支撑，要通过党的领导、组织和动员，调动、协调各方力量，形成支撑社区治理和改革的强大社会力量，并通过党的领导实现政府和社会的有效互动和整合。

随着社会主义市场经济体制改革的深入，"单位制"福利分房被商品房逐步取代，从居住范围的角度来看，以住宅区为基础的社区聚合了具有不同单位、不同身份、不同职业等的各种居民，逐步形成了新的居住社区。如何实现新社区居民的有效融合，使之由陌生到熟悉再到形成社区治理的共同体，从而化解邻里矛盾、解决社会基层问题、建设和谐社区，是我国城市社区治理需要长期探索解决的问题。社区制已经成为城市基层社会治理的主要模式，但从全国范围来讲，依然存在诸如社会治理主体不够多元化、行政色彩依旧过浓、社会组织发育不足、居民参与治理的积极性和自治能力不足等问题，需要我们在理论和实践上不断进行创新，不断激发基层活力，实现社区治理的现代化。

二 从"乡政村治"到社区制的农村基层社会治理发展

我国是传统的农业大国，新中国成立后，农村为城市和工业建设作出了巨大贡献。改革开放后，面对经济社会的剧烈变革，农村人口大规模流向城市，农村基层社会治理已经成为农村发展亟待解决的问题。随着我国治理实践的深入发展，农村基层治理先后出现了"乡政村治""社区治理"等主要模式。

（一）"乡政村治"的治理结构

随着人民公社逐步解体，新的农业经营体制得以确立，需要构建新的基层政权，从而乡镇成为我国农村治理的基层政权形式。1982年12月，全国人民代表大会通过的宪法规定恢复乡建制，设立人民代表大会和人民政府；1983年，开始在农村地区建立乡政权，乡的规模一般以原有公社的管辖范围为基础;① 1986年，中共中央、国务院发出《关于加强农村基层政权建设工作的通知》，开展撤乡并镇工作；1985年，全国有104900个乡镇，经过这次改革，乡镇数量减少近2万个;② 随着城市化进程加快，乡镇逐年减少，许多乡镇转变为城市街道办事处。

从人民公社到包产到户，由统到分的改革释放了农村活力，提升了农民生产积极性，粮食产量提高，基本解决了农民的温饱问题。随着城市改革加速推进，农民开始进入城市，参与工业化和城市化进程，由此农村经历了前所未有的社会结构变化与转型。改革开放后，开始实行"政社分开"，乡成为农村基层政权，但由于公社的解体，农村社会管理体制缺位，难以提供有效的农村社会公共产品供给，农业农村基础设施、公共设施建设与管理，社会治安等社会服务缺失，影响了农民正常生产生活。农村经济和经营体制已经转变为家庭联产承包责任制，在管理上需要进一步适应农村经济经营体制的变化，构建农村自我管理的自治组织，作为群众性基层自治组织的村民委员会正是在这一背景下诞生的，并且成为这一时期农村社会管理的主要组织形式。

1986年，中共中央、国务院发布《关于加强农村基层政权建设工作的通知》，指出："全国农村人民公社政社分开、建立乡政府的工作已经全部结束，各地要进一步理顺农村党组织、政府、企业之间的关系。"③ 乡镇政权和村民委员会开始相结合，形成了我国农村治理的基本模式。有学者用"乡政村治"概括了我国乡村治理的基本模式。其中，"乡政"指农村最基础一级的政权组织，主要是乡镇政权；"村治"则是指村民委员会，它是我国农村最基层的群众性自治组织。有学者提出，"乡政民治"进一步突出了农民自治的价值取向。但由于"乡政民治"中"民治"主要通过村民委员会等自治组织实现，从现实来看，村委会是农民实现自治的重要载体，所以本书仍用"乡政村治"来概括这种治理结构。

从土地改革至人民公社建立的这段时期，我国农村也存在形式和名称

---

① 《中国的行政区划——县级以下基层行政单位》，中国政府网，https://www.gov.cn/test/2009-04/17/content_1288055.htm。
② 盛若蔚：《新中国乡镇政权历史演变》，《人民日报》2009年3月25日。
③ 《中共中央、国务院关于加强农村基层政权建设工作的通知》，中国经济网，http://www.ce.cn/xwzx/gnsz/szyw/200706/14/t20070614_11752408.shtml。

上类似的"乡镇政府""村"等组织。从表面上看,"乡政村治"的治理结构似乎与原来的治理组织形式相似,然而改革开放后的"乡政村治"与以往相比,拥有本质的区别。以前的乡镇实行委员会制,现在则是乡镇长负责制;乡镇是最基层政权,而以前的"村"是受乡镇政府领导和指挥的派出机构,是基层政权的延伸,具有明显的行政色彩和基层政权的性质。现在的"村"虽称为行政村,却已去行政化,是依据《中华人民共和国村民委员会组织法》设立的村民委员会,是组织村民进行自治的管理区域,也是我国农村社会的群众性自治组织。自20世纪90年代起,党中央大力推广村民自治,全国普遍实行了农村基层选举。然而,由于农村人口的流动、人口结构的变化以及农业生产特点等因素,村民自治在实践中出现了不少问题和漏洞,许多地方因地制宜、因地施策,进行了不少探索和创新,如河南省邓州市探索的"4+2"工作法,即"四议两公开",所有村级重大事项由党支部会提议、"两委"会(支部委员会和村委会)商议、党员大会审议、村民代表会议或村民会议决议,对决议内容、结果实施公开。党通过扎实推进党建工作、不断完善基层民主,实现了党领导下的村民自治,有力地推动了新农村建设。

"乡政村治"的乡村治理结构,以国家政权为支撑,以自治为基础,形成了农村基层社会的治理格局。乡政具有行政性、强制力,村治具有自治性、民主性。村民在生产生活等方面的事务需要通过村委会,以村民自治的方式进行自我管理、自我教育,有利于推动和发展农村基层民主。但在"乡政村治"治理结构中,乡和村两种力量往往失衡。由于受到农村人口规模结构、收入水平、文化素养等影响,村治存在更多问题,这也直接导致了在这一结构中行政力量被放大。在现实中,农村财政经费短缺,特别是村级干部的管理受制于乡级政府,也导致其自主权利受限。这使得乡政与村治在管理中存在冲突与不协调,村民自治被弱化,民主自治得不到充分发挥。

(二)农村社区化治理模式

党中央从战略高度部署"三农"工作。农村是我国实现现代化目标的短板。因此,党中央通过"生态文明建设""美丽乡村""新农村建设""精准扶贫""乡村振兴"等一系列工程,为农村各项事业发展提供国家政策支持，让农民享受国家政策带来的发展红利。尤其是要通过在农村推行社区化治理模式，推动城乡一体化建设。

农村社区是由居住在农村的一定数量的人口所组成的相对完整的区域，是农村居民的社会共同体。我国新型农村社区是伴随着城镇化进程，应城乡建设一体化要求，在城市社区建设经验借鉴的基础上，对村居村落进行合并后形成发展起来的。它是既具有传统农村特点又具有现代城镇特点的一种新型社区，是农村基层社区治理根据农村新变化、新要求进行的探索创新。因此，农村社区建设并不是简单地使人口集中居住，而是以村庄改造、行政村整合为手段，对农村公共资金进行合理统筹，按照因地制宜、规模适度的原则，全面改善农村生产和生活环境，以实现完善公共服务、提升基础设施建设水平等目标。可见，农村社区建设与城市社区、行政村有本质区别。

进入 21 世纪以来，城镇化发展对我国城乡社会建设产生了重大影响。尤其是农村地区，由于人口外流，产生了房屋闲置、人口结构失衡、耕地荒废、种植技术落后、产业发展滞后等问题。党中央为了合理解决问题，促进农村发展，通过旧房、危房改造项目，在农村建设集中安置房，进行农村基础设施改造和建设，提升农民生产生活公共设施水平，提供公益性、福利性服务，进行社区化管理，在农村基层社会治理中提高公共服务质量和效能，美化农民居住环境等，这些措施都得到了农民的广泛支持和认可。

党中央为更好地引导和促进城乡一体化建设和发展，结合农村社会发展的实际情况，制定了一系列农村基层社区建设发展战略。党的十六届六中全会以"和谐社会"为主题，明确提出农村社区建设，将国家救助、社区保障融入农村养老保障中，提出要努力实现农村社区自治。2006 年是我国农村社区建设战略的起点，同时，这一年在具体的社区试点建设工作中取得了良好的效果，为后来"城乡一体化"建设打下了坚实的基础，也促使农村基层建设成为我国社会转型发展的重要内容和有力支撑。[1] 同年，我国全面取消了农业税，使农业成本降低、农民减负，干部工作负担减轻，过去因经济利益而产生的邻里、干群矛盾也得到了很大缓解，许多荒废的土地又得到了利用，对农业发展、农村治理都起到了积极作用。党的十七

---

[1] 胡永保：《中国农村基层互动治理研究》，东北师范大学出版社，2004，第 125 页。

大提出，将我国"城乡社区建设成为管理有序、服务完善、文明祥和的社会生活共同体"①，这必然要求进一步完善适应社会主义新农村建设的乡村治理机制。党的十九届四中全会将"建设人人有责、人人尽责、人人享有的社会治理共同体"② 列为基层社会建设的重点，加快构建城乡社区社会治理共同体。自农村社区建设被列为国家战略部署的重点工作以来，各地积极开展农村社区试点工作，将自愿、民主、适度作为社区建设的基本原则，不断探索农村社区治理的合理模式。由于人口外流、人口结构变化，原有行政村治理出现了很多困难，造成资源分散、闲置甚至浪费。有些地方通过村居合并建社区，进行社区建设，提供社区服务，更为典型的是"村社合一"的模式，将村级管理职能与合作组织的生产经营活动有机结合，有效地发展了农村集体经济。城市社会组织在参与社区治理时更多提供的是生活服务，与城市社区治理不同的是，农村各种合作组织主要以提供农业生产、经营服务为主要内容。因此，在观察农村基层社区治理时，要注意到社区对农村经济发展所发挥的作用，只有农村经济获得发展，才能够夯实农村社区治理的基础。

（三）中国农村社区治理的几种主要类型

中国农村发展不平衡，各地差异很大，有些农村地区已经实现了现代化，有些地区正在对标乡村振兴，有些地区则刚实现，处于巩固拓展脱贫成果的阶段，因此，各地根据自身实际探索了特点各异的农村社区治理模式。

1. 行政主导型

在行政主导的农村社区治理形式中，政府是社区治理的主体，结构相对单一，社区的管理和控制色彩突出，层级关系明显。如城乡统筹的合作治理形式，以"市县、乡镇"的行政级别为基础，以城市为社区治理的中心，实行城乡统筹管理，以城市带动农村发展，形成城乡各级党组织、农村自治组织、集体经济组织、民间社会组织等多种治理主体互助协作的多元治理模式。又如县乡政府主导模式，它是行政主导的另一种形式，与

---

① 《十七大以来重要文献选编》上卷，中央文献出版社，2009，第23页。
② 《十九大以来重要文献选编》中卷，中央文献出版社，2021，第287页。

"城乡统筹合作治理"的最大区别是,在治理结构中,以县级政府的行政管理为主导,主要包括两种形式:一是县、乡政府通过行政力量直接管理,利用县、乡政府的行政职权,组织、联合农村社区居民共同参与治理,对社区生产、生活的各种公共事务进行共同商议;二是农村基层社会自治组织联合集体经济组织和社区公民共同治理,政府不直接参与具体事务,但是社区的公共事务需要上报党组织及政府,因而仍然属于政府主导型。

2. 村民自治型

笔者认为,村民自治型治理模式是我国农村基层社区治理的最高形式,也是最为理想的形式,是党中央为实现农村自治而倡导的主要治理方式。在村民自治模式下,党管方向,基层政府是服务者、引导者,担当顾问的角色,不以行政权力干预社区公共事务,形成了"小政府、大社区"的治理格局。这能够有效减轻基层政府工作负担,弱化行政权力色彩,使基层政府能够集中精力于发展规划、经济建设和社会服务,提升基层治理效率。该模式是政府由"行政"型向"服务"型转变的典型,有利于实现政府职能的转变。

3. 混合治理型

混合治理型治理模式是介于政府主导型和村民自治型之间的治理类型,其治理模式的基础是"合作"。如民主协商制是农村社区混合治理的典型代表,社区委员会处于治理的主体地位,虽然受政府行政管辖,但在社会公共事务处理上拥有一定的自主权。社区委员会扮演了农村社区与县、乡政府之间的联络员角色,保障政府行政权力在农村社区的行使,并与社区自治组织共同发挥治理作用。在具体的治理实践中,以社区居民民主选举、自我管理和自我教育为原则,发动居民以协商的方式处理社区公共事务,解决社区问题和矛盾。权威人士主导型,也是农村基层社区治理的一种形式,通常存在于较为封闭或者落后的农村地区,有一定影响力和威望的人士(如知识分子、致富带头人、种植大户、种田能手、优秀的技术人员)或者长者常常是农村地区的权威人士,他们借助个人魅力、影响力等组织群众进行社区治理,实际上发挥了社区委员会的作用。权威人士主导是一种混合治理的类型。如今,这种治理形式在我国农村依然存在,说明社区治理在结构和组织上尚不全面、不完善。随着农村社会的发育、发展,权威人士可以通过村民选举进入自治组织并发挥作用,形成更加科学合理的治理形式。

  总之,新中国成立以来,在党的领导下,我国在不同历史时期的不同经济体制下探索形成了特点各异的城乡基层社会治理模式,这构成了我国基层社会治理发展的历史演进脉络,也奠定了新时代我国基层社会治理守正创新的实践基础。以经济改革驱动社会创新,是改革开放以来我国社会变迁、社会治理发展的历史唯物主义基本逻辑。随着新时代全面深化改革的深入,我国经济和社会结构正在加速转变,基层社会治理正面临新的具有时代特征的风险和挑战,只有聚焦我国基层社会治理存在的问题,才能形成我国基层社会治理创新发展的具体思路。

第三章　新时代中国基层社会治理的问题分析

经济发展驱动社会发展是社会治理变迁的基本逻辑。随着我国市场经济体制的日益完善社会化、法治化、智能化、专业化及应急治理等问题，成为制约我国基层社会治理发展的关键因素。这些问题既相对独立又交织融合，必须以系统思维统筹分析问题间的关联，建立问题间的联系，为体系化解决问题奠定基础。本章聚焦问题分析，形成新时代我国基层社会治理创新发展的基本问题导向和解决思路。

风险与挑战本身也孕育着解决问题的契机，风险、挑战和问题的发现就是创新发展的前提。治理现代化建设目标的设定，人民群众对基层社会治理的期待和对目标实现的信心，形成了解决基层社会治理问题、推进基层社会治理实现现代化的良好氛围，成为新时代研究好基层社会治理、做好基层社会治理工作的重要机遇。笔者通过访谈、座谈等方式调研了解基层社会治理中的经验、做法和问题，通过对问题进行整理归纳，结合中央政策表述进行总结，分析问题成因，探寻基层社会治理改革创新的突破口。

第一节　社会化问题分析

基层治理的社会化，是指在基层社会治理中实现更加广泛的社会力量参与，实现基层社会治理主体多元化，在治理中更好地发挥社会作用，促进社会发育，形成大社会的格局，充分体现基层自治，体现基层治理的参与性和民主性，更好促进基层社会治理共建、共治、共享目标的实现。基层治理社会化是发扬基层民主，体现人民当家作主，显示社会主义制度优越性的重要表现。

一 多元社会力量参与有所不足

基层社会治理从本质上需要社会力量的广泛共同参与，公民参与的积极与否取决于是否有共同利益和需求，也取决于基层社会治理能否实现保障人民群众最广泛的利益和权利，这必然要求基层社会治理始终坚持"以人民为中心"的理念，切实维护群众利益，保障其权利，实现人民群众对社会建设的基本需要，从而使之有更多的获得感、幸福感、安全感。获得感会增强群众对基层社会治理效果的认同，社会服务的提供和有效治理，能够使群众在某些方面需求得到满足、权利得到保障，从而对基层政府和社区产生信任；幸福感更多的是一种情感体验，基层社会治理使群众在有获得的基础上产生满足感，获得精神上的愉悦，使相对陌生的人际关系变得更加和谐，形成基层治理的凝聚力、向心力，并产生主动参与基层社会活动的意愿和热情。人的最基本需求之一就是安全，通过基层社会治理使群众认为自己所生活的社区管理有序、治理有效，和谐稳定，人身财产安全有保障，这是治理有效的最基本体现，如果说获得感、幸福感更多源自社会服务的提供，那么安全感则直接体现了基层社会治理的效果。

相对于传统社会的管理，新时代的治理则必然强调人民的治理，强调治理的代表性、广泛性和社会性。然而，当今社会已成为一个陌生人社会，人们社会参与积极性不高、参与能力不足，对社会公共事务不感兴趣。之所以说是陌生人社会，是因为无论城市社区还是农村社区，居住人口类型和结构已经发生了变化，在城市里，不仅是社区，具体到居住小区，住房商品化后，邻里之间也变得陌生。在农村人口大规模流动的背景下，农村社区建设往往是在多个行政村合并的基础上进行的，这一方面导致农民进入相对陌生的人际关系环境，另一方面，留守农村居民的人口结构中往往以老年人、妇女和儿童居多，本身也缺乏参与社区治理的精力和能力。在这样的治理现实中，人们对参与公共事务的积极性和责任感难免有所缺失。"社会治理主体多元化"要求在基层社会治理中，社会组织、人民群众广泛参与进来。

二 政府基层治理角色有待更新

我国基层社会治理社会化主要难点在于，如何实现基层社会治理主体多元化以及多元主体在实践中的广泛参与。在我国社会发展仍存在不平衡、不充分发展问题的背景下，多元主体的治理结构能否在实践中真正形成并发挥作用，取决于治理主体中政府能否正确定位自身角色并积极履行权责。政府在基层社会治理中的角色定位必须适应新时代基层社会治理的组织运行体系，要推动政府职能转变，使政府扮演好基层社会治理中的"服务者"角色。从这个角度讲，不仅在社会治理领域，其他领域也存在政府职能转变的问题。政府需要从服务、引导、合作的视角找到适合基层社会治理中的职能定位。在处理社会公共事务、维护社会安全稳定、解决基层纠纷问题、化解基层社会矛盾等方面，地方政府需要厘清思路、做好设计，充分培育基层群众力量，调动民众积极性，发挥好多元社会力量的作用，以更好实现基层社会治理的社会化。

长期以来，在我国现代化建设形成了以经济体制改革为核心、社会建设适应经济体制改革并推动自身变革的发展逻辑。经济体制的改革因为引入了市场经济力量爆发出了惊人的活力，使我国经济发展步入快速车道，经济体制改革必然会带动社会转型。基层社会治理涉及人们生活的方方面面，以公共服务为主，并不直接聚焦个人的物质利益，这使基层社会治理工作变得更加复杂。我国是一个发展不平衡的国家，不仅存在区域和地方的差别，即便同一区域、同一城市内部也存在很大差别，由此在我国存在多种发展水平并存的情况，既有比肩发达国家发展水平的地区，也存在亟待巩固拓展脱贫攻坚成果的地区，在这样的背景下，各地社会转型的水平必然会参差不齐，尤其是社会转型会打破原有的社会利益格局。既然社会主义市场经济体制已经明确市场和政府的关系，那么在基层社会治理中政府也需要明确自身的角色定位。当前，很大一部分人观念尚未转变，依然认为政府是"家长"，一切由家长说了算，一切问题都由家长解决，而在实际生活中人们的利益诉求是多样化的，政府很难一一对应解决所有问题，这必然影响治理效率。

目前，党中央对社会治理的设计主要在目标、原则等宏观指导层面，各地情况不同，仍在探索与寻求基层社会有效治理的更多经验，因此在治理实践中存在差异。随着社会发展成熟，在实践探索的基础上，必然会形成像经济体制改革一样更加明确的思路方法，通过制定正负面清单的方式具体规定和约束各治理主体的职责、权利和义务关系，形成各主体既有明确分工又协调合作的积极局面，构建多元主体共治下的基层社会治理格局。

第二节 法治化问题分析

法治是现代国家治国理政的基本方式，依法治国是我国的基本方略，法治是保证国家长治久安、基层社会治理长期有效的最可靠保障。基层社会治理的法治化问题主要在于，纵然有较为健全的法律法规，但公众的法治理念还有待深化，党的社会治理理论和政策随着改革的推进还需要进一步创新等，基层治理中的法治化问题主要表现为缺乏法治化思维，法治化保障体系尚未健全。

一 治理中的"法治"思维缺乏

市场经济强调契约精神，本质上是法治经济，市场主体、市场行为、市场竞争都需要法治作为基本保障，因而，依法治理是社会主义市场经济发展的内在要求。1997年，党的十五大把"依法治国"确立为党领导人民治理国家的基本方略[①]，在国家治理方面，从传统的"治理即治人"思想逐渐向"以人为本"的治理理念转变，并且普及法治，实施以"法律为准绳"的社会治理思想成为社会治理的思想主流和行为规范准则。习近平总书记提出全面依法治国的方略，并将其作为"四个全面"战略布局的重要内容，体现了全面依法治国对于我国社会主义现代化事业的重大战略意义。市场经济必然是法治经济，但不可否认，日常生产生活中，人们的法治意识仍然不够强，一些有法不依的现象仍然存在。这影响了我国基层社会治理的现代化发展。

法治思维首先是一种思考、分析问题的模式，进而逐渐会成为一种行为的惯性和定式。[②] 然而，现代法治思维在我国的培育还是一个长期的过程，尤其在社会治理的法治思维培育中，关键是社会治理主体要信法、懂法、用法、依法，这在我国基层社会治理中依然是短板。

现代治理改革的主要思路是强调人民性和民主性，强调超越"人治"，

[①] 赵昌华：《在法治轨道上深化改革 推进中国式现代化》，《人民政协报》2024年8月22日。
[②] 丁蓓：《深刻把握法治思维的内在特征》，《红旗文稿》2014年第21期。

实现"法治"。法治不仅要求依照宪法和法律办事，也要求遵守并执行党和国家政策及各项规章制度。法治思维不足也往往表现为对党和国家政策及各项规章制度的执行落实不到位。我国正处在全面推进法治社会建设的关键时期，基层社会治理法治化的推进不仅是法治建设的重要组成部分，也是实现国家治理体系和治理能力现代化的重要途径，基层政府提高法治思维是加强基层治理能力建设的重要方面。在实践中，各地政府应更加注重遵循党和国家的政策导向，持续加强法治思维的培养，注重发挥法治的支撑和保障作用，确保决策的合法性与合理性，不断提高依法行政的能力和水平，为基层治理现代化提供坚实法治保障。

二 法治化保障体系尚未健全

一是基层社会治理的制度化保障还不完善。由社会管理转化为社会治理，是党和国家认识和把握我国社会建设和发展规律的表现。随着社会主义现代化事业的推进，社会治理必然会在实践的基础上进一步实现理论创新，并将理论进一步转化为指导社会治理实践的政策和方案。目前，从中央层面看，习近平总书记关于社会治理的重要论述已成为我国社会治理工作的指导思想，是做好我国社会治理工作的基本遵循；从职能部门和地方层面看，需要进一步将思想和理论具体化为指导基层社会治理的政策和方案，并以制度的形式形成基层社会治理的基本保障。

二是社会治理的法律体系还不完善。社会治理是新概念，虽然在此之前有社会管理的基础和经验，然而随着社会治理的出现和发展，依法治国的内在要求需要形成关于社会治理的法制体系，这并不是对相关法律由"管理"到"治理"关键词的修改，而是要根据社会治理的新要求、新特征、新目标建立健全相关法律体系的表现。目前，针对基层社会治理的立法，尤其是与基层社会有关的法律相对不足，如环境保护、城乡社区治理、乡村振兴等关乎民生问题的立法依然有待完善，在基层社会治理实践中，要对治理组织体系中的权力关系作出法律界定和规范，促进形成关于各类组织、社会组织培育成长、社会力量和民众有序参与社会治理的法律支持和政策保障。

三是社会保障体系有待发展。社会建设由社会服务和社会治理构成，两者密切相关，提供社会服务是社会治理工作的重要目标和主要内容，因此构建完善的社会保障体系是基层社会治理的基础，能够为基层社会治理工作形成稳定的重要保障。当前，社会保障体系已经初步建立，但是保障内容、城乡人口覆盖面和保障水平需要进一步提升，如健康保险、退休金保障、失业保险等各种生产生活的保障制度有待进一步健全，同时社会收入分配改革需要进一步深化，保障体系构成了人民群众生产生活的安全网，在人民群众的生产生活中发挥兜底作用，保障水平的提升不仅符合实现"共同富裕"的目标，也构成基层社会有效治理的物质基础，有利于提升群众参与社会治理的主体性。

在社会治理中，必须正确处理好法治建设与基层社会治理的关系，用法治保障基层社会治理创新，维护基层社会和谐与稳定，现代化的基本要求就是要实现法治化，通过提高社会治理的法治化水平，加快推进基层社会治理的现代化进程，以法治保障社会治理现代化目标的实现。社会治理的法治化，必然要求在基层社会治理理念、治理组织、治理机构运行、治理主体、治理方式上充分体现法治精神，让法治思维和理念渗透到基层社会治理制度建设和治理过程中。

第三节　智能化问题分析

治理智能化是指应用大数据等新一代信息技术，管理社会公共事务、化解社会矛盾、保障公共安全、改善民生福利，使治理更加科学化、智慧化。其智能化主要体现在政府决策科学化、社会服务高效化、社会治安智能化、基础设施数字化等方面。[①]

网络、大数据等信息技术的发展深刻改变了人类社会的生产生活方式，运用智能化手段进行社会治理能为社区真正减负，解决多头报表、重复报表等问题，能让老百姓少跑腿、让信息多跑路，解决办事难、办事缓、办事繁等问题。随着社会发展，复合型社会问题越来越突出，表现为社会问题从形成到解决的过程越来越呈现交互影响、复杂交织，使传统社会治理模式中任何一个主体都无法单独作出最优决策，给出最优方案，往往顾此失彼。我国使用移动终端的居民数量位居世界第一，不仅体现了这些年我

---

① 孙作雷、李洋：《"数据赋能"推动社会治理智能化》，《青岛日报》2021年6月18日。

国网络信息技术发展水平和智能化建设水平，也为我国基层社会治理提供了新的思路和治理工具。当前，我国基层社会治理智能化发展还存在一些不足。

一 基础设施建设不足

大数据时代的来临，需要从宏观视野对我国社会治理进行设计，需要在足够大的范围和人群中获得信息数据，以使大数据真正体现其优势和价值，为基层社会治理提供全面、准确的信息，否则数据信息必然是片面的、不完整的，无法真正提升决策的科学化和治理的有效性。智能化治理需要以大数据等信息基础设施建设为前提，我国在信息基础设施建设等领域还存在不平衡、不充分的问题。经济发达地区基础设施建设水平高，落后地区基础设施建设仍有不足，信息时代的来临，为落后地区发挥后发优势、实现追赶甚至超越发展提供了可能，但把握这一契机，需要我们从战略性、前瞻性、全局性视野来规划信息基础设施在各地的均衡有序发展，补齐基础设施建设短板，最大限度弥合落后地区与发达地区的数字鸿沟，逐步消解落后地区在经济社会发展中基于自然环境、地理位置等产生的劣势，因此，信息基础设施建设作为一种战略性资源，需要首先解决"有没有"的问题，实现均衡建设与发展，不能使信息基础设施建设进一步拉大各地差距。在各地兴起的大数据发展热潮中，市场发挥了决定性作用，相关资金、技术、人力等资源更多聚集到了经济发达地区，甚至很多地方出现了恶性竞争，并且出现了重复建设和一定程度的产能过剩现象，而落后地区则是"无米之炊"，需要政府有效发挥宏观调控作用，在全国合理布局、积极引导，保证信息基础设施建设能够在全国范围内均衡有序发展，通过基础设施的建设为落后地区接入大数据的治理平台。

二 智能化治理的适应性问题

如果说基础设施建设解决"有没有"的问题，那么智能化治理主要解决"好不好"的问题，即如何有效使用大数据等技术进行基层社会治理，这是实现基层社会治理智能化的关键。当前，基层社会智能化治理存在的适应性问题主要包括以下几个方面。首先，对智能化治理的认识不足。智能化本身蕴含精确、精准、统筹等理念，与传统治理相比需要逐步去除模糊化思维，而理念、思维方式的改变往往需要较为漫长的时间。当前，无论是政府还是民众，或者是其他社会力量，对智能化治理、大数据信息技术对社会治理的变革意义认识还不到位。在 4G、5G 时代来临之前，人们无法想象这些技术会对生产生活方式产生多大的影响，现在这些技术已经深刻地改变了人们的生产、生活、消费、社交等方式。因此，需要预见到信息技术对基层社会治理方式的改变，并主动运用信息技术来推动社会治理的变革。科学技术是第一生产力，解放生产力就是解放人，智能化治理不但可以更好发挥治理主体的作用，而且可以将人从某些复杂的社会治理活动中解放出来。其次，智能化人才短缺。我国智能化治理中缺少具备大数据专业背景的人才，尤其是既有大数据技能又有社会治理专业知识的复合型人才，由此所引发的问题是难以科学有效地收集、使用、管理大数据并进行精准的基层社会治理。再次，智能化法治意识不强。数据的安全性问题逐步被人们所关注，近些年公民个人信息被泄露的事情屡见不鲜，说明在智能化过程中存在法治意识不强的问题，由此产生的问题是公民对智能化治理的不信任，认为这一过程很有可能泄露个人隐私，侵犯个人权利。对此，需要进一步加强法治教育、提升法治意识，在数据收集、使用、管理等各环节加强相关安全技术保障。最后，数据平台融合不够。随着各地信息技术平台的建设，平台出现了功能重复、内容重复，又各自为政，互不融合、互不认可的情况，给居民生活带来了诸多不便。各地缺少一个能够满足各方社会需求和资源的综合平台，手机里的 App 越来越多，分类越来越细，职能部门在各自领域精耕细作，功能越来越专业化，但从基层社会治理的角度来看，站在居民生活便利角度来看，需要将这些平台有效整合，以免群众疲于在各平台身份认证、信息填写的工作重复。大数据时代不能形成新的信息壁垒，各地需要在国家职能部门的指导和引导下，实现数据的联通、融合和共享，助力基层社会治理的智能化，提升民众生活的便利度，增强信息技术带给个人的幸福感和安全感。

第四节 专业化问题分析

专业化是现代社会发展的重要维度和要求，主要指产业部门、学习工作领域按照产品生产、学习工作的性质内容要求的不同而进行的边界划分，从而形成相对独立、各具特色的领域，这一过程可称为专业化。从这个角度来看，专业化是社会分工的必然要求，社会分工越来越细，对专业化的要求必然越来越高。同时，社会分工必然形成产品交换的需要，通过交换进一步满足自身多样化的需求，因此社会分工必然要求各部门之间合作，交换关系本身具有合作属性。专业化必然要求职业化，每个人需要通过某个职业参与到社会建设中，从而定位自身的社会角色。某一领域聚集大量专业化人员，从而形成专业组织，组织之间结成合作关系，进一步形成社会运行的基本结构。专业化是社会发展的必然趋势和要求，基层社会治理的专业化，要求在基层社会治理中由专业人员形成高度合作的组织体系，由专业的人做专业的事，共同协作提升治理水平和效能。

一 社会治理组织去行政化问题

基层社会治理需要形成专业的运行组织结构，重构专业治理与行政力量的关系，使基层社会治理走向专业化，形成社会治理共同体，这一专业化过程的关键在于治理的去行政化。

我国基层社会治理中行政化特征表现明显。首先，政府主导并直接管理社区治理资源。社区居委会作为自治组织，是由社区内居民选举产生，然而社区居委会基本工作职能和运行方式由基层政府主导，实际上社区居委会依然是基层政府的职能部门，是行政力量在社区的延伸。因而，政府行政职能的转化尚未有效实现，依然是垂直治理下的管理体系，难以有效发挥社区委员会的服务功能，社区居民委员会主要是完成上级行政部门下达的任务和指标，行政权力向基层的延伸使自治组织难以有效释放服务属性，难以有效满足社区居民的需求。这种情况下，社会治理的多元主体如社会组织等由于缺乏治理资源，难以真正发挥作用。政府分配和释放治理资源，调动各方积极性共同参与治理，需要在基层治理体系中去行政化。其次，基层社区管理组织的行政化。这表现为社区组织在管理功能、管理职能、管理运行上仍存在行政化色彩。社区继续发挥政府的管理功能，在职能上发挥着上传下达的角色，根据上级政府的要求开展相关工作，角色定位为行政机关办事员，而不是自治组织的服务者，原本是政府和居民沟通的双向通道，就变成了自上而下的单行道。社会自治组织在这样的管理和运行方式下，难以体现自治组织的属性，难以代表居民、表达居民需求。

在许多专业领域的治理中也存在行政化的问题。在新时代背景下,形成规范化的治理组织运行机构是治理专业化的前提,专业化治理必然是合作治理,治理组织运行机构一定要体现合作治理的专业化要求,从而使专业化合作在维护社会秩序、改善基层治理、化解公共冲突中发挥作用。专业化的增强使合作网络更紧密,从而在合作中使专业功能得到最大程度的体现。

二 治理人才缺乏

人才是基层社会治理专业化的第一要素,治理的专业化需要实现治理人员队伍的专业化。这支队伍包括干部、管理人员、专业技术人员、专家等,党中央鼓励年轻干部到基层锻炼锤炼,增进和人民的感情,也说明基层干部存在老化、不专业的问题。基层工作复杂辛苦,许多管理人员也往往是由退休人员、再就业人员、家庭妇女、志愿者等组成,在人员构成上不专业,无法匹配专业化的社区治理需求。需要能力强、有担当、责任心强、有专业学识的年轻干部和管理人员下沉到基层,发挥其思维活跃、年富力强、专业扎实的优势,改变基层工作的精神风貌。大数据等信息技术在治理中的运用也需要实现治理队伍年轻化、专业化,既懂技术又懂治理的专业技术人才普遍缺乏,高校尤其是职业院校需要根据社会治理需求,主动对接治理人才的培养,当前职业教育中在社会治理人才的培养上缺乏专业布局,在复合型人才职业能力的培养方案上存在短板。当前,我国社区类型有了较大变化,社区所承载的功能日益增多,如便民服务、法律咨询援助、拥军优属、预防青少年犯罪、新农村建设、养老助残、疫病防控、预防毒品、慈善救济等,需要基层社会治理形成既多样又专业的治理队伍,尤其驻社区单位中的专业技术人员、社区居民中的专家学者、科学家、法律工作者等,还没有通过制度建设,激励他们加入社区治理工作之中,没有充分发挥他们在基层治理的专业作用。往往行业协会、社会组织聚集了大量专业化人才,但在基层社会治理中专业化社会组织的人才优势没有得到充分发挥,主要是社会组织本身参与基层治理的机制还不完善,存在行政部门对于社会组织进行过多干预的问题,特别是在制定政策、人事任免、财务制度等方面,由此可见,发挥专业人才的作用与去行政化需要统筹推进,同向同行。

三　财政保障问题

专业化水平在很大程度上决定基层社会治理的效能，推进专业化治理需要治理经费的财政保障。通过财政资金引导和支持基层政府、社会组织、群众组织等多元主体积极作为，通过财力支持改变原有单一靠政府提供管理和公共服务的模式，让更多主体参与到社会建设中来。[1] 只有当财权、事权、财力达到平衡状态，才能够确保政府的运转、社会治理的正常进行。但在现实中，对于政府尤其是基层政府，事权是无法确定的，各种问题的解决、政策的落实往往下沉到基层，基层治理事无巨细，事权有很大的不确定性，这种不确定性的事权往往与财权是不匹配的，一方面，基层治理事权多、财权少；另一方面，上级政府财力有限，无法提供匹配事权的资金支持，导致基层社会治理经费短缺。当前，社区没有公共财政管理的能力，而社区在运作中所需的资金和社区工作者的薪水主要取决于政府的财政投入，只有财政投入充足才能使社区正常运转。现实中几乎所有社区都处于一定的财务资金紧张状态。因此，基层社会治理中有两个突出问题，即人才和资金，两者本身关系紧密，相互影响，资金投入的不足导致人才流失，极大地影响了基层社会治理的专业化。资金有限，社区在满足居民需求、公共事业建设、提供公共服务等工作中很难真正发挥作用。因而，进一步导致社区在实际运作中的行政化，成为政府办事机构，难以有效为居民提供优质的公共服务。当前财政保障问题需要在税制上有所改革，平衡基层事权财权，以及通过社会事务专项资金、转移支付等给予基层社会治理在财政保障方面的支持，保障稳才、引才，保障治理体系的正常高效运转，实现基层治理的专业化发展。

随着国家治理体系和治理能力现代化建设的不断推进，基层社会已经成为我国社会治理的关键点，基层社会必须建立科学、合理的常态化和非常态化治理的有效机制。常态化和非常态化基层社会治理的科学机制是基层社会治理正常运行的两个重要系统，两者相互紧密联系，又相辅相成。在基层社会治理工作中，既要保证日常治理工作的规范化、标准化，又要

---

[1] 麻睿：《提升基层社会治理水平的保障研究——以财政体制改革为视角》，《鲁东大学学报》（哲学社会科学版）2020年第6期。

保证突发事件下应急工作机制的灵活性、高效性，并以此为基础对社会资源和力量进行科学整合，处理基层社会事务、解决基层社会矛盾。

社会化、法治化、智能化、专业化问题可以概括为基层社会治理的常态化问题，顾名思义主要指基层社会治理中经常性存在的问题，即在基层治理中可预见的、经常出现甚至反复出现的问题，主要表现为民生领域的具体矛盾和问题，需要通过加强社会建设、增加民生供给和服务进行解决；常态化问题的另一个内容主要指基层治理在治理理念、治理体制、治理方式等方面存在的问题，需要根据实际情况的变化，通过理论与实践的探索创新，长期解决的治理问题，本书概括的问题主要指后者。基层社会治理的非常态化问题，主要指基层社会治理中不经常性出现的问题，在基层治理中具有不确定性、不可预见性、偶然性等特点，主要表现为针对公共突发事件的应急治理问题。

常态化问题是实现基层治理现代化需要解决的基础问题，解决非常态化问题的能力高低则是影响一个国家治理体系成熟与否的关键所在。同时，对于常态化问题的解决能力亦是其治理能力和制度韧性的体现。无论哪一类问题，都不是通过"头疼医头、脚疼医脚"就能够得到解决，问题间的彼此联系决定解决方式的相互关联，任何一个问题的解决都必须以其他问题的解决为条件。因此，问题的解决之道就指向了体制机制等制度建设问题，通过制度体系建设综合施策，才是解决问题的根本和长远之道。

第四章　新时代中国基层社会治理的根本遵循

寻求问题的破解之道，建立健全基层社会治理体制机制，实现我国基层治理的创新发展，必须有科学理论、方法和理念的指导。本章重点梳理习近平总书记关于基层治理的重要论述，这些理论创新成果是新时代我国基层社会治理实现创新发展的根本遵循。

第一节　习近平总书记关于基层治理的重要论述

社会治理经过顶层设计，最终在基层得以落实，治理效能最终通过基层治理得以体现。党的十八大以来，以习近平同志为核心的党中央深刻把握"两个大局"，在我国社会主要矛盾发生转化的基础上提出"社会治理"，推动社会治理创新发展，并强调社会治理重心要不断向基层下移。2013年，党的十八届三中全会首次提出"创新社会治理体制"[1]，实现了从社会管理到社会治理的重要转变；2019年，党的十九届四中全会提出"构建城乡社区治理新格局"[2]，进一步深化了我们党对基层治理的规律性认识；2020年，党的十九届五中全会将"社会治理特别是基层治理水平明显提高"[3] 列入"十四五"时期我国经济社会发展主要目标，要求完善社会治理体系，推动社会治理重心向基层下移；2021年，中共中央、国务院印发《关于加强基层治理体系和治理能力现代化建设的意见》，强调基层治理是国家治理的基石，统筹推进乡镇（街道）和城乡社区治理，是实现国家治理体系和治理

---

[1] 《十八大以来重要文献选编》上卷，中央文献出版社，2014，第539页。
[2] 《十九大以来重要文献选编》上卷，中央文献出版社，2019，第167页。
[3] 《十九大以来重要文献选编》中卷，中央文献出版社，2021，第793页。

能力现代化的基础工程。①

一　社会治理要落实到基层

习近平总书记关心关爱群众生活，重视群众工作，特别重视基层社会治理。习近平总书记多次强调："基层就是社会的细胞，是构建和谐社会的基础。"②

（一）基层是社会治理的根基

在我国的政治社会体制中，基层主要指的是乡镇、街道、村、社区这一范围，乡镇、街道属于政府派出机构，是行政力量的代表，村、社区属于群众性自治组织，是社会力量的主要代表，政府在传统治理中发挥主要作用，新时代基层社会治理强调发挥多元主体功能，不仅要继续发挥好政府作用，更要积极引导和鼓励各类组织广泛参与基层治理。村、社区作为群众性自治组织，是实现基层民主的主要载体，是实现群众自治、社会自治的主要方式。"城乡社区治理事关党和国家大政方针的贯彻落实，事关居民群众的切身利益，事关城乡基层的和谐稳定。"③ 社会的基本单位是城乡社区，它是落实中央政策、联系群众的纽带，在基层社会治理工作中发挥着承上启下的关键作用。

发展全过程人民民主，需要做好城乡社区治理工作。社会主义民主是人类历史上第一次为广大人民群众服务的人民民主，在人民当家作主的全过程、各环节都体现了人民民主，以民主选举、民主协商、民主决策、民主管理和民主监督为主要内容，形成了完整的全过程人民民主链条。全过程人民民主不仅体现在人民的政治生活中，也生动地体现在基层社会治理工作中，村民委员会、社区居民委员会作为群众自治组织，在基层社会治理工作中同样包含了全过程人民民主的各个要素和环节。"人民是否享有民主权利，要看人民是否在选举时有投票的权利，也要看人民在日常政治生

---

① 《推进基层治理现代化的根本遵循和科学指南》，求是网，http://www.qstheory.cn/2024-01/16/c_1130061081.htm。
② 习近平：《之江新语》，浙江人民出版社，2007，第239页。
③ 《中共中央 国务院关于加强和完善城乡社区治理的意见》，中国政府网，https://www.gov.cn/gongbao/content/2017/content_5204888.htm。

活中是否有持续参与的权利；要看人民有没有进行民主选举的权利，也要看人民有没有进行民主决策、民主管理、民主监督的权利。"[1] 因此，社区治理工作不仅保障了人民的选举权，也是人民选举与被选举权、参与国家管理等权利实现的基本载体和形式。

党的十八大以来，我国社区治理工作取得了长足进展，城乡社区发展迅速，社区组织选举更加规范、社区管理更加有序、社区服务稳步提升，展现了我国城乡社区发展和基层治理的效能，彰显了人民自治和社会自治的制度优势。然而，随着社会主要矛盾的转化，人民对美好生活的需要，特别是群众对社区公共服务的新期待日益增长，对此，需要不断加强城乡社区建设，提升基层治理能力，不断满足城乡群众对生产、生活、管理等各方面的新需求。总之，"社会治理的重心必须落到城乡社区，社区服务和管理能力强了，社会治理的基础就实了"[2]。

（二）基层是消解问题和矛盾的关键

基层社会是问题和矛盾的聚集地，随着国内外发展形势的变化，我国社会治理面临一系列新的风险挑战，有些风险挑战会直接反映到基层，有些则会逐渐沉淀到基层，但无论如何，其最终都会在基层得以显现，如资本无序扩张现象在教育、金融、娱乐等领域不断出现，引发了一系列社会问题；经济社会转型带来的群众权益保障、生产生活问题；电信诈骗、公众人物失德等社会失范行为引发的大众心理认同危机；针对突发事件的治理能力和水平的不足，对基层社会治理构成了新的挑战；等等。当前，我国进入全面深化改革的攻坚期和深水区，利益格局正在深刻调整，社会矛盾逐步凸显，稳定工作面临前所未有的风险挑战。如果各种矛盾处理不好，就会导致问题激化，严重的就会影响发展进程。"基层处于承上启下的节点、各种矛盾的焦点和工作落实的重点"[3]，基层矛盾得不到解决、风险得不到化解，就会导致矛盾和风险的聚集和累积，而这些都会成为社会健康有序发展的巨大隐患。如果基层问题累积到一定程度从而发生质的变化，

---

[1] 《习近平谈治国理政》第 2 卷，外文出版社，2017，第 292 页。
[2] 《习近平关于社会主义社会建设论述摘编》，中央文献出版社，2017，第 127 页。
[3] 习近平：《之江新语》，浙江人民出版社，2007，第 110 页。

将会对社会稳定、国家安全造成冲击。因而,"基层既是产生社会矛盾的'源头',同时也是疏导各种矛盾的'茬口'"①,必须坚持问题导向、树立风险意识、深化源头治理,将问题解决在基层、将风险化解在基层。基层稳固是国家安定的基础。虽然最突出的矛盾和问题在基层,然而党的最坚实的力量支撑也在基层,因此,要发挥基层优势,积聚基层力量,群策群力、共商共建,共同发力解决基层问题,利用好基层"茬口",将问题解决在"源头",实现源头治理,使问题不扩大、矛盾不上移,实现基层社会和谐稳定发展。

(三)实现人民美好生活需要的工作主要在基层

基层治理工作事无巨细,"上面千条线,下面一根针"。上级的各种政策,最后都要通过基层来传达、组织、落实,社区不仅要提供养老服务、助残服务等社会保障救助服务,做好优抚工作、安全服务工作等,也要不断满足全体社区居民日益增长的美好生活新需要。习近平总书记强调:"要把服务群众、造福群众作为基层治理的出发点和落脚点,通过不断增强人民群众的获得感、幸福感、安全感,赢得群众对党的信任和拥护。"② 基层社会治理要坚持以人民为中心,着力解决群众最急、最难、最愁、最盼的突出问题,实现好、维护好、发展好最广大人民的根本利益,真正满足人民群众对美好生活的向往。概而言之,基层不仅要解决人民群众急难愁盼的问题,也要做好人民群众实现美好生活需要的服务工作。

回应人民群众对生活的高质量追求是基层社会治理高质量发展的要求和动力。随着时代的进步、生活质量的提升,人民对基层服务的需求与日俱增,因而,基层社会治理不仅在于"治",更关键的是做好服务工作,做好服务就是最好的基层治理,服务是基层社会治理的主要内容。针对基层社会治理发展的现实需求,习近平总书记强调:"要调整和完善不适应的管理体制机制,推动管理重心下移,把经常性具体服务和管理职责落下去,把人财物和权责利对称下沉到基层,把为群众服务的资源和力量尽量交给

---

① 习近平:《之江新语》,浙江人民出版社,2007,第226页。
② 《十九大以来重要文献选编》上卷,中央文献出版社,2019,第562页。

与老百姓最贴近的基层组织去做，增强基层组织在群众中的影响力和号召力。"① 要尽最大努力把资源、服务、管理等放到基层，使基层不仅有职，还有权、有物，能够为群众提供更好的服务和更精准有效的管理。要把治理资源用在刀刃上，保证基层服务和管理精准有效。

应对基层放权赋能，增强基层为群众服务的能力。根据《关于加强基层治理体系和治理能力现代化建设的意见》精神要求，在农村基层治理中，乡镇作为政府代表要全面推动乡村振兴工作、不断巩固拓展脱贫攻坚成果，重点要做好农业产业发展、农村人居环境建设和改善，加强对留守人员，尤其是儿童、妇女和老人的服务工作；在城市基层治理中，街道作为政府代表，要重点加强市政市容管理、物业管理以及流动人口服务管理等工作，加强对社会组织的培育引导，促进其成长发育，发挥其治理作用。要加快城乡基层医疗卫生机构及医疗人员队伍建设，优化、完善基层政务的一般服务流程，以标准化建设推进"一窗式受理、一站式办理"。发挥基层党组织领导作用，整合资源为群众提供服务，不断提升城乡社区综合服务设施建设水平，积极开展就业、养老、医疗等民生公共服务，加强对困难群体和特殊人群的帮扶、照护，做好疾病防控和宣传等工作，不断完善支持社区服务发展的政策，以项目示范、政府购买社区服务等方式，鼓励并支持社区与企业、社会组织开展合作，不断推进社区服务的标准化建设。服务能力的提升是实现新时代基层社会治理现代化的核心要义，由此，既对基层社会治理提出了具体要求，也为基层社会治理实现高质量发展明确了基本方向。

二 建立健全基层社会治理体系

习近平总书记作出"社会治理是一门科学"② 的重要论断，指出了社会治理和社区治理的科学化发展要求。因此，要以科学的态度看待基层社会治理工作，不断探究基层社会治理发展的内在逻辑和规律，以制度建设为基础和重点，改进基层治理方式，构建基层社会治理的现代化体系。

---

① 《习近平关于社会主义社会建设论述摘编》，中央文献出版社，2017，第129页。
② 《习近平关于社会主义社会建设论述摘编》，中央文献出版社，2017，第127页。

(一) 加强基层治理制度建设

《关于加强基层治理体系和治理能力现代化建设的意见》明确提出"力争用5年左右时间,建立起党组织统一领导、政府依法履责、各类组织积极协同、群众广泛参与,自治、法治、德治相结合的基层治理体系"[①] 的目标。基层治理制度是一个国家的治理体系最主要的检验标准,它构成了整体治理体系的制度基础,治理体系的建立、形成及其现代化目标的设定,无不是建立在科学的基层治理制度基础上。

1. 健全党的领导体制

2020年7月,习近平总书记在吉林视察工作时强调:"推进国家治理体系和治理能力现代化,社区治理只能加强、不能削弱。要加强党的领导,推动党组织向最基层延伸,健全基层党组织工作体系,为城乡社区治理提供坚强保证。"[②] 要着力推动党组织向基层延伸,把基层的工作做好,这样才能"任凭风浪起,稳坐钓鱼台"。基层是根基,只有贯彻党的全面领导方针,基层才能真正稳固,因为党是广大人民群众利益的代表,党没有任何私利,党是人民群众的主心骨,只有党的领导才能实现基层民主,才能保障并实现群众的根本利益。因而,面对各种风险挑战,党的领导是确保"稳坐钓鱼台"的"定海神针"。

在基层社会治理中,健全党的领导体制必须加强党组织建设,"农村工作千头万绪,抓好农村基层组织建设是关键"[③],以党的组织建设为重点,加强有利于巩固党领导地位的相关制度建设。党组织按照程序对基层的重要事项和重大问题进行研究并决定,把党组织建设成为"宣传党的主张、贯彻党的决定、领导基层治理、团结动员群众、推动改革发展的坚强战斗堡垒"[④]。

2. 完善政府依法管理体制

党的十八大以来,党中央、国务院不断深化行政体制改革,促进政府

[①] 《中共中央 国务院关于加强基层治理体系和治理能力现代化建设的意见》,中国政府网,https://www.gov.cn/zhengce/2021-07/11/content_5624201.htm。

[②] 习近平:《坚持新发展理念深入实施东北振兴战略 加快推动新时代吉林全面振兴全方位振兴》,《人民日报》2020年7月24日。

[③] 《习近平关于社会主义社会建设论述摘编》,中央文献出版社,2017,第125页。

[④] 《习近平关于社会主义经济建设论述摘编》,中央文献出版社,2017,第179页。

职能转变，提升基层政府的服务水平和能力，建设让人民满意的服务型政府。乡镇、街道是国家大政方针落实至"最后一公里"的重要执行者，习近平总书记十分重视乡镇、街道工作，多次到乡镇、街道调研，要求乡镇、街道要依法履责，做好为民服务的工作，以广大群众满意作为改进工作的标准，从而不断提高服务水平。

习近平总书记指出："各级政府一定要严格依法行政，切实履行职责，该管的事一定要管好、管到位，该放的权一定要放足、放到位，坚决克服政府职能错位、越位、缺位现象。"① 各级政府职能"错位""越位""缺位"是在行政体制改革中经常发现的问题，不利于基层社会治理发挥多元主体作用，因而，强调基层政府依法管理、依法履责，是习近平总书记对乡镇、街道管理体制改革的基本要求。习近平总书记指出："政府职能转变到哪一步，法治建设就要跟进到哪一步。要发挥法治对转变政府职能的引导和规范作用，既要重视通过制定新的法律法规来固定转变政府职能已经取得的成果，引导和推动转变政府职能的下一步工作，又要重视通过修改或废止不合适的现行法律法规为转变政府职能扫除障碍。"② 总之，要以问题为导向，完善乡镇、街道管理体制，不断加强乡镇、街道依法管理和服务基层的能力，满足人民群众对基层政府的治理期待。

3. 完善社会参与制度

习近平总书记强调："加强社区治理体系建设，推动社会治理重心向基层下移，发挥社会组织作用，实现政府治理和社会调节、居民自治良性互动。"③ 做好社会稳定工作，全社会要共同参与，必须发动多种力量来维护和实现社会的稳定发展，要通过治理重心下移，完善社区治理模式，充分发挥企业和社会组织作用，积极推进网格化服务管理体系建设。社区居委会、村民委员会是群众自治性组织，在基层治理中发挥好群众自治组织的作用，充分实现人民民主，是社会主义民主发展的内在要求。习近平总书记指出："推进乡镇、街道社会治安综合治理基层组织和村（居）委会、治

---

① 《习近平关于社会主义政治建设论述摘编》，中央文献出版社，2017，第115页。
② 《习近平关于社会主义政治建设论述摘编》，中央文献出版社，2017，第113页。
③ 《十九大以来重要文献选编》上卷，中央文献出版社，2019，第35页。

保会、调委会等基层自治组织建设。"① 各类组织是新时代我国构建基层社会治理共同体的生力军,多元化的治理必然要求社会力量依法参与治理工作,实现国家与社会的有效互动、协同治理。针对农村组织体系建设,习近平总书记强调:"要建立和完善以党的基层组织为核心、村民自治和村务监督组织为基础、集体经济组织和农民合作组织为纽带、各种经济社会服务组织为补充的农村组织体系,使各类组织各有其位、各司其职。"②

(二) 创新基层社会治理方式

针对农村基层社会治理中存在的矛盾问题,要坚持系统、依法、综合和源头相结合的治理基本原则,要以制度建设为保障,从源头上查找问题,各方发力综合解决问题,整体推动基层社会治理工作。习近平总书记强调:"加强和创新农村社会管理,要以保障和改善农村民生为优先方向。"③ 针对城市治理的现状及问题,创新城市治理方式是政府在治理中需要把握的重点,尤其要注意加强城市的精细化管理,注重将矛盾和问题化解在萌芽状态,完善和提高城市管理和服务水平,彻底地改变以往粗放型的城市管理方式。

加强和创新基层社会治理,科技是重要支撑。在基层治理中要发挥群众优势,注重联动融合、开放共治,同时,要以民主法治、科技创新保障治理的社会化、法治化、智能化、专业化水平不断提升。充分利用好现代科技手段,赋能基层社会治理,用"小程序"办好"大事情",以技术为支撑,让数字"多跑路"、群众"不出门",以现代科技手段实现服务的全时全程、管理的高效有序,用现代技术实现科学化治理、精细化治理,实现"以人民为中心"的基层治理发展。④

三 坚持和发展新时代"枫桥经验"

"枫桥经验"是全国闻名的政法工作典范,是我国基层社会治理创新的

---

① 习近平:《干在实处走在前列——推进浙江新发展的思考与实践》,中共中央党校出版社,2016,第280页。
② 《习近平关于社会主义社会建设论述摘编》,中央文献出版社,2017,第125页。
③ 《习近平关于社会主义社会建设论述摘编》,中央文献出版社,2017,第123页。
④ 曹海军:《新技术助力基层治理智能化》,《人民日报》2021年2月3日。

成功案例,"枫桥经验"的核心内容是"小事不出村、大事不出镇、矛盾不上交"。"枫桥经验"在基层社会治理实践中成功解决了大量复杂的矛盾和纠纷,有效减轻了国家和社会压力,探索出一条社会转型时期基层治理创新的道路。历经50余年的发展,"枫桥经验"已经实现了"矛盾不上交、平安不出事、服务不缺位"的历史跨越,形成了新时代"枫桥经验"。习近平总书记对"枫桥经验"作出了重要批示,并强调各级党委和政府在治理中要充分认识到"枫桥经验"的重大意义,发扬优良治理作风,不断创新群众工作方法,运用好法治思维和法治方式推动解决涉及群众切身利益的矛盾和问题,坚持好、发展好"枫桥经验",在治理中贯彻好党的群众路线。①

党的十九届四中全会将坚持和发展新时代的"枫桥经验"写入了《中共中央关于坚持和完善中国特色社会主义制度　推进国家治理体系和治理能力现代化若干重大问题的决定》。新时代的"枫桥经验"已经成为"坚持和完善共建共治共享的社会治理制度"的重要内容,在历经实践检验、经验总结、理论提升后,被进一步上升到制度总结层面,实现了历史性发展。

回顾总结"枫桥经验",主要有六点。一是坚持以党建为统领,全面加强党的基层组织建设,完善党的领导制度体系;二是建设社会组织参与基层治理的创新平台,在实践中完善基层社会治理共同体建设机制;三是通过创新基层治理方式,健全以党组织为领导的基层社会治理体系;四是以"最多跑一次"的改革为牵引,完善为民服务机制制度;五是在基层治理领域实现"最多跑一地"的创新,完善防范化解矛盾纠纷和社会风险的机制制度;六是以现代科技为支撑,推进社会的数字化建设,提升基层治理智能化、信息化和精准化水平。②

"枫桥经验"已经融入新时代我国基层治理制度的总体设计中,对我国基层治理创新具有明确的指导意义和现实价值,必须继续坚持和发展新时代"枫桥经验",不断巩固和完善中国特色社会主义基层社会治理体系,为推进基层社会治理现代化提供制度性支撑和保障。

---

① 余钊飞:《创新发展新时代"枫桥经验"》,《解放日报》2018年7月17日。
② 金伯中、蒋国长、毛华栋:《坚持发展新时代"枫桥经验"为推进社会治理现代化提供制度保障》,《公安学刊(浙江警察学院学报)》2020年第1期。

第二节 创新思维方法

世界百年未有之大变局与中华民族伟大复兴全局构成我国经济社会发展的宏观背景,两个大局的相互交织与互动,进一步凸显了风险社会的特征。风险既是宏观的,也是具体的,宏观风险会进一步渗透到具体领域,影响我国经济发展和社会稳定。新发展格局是在对两个大局与现代化目标进行统筹分析判断基础上作出的决策定位,是对改革开放和自力更生两者关系的辩证把握,既体现了问题意识、风险意识的思维方法,也体现了解决问题和进行风险治理的思路。全球化背景下的我国基层社会治理,理应将问题意识、风险意识贯穿于基层社会治理的创新之中。深刻认识到在基层社会治理中树立问题意识、风险意识的重要性。习近平总书记关于问题意识和风险意识的重要论述,为我国基层社会治理提供了重要遵循。

一 树立问题意识

"问题就是时代的口号,是它表现自己精神状态的最实际的呼声。"[1] 习近平总书记特别重视治理的思维方法,多次强调树立问题意识的重要性。要以重大问题和关键问题为突破口,以问题倒逼改革,解决我国发展中的突出问题和矛盾。问题意识直接指向基层治理,而基层治理的主要任务是将社会矛盾化解在初始阶段,树立问题意识,找准问题、分析问题、解决问题是推进基层社会治理的基本方法。

(一) 问题意识是习近平总书记关于基层治理重要论述的基点

问题是时代的呼声,解决问题就是回应时代发展的要求。问题意识是经济发展、社会进步的起点。从提出社会主义建设的命题开始,到党的十九届六中全会对"新时代中国特色社会主义、社会主义现代化强国、马克思主义政党建设"等一系列重大问题的探索,党通过对问题的分析、回答及解决,实现了对中国特色社会主义道路、理论、制度和文化的一系列发展和创新。问题意识是指对客观问题的主动把握,把握好了客观问题,就

---

[1] 《马克思恩格斯全集》第40卷,人民出版社,1982,第289~290页。

能够掌握现实矛盾，解决了现实矛盾，就找到了社会前进的方向。我国对不同发展时期社会主要矛盾的判断主要基于问题意识，新时代我国社会主要矛盾转化的判断体现了我们对问题变化的敏锐性。在不平衡、不充分发展问题的基础上建立起实现人民美好生活的现代化发展格局，实现基层治理体系和治理能力现代化目标，正是这一问题逻辑发展的产物。从社会治理概念的提出到治理理念的转变，从国家治理到基层社会治理的细分，从治理思路的明晰到治理目标的确定，都体现了我国对新时代治理发展和创新的回应。问题意识成为治理不断发展创新的现实基点，随着治理层次从宏观到具体的展开，问题由全局延伸到局部，进一步形成了问题链条。围绕问题链条，党形成了解决问题链的整体布局，以及解决具体问题的具体方案，进一步推动了基层社会治理理论和实践的创新发展。

（二）问题意识形成的基本内容

从"人民对美好生活的向往就是我们的奋斗目标"[①]到"坚持在发展中保障和改善民生"[②]再到"打造共建共治共享的社会治理格局"[③]，习近平总书记关于基层治理重要论述在这一过程中逐渐发展。以问题（如何实现美好生活）为导向必然引出两个重要结论，即民生服务和社会治理。社会治理以保障和改善民生为目标，为民生建设提供有力支持。让人民当家作主，充分体现人民民主，发挥好社会主义制度的优越性，这一思想贯穿习近平总书记关于基层治理的重要论述始终，要坚持社会治理的人民主体、共享发展、社会公正等。实现人民当家作主需要在基层治理中大力发展社会组织和群众自治组织，激发社会力量的广泛参与，"社区虽小，但连着千家万户，做好社区工作十分重要"[④]。实现人民民主，需要形成党委领导、群众广泛参与的基层社会治理组织结构，发挥好社会主义制度的优越性，坚持在党的领导下，加强各主体合作，发挥党总揽全局、协调各方以及社会主义制度集中力量办大事的优势，依法治理，做好基层社会治理工作，服务人民群众。

---

① 《习近平关于社会主义社会建设论述摘编》，中央文献出版社，2017，第8页。
② 《十九大以来重要文献选编》上卷，中央文献出版社，2019，第843页。
③ 《习近平谈治国理政》第3卷，外文出版社，2020，第353页。
④ 《习近平关于社会主义社会建设论述摘编》，中央文献出版社，2017，第128页。

（三）问题意识的实践要求

问题意识是一种思维方式，在基层社会治理实践中，问题意识也是一种工作方式和工作态度。习近平总书记强调："问题是事物矛盾的表现形式，我们强调增强问题意识、坚持问题导向，就是承认矛盾的普遍性、客观性，就是要善于把认识和化解矛盾作为打开工作局面的突破口。"① "围绕这些重大课题，我们强调，要有强烈的问题意识，以重大问题为导向，抓住关键问题进一步研究思考，着力推动解决我国发展面临的一系列突出矛盾和问题。"② 可见问题意识不仅是思维方式，不能只停留在意识层面，关键的是要推动问题的解决。问题意识提供了发现问题、分析问题、解决问题的工作方式，更包含了对工作态度和精神状态的基本要求。发现问题、分析问题、解决问题是我们工作中的惯常思路，然而现实中许多问题依然无法解决，究其根本，绝大多数是主观原因，难以解决的问题，往往都是改革中的"硬骨头"。党的十八大以来，我们蹚过了很多的深水区，解决了很多过去长期想解决却没有解决的问题，办成了很多过去想办却没办成的大事，这反映了以习近平同志为核心的党中央勇于直面困难、敢于斗争、敢于担当的工作态度和精神状态。基层社会治理是实现国家安全、社会稳定的基础，需要直接面对和处理人民群众在生活、工作中的各种问题，往往要求事无巨细，许多事务复杂难办，"清官难断家务事"是基层治理的基本状态。推动基层矛盾得以解决，除了要丰富方式方法，更需要领导干部有勇往直前的魄力、勇于担当的精神，基层治理人员要有积极进取和为民服务的工作态度。加强党组织建设、强化政治建设、加强思想建设等一系列举措，都是要在思想上巩固"以人民为中心"的发展理念，在实践中增强领导干部为人民服务的意识和能力。

问题意识要求找到问题，找到真问题、研究真问题，真解决问题。找到真问题，要了解实际，必须掌握调查研究的基本功。调查研究必须做到眼睛向下、脚步向下，扑下身子沉到一线去，近的远的都要去、好的差的都要看，对于干部群众的表扬和批评都要听，真正做到把情况摸实摸透。

---

① 《习近平关于协调推进"四个全面"战略布局论述摘编》，中央文献出版社，2015，第 86 页。
② 《十八大以来重要文献选编》上卷，中央文献出版社，2014，第 497 页。

坚持"身入"基层、"心到"基层，做到听真话、察真情。真研究问题、研究真问题，必须深入分析思考，坚持去粗取精、去伪存真的态度，通过由此及彼、由表及里，深入事物的本质和规律，找到解决问题的办法。① 找准问题要走入基层，特别是要深入群众反映强烈、情况复杂和问题尖锐的地方，追根溯源，探寻问题源头。加强信访工作，充分利用媒体、网络信息化平台，缩小与群众的距离，发现和识别问题、直面问题、解决问题。从以往的社会公共事件、社会群体事件来看，导致矛盾最终爆发的绝大部分问题在之前都有被发现或者被反映，只是有关部门和领导并未重视，或者研究不透，或者处理措施不当，或者处理方式简单粗暴，导致事情没得到合理的解决，才使矛盾爆发。

二　增强风险意识

对于处在历史交汇期的中华民族而言，越是接近民族复兴越不会一帆风顺，越是充满风险挑战。习近平总书记围绕防范化解重大风险发表了一系列重要讲话，形成了关于风险治理的新理念、新战略、新举措，提升了人们的风险意识和忧患意识，进一步丰富和加深了对社会发展规律的认识。

（一）经济全球化是习近平总书记关于防范化解重大风险重要论述的重要立论背景

随着经济全球化的发展，人类逐步进入风险社会，由人类实践活动所导致的风险越来越占据主导地位，越来越扩展到世界范围。有些风险是内生的，有些风险是外源的，在全球化的背景下，内生性风险治理不力也会转化为外源性风险并在全球蔓延，最为典型的就是经济危机和各种公共卫生事件，如2008年美国金融危机，最初的金融问题演化为经济危机在全球传播，经济危机又会在治理能力较弱的国家进一步演化为政治危机、社会危机，甚至导致战争爆发；2011年，地震海啸引起日本核泄漏事件，该国之后将核废水排入海洋，给海洋生态环境和人类健康安全带来极大隐患。人类社会发展往往伴随着各种风险，经济全球化使风险有进一步向全球扩散的趋势，如何既实现

---

① 求是评论员：《民族复兴进入不可逆转的历史进程》，求是网，http://www.qstheory.cn/wp/2021-07/08/c_1127632226.htm。

发展进步，又克服发展带来的不利因素，有待全人类共同作出解答。需要树立风险意识、加强风险治理，防范化解重大风险和危机。

（二）增强忧患意识、防范化解重大风险是习近平新时代中国特色社会主义思想的重要原则

增强忧患意识，做到居安思危，是党治国理政必须始终坚持的一项重大原则。党的十八大以来，习近平总书记反复强调要增强忧患意识、风险意识，做到居安思危，并将其贯穿到各项事业之中，防范化解重大风险。中国特色社会主义进入新时代，围绕贸易、科技、意识形态、安全、主权等领域的国际斗争日益复杂激烈，国内改革已进入"深水区""无人区"，长期发展所累积的矛盾和问题进一步凸显，矛盾进入突发期和易发期，国内外矛盾的交织使中国特色社会主义事业遇到前所未有的风险和挑战，因此，既要有面对困难、战胜困难的决心，实现伟大梦想的信心，也要有风险意识、忧患意识，具备底线思维。我国自古就有"生于忧患死于安乐"的忧患意识，中华民族在漫长的历史发展中总是伴随各种苦难和挫折，又在战胜各种困难中不断走向复兴、不断强大。在这一过程中，忧患意识进一步体现为"先天下之忧而忧，后天下之乐而乐"的家国情怀和民族精神。中国共产党的百年历史，是践行这一民族精神的历史，是以"为中国人民谋幸福、为中华民族谋复兴"为初心使命，常怀忧国忧民忧天下之心的历史。习近平总书记指出："我们共产党人的忧患意识，就是忧党、忧国、忧民意识，这是一种责任，更是一种担当。"[1] 正因为深怀忧患意识，面对新时代以来的风险挑战，党中央积极谋划、主动出击，着眼"两个一百年"奋斗目标的实现进行战略设计。中国共产党勇于进行自我革命，以党的自我革命推动社会革命，以党的建设新的伟大工程为统领，以伟大斗争精神推动伟大事业发展，进而实现伟大梦想，打破"历史周期率"。中国共产党是世界最大的执政党，是以马克思主义为指导思想、走社会主义道路的政党，西方敌对势力绝不愿看到中国共产党的日益强大、社会主义事业蒸蒸日上。因而，我们必须常怀忧患意识，增强风险意识，这也是着眼于实现中华民族伟大复兴战略目标而进行伟大斗争的现实需要。

---

[1] 《习近平关于全面从严治党论述摘编》，中央文献出版社，2016，第5页。

（三）强调风险治理的方法论

一是辩证看待机遇与挑战。党的十九届五中全会对机遇和挑战作出重要判断，认为我国仍处于发展的重要战略机遇期，但是机遇和挑战在发展中出现了新变化。因而，要在错综复杂的国内外环境中把握新变化、新矛盾、新挑战，不断增强机遇意识和风险意识。当前，在全球经济深度衰退的大背景下，我国仍然保持了经济的增长和社会的稳定，对外贸易总额不断增长，显示了我国治理制度的巨大优势，进一步彰显了国家治理能力和治理效能。面对复杂的国内外形势，基于长远发展，党中央提出构建新发展格局，辩证处理改革开放与自力更生的关系，着力解决一系列科技创新"卡脖子"问题，补足包括核心技术、核心原材料等科技短板，提升我国在关键领域的自主发展能力，主动应变、积极求变，持续优化时间上可持续、空间上布局合理的经济社会结构，将各种风险挑战转化为国家高质量发展的机遇。

二是整体看待风险治理。我国是世界上最大的发展中国家，人口众多，各地发展水平参差不齐，南北差距、东西差距明显，国家治理和社会治理的基础呈现多层次、多样态的特点。改革发展稳定、内政外交国防、治党治国治军，经济、政治、文化、社会、生态等，既有各自的运行逻辑和治理特点，又是一个互相关联的整体系统，往往牵一发而动全身，任何领域的风险都有可能传导至其他领域。因而，改革必须是全面的改革，治理也必须是全面的治理，需要全面统筹、系统治理。"五位一体"总体布局和"四个全面"战略布局体现了党整体、系统、全面的治国理政思路，系统联动能够有效遏阻风险在不同领域之间的传导和转化。

三是强化底线思维。习近平总书记强调："我们必须增强忧患意识，坚持底线思维，做到居安思危、未雨绸缪，准备经受风高浪急甚至惊涛骇浪的重大考验。"[1] 所谓"底线思维"，是将忧患意识、预防意识、前瞻意识、责任意识和回应意识系统综合。[2] 底线思维是一种思维方式，要求根据现实

---

[1] 习近平：《高举中国特色社会主义伟大旗帜 为全面建设社会主义现代化国家而团结奋斗——在中国共产党第二十次全国代表大会上的报告》，人民出版社，2022，第26页。

[2] 罗佳：《加强风险治理的三个维度》，《中国社会科学报》2020年5月14日。

估计各种可能出现的风险，并将所有风险累计叠加，预测可能出现的最差情况，并作出应对准备。如果做好了最坏的准备，即使出现了情况，也是等于或者好于最糟糕的情况，自然可以应付自如，变被动为主动。底线也有一定限度，一旦跨越这个限度，超越了社会的忍耐度，必然产生恶劣的结果，造成社会危害。当然，认识到风险处于底线的水平上，必须积极面对，动用各种资源防止社会危害的出现。随着社会主义现代化事业的推进，我们将面临越来越多各种不确定的风险和重大挑战，进行具有很多新的历史特点的斗争，必须用伟大斗争精神面对和抵御风险，推进党的各项事业取得更大进展。

四是强调斗争精神。习近平总书记指出："面对新形势新挑战，要发扬斗争精神，既要敢于斗争，又要善于斗争。"[①] 党的百年历史是一部同各种困难挑战斗争的历史，斗争精神是党取得不断胜利的重要法宝，为人民、为国家、为民族而斗争，是共产党人的天然基因和精神素养。新时代中国特色社会主义事业遇到的新问题、新挑战，形式上与战争年代、革命年代有很大不同，但实质上殊途同归，都会对中华民族伟大复兴事业造成威胁，任何一个重大挑战处理不好，都可能影响中华民族伟大复兴的事业。因而，新时代防范化解重大的风险，需要广大党员干部与群众有坚强不屈的斗争精神，敢于斗争、善于斗争，掌握斗争的本领，根据形势需要，把握时、度、效，及时调整斗争策略。我们党要团结一切可以团结的力量，调动一切积极因素，在斗争中争取团结、在斗争中谋求合作、在斗争中实现共赢、在斗争中取得胜利。斗争精神是奋斗精神、责任担当的精神，是新时代应对一切重大风险挑战、全面推进改革发展稳定的重要方法。

第三节　践行治理理念

理念是行动的先导，理念决定行动的方向，治理理念决定基层社会治理的发展创新。党的十八大以来，习近平总书记提出了以人民为中心的发展思想和创新、协调、绿色、开放、共享的新发展理念，针对社会治理创新发表了一系列重要讲话，为高质量发展和社会主义现代化建设指引了正确的发展

[①] 《习近平谈治国理政》第 2 卷，外文出版社，2017，第 190 页。

方向。究其精神和灵魂，实际上与新时代基层社会治理理念的核心要素是一致的，即坚持依法治理、以德治理、以人民为中心的治理观。新时代的基层社会治理需要把握时代精神，用反映时代精神的理念指导工作创新。

一　坚持"依法治理"的治理准绳观

中共中央、国务院先后印发了《法治社会建设实施纲要（2020—2025年）》《法治中国建设规划（2020—2025年）》《法治政府建设实施纲要（2021—2025年）》，从而形成了新时代法治国家、法治政府、法治社会一体化建设的全面规划体系。作为治国的基本方略，全面依法治国反映了新时代治国理政方式和理念的重要转变。社会治理是国家治理的重要方面，依法治理是全面依法治国的必然要求，依法治理的理念要求将法治贯穿于社会治理的全方位、全过程、全领域。当前依法治理的重点是树立法治思维，运用法治思维统筹社会治理工作，运用法治方式解决矛盾问题，不断推进我国法治政府、法治社会、法治城乡的统筹建设。

（一）建设法治政府

实现依法治理关键要依法行政，建设法治政府。政府是社会治理的主体，发挥主导作用，实现基层治理的多元化、民主化，关键在于政府如何在基层社会治理中实现服务转型，这也是法治政府建设的内在目标和要求。

1. 推进服务型政府转型需要进一步优化政府职能体系

《法治政府建设实施纲要（2021—2025年）》明确要求："把政府工作全面纳入法治轨道，让政府用法治思维和法治方式履行职责，坚持法定职责必须为、法无授权不可为，确保行政权在法治框架内运行，着力实现政府职能深刻转变，把该管的事务管好、管到位，基本形成边界清晰、分工合理、权责一致、运行高效、法治保障的政府机构职能体系。"[①] 新时代基层社会治理需要政府明晰职能边界，在推进服务型政府建设的同时，理顺职能部门的权责关系，健全政府机构职能体系，更好发挥政府在基层社会治理中的作用。科学设置职能部门、优化部门职能、实现权责协调，需要

---

① 《中共中央 国务院印发〈法治政府建设实施纲要（2021-2025年）〉》，中国政府网，https：//www.gov.cn/zhengce/2021-08/11/content_5630802.htm。

建立简约高效的基层管理体制，加强扁平化和网格化管理设计，提升政府在基层社会治理中的效率，加强职能部门间的统筹和协调，更好发挥政府对基层治理的指导作用。需要配合职能体系的改革，创新人事制度改革，编制资源要不断向下转移、向基层倾斜，以实现行政编制和事业编制从上到下跨层级的调剂使用，解决基层治理人员短缺和队伍不稳定的问题，为基层社会治理夯实人力资源基础。明晰职能权责、规范依法行政，必须加强权责清单制度建设。近些年来，权责清单制度在各级政府中逐步得到落实和推进，通过实施清单制度倒逼政府职能优化，需要地方政府尤其县级及以上政府统筹做好顶层制度设计，进一步厘清政府和社会的关系，厘清政府各职能部门之间的关系，倒推政府机构设置，优化职能配置，真正明确清单权责关系。更好发挥清单制度作用、推进清单制度改革，需要加强清单案例示范和推广，统一清单中同一事项权责的标准和规范，推动清单制度的标准化建设工作，带动清单制度的改革和落实。清单制度建设是进一步明晰职能权责关系，推动政府依法行政、依法履职、依法追责的重要制度保障。同时，要通过阳光政府建设，全面、及时向社会公开权责清单，接受社会广泛监督，推进服务型政府转型。

2. 法治政府建设的核心是政府依法行政

依法行政要加强立法、决策、执法等方面的工作，以推进政府治理规范化、程序化、法治化。立法工作涉及国家治理的方方面面，尤其是满足人民日益增长的美好生活需要的必备法律制度，涉及社会治理工作的各个领域。系统性立法能够更好明确政社关系、权责关系，促进政府依法行政和法治社会建设。应当根据行政改革需要，加快修订各级组织法、行政复议法、行政许可法，不断完善行政程序中的法律制度规范，推进制定行政备案条例、行政执法监督条例等工作。在立法中要强调科学立法、民主立法的精神，保证政府立法和人大立法的协同性，对法律之间的逻辑关系进行梳理，对存在不一致、不协调、互相冲突、法律空白等问题统筹解决，将法律的立、改、废、释有机结合起来，清理一批与法律冲突的行政文件。要完善立法论证、评估、听证等制度，建立健全立法的风险防范制度，拓宽立法工作的民众参与和监督渠道，并通过制度予以保证。

立法是决策的前提，立法为实现决策的科学性建章立制。严格依照法律规定的权责、程序进行决策，是依法行政的前提。2019年9月，我国开始实行《重大行政决策程序暂行条例》，对重大行政决策事项范围、重大行政决策的作出和调整程序、重大行政决策责任追究等方面作出了具体规定。当前，政府要严格执行条例，落实重大行政决策程序的相关规定，扩大重大决策的论证范围、提升论证质量，拓展社会公众参与重大决策事项的渠道、提升参与实效性。对于涉及群众利益、社会广泛关注的重大公共政策、公共建设项目以及重要规划等，要提升公众参与度，扩大参与人员范围，通过媒体等平台对相关信息及时发布并公示。同时，要加强对重大事项的风险评估，将风险评估作为决策前不可或缺的重要程序，并根据风险评估结果作出科学决策。决策形成后，要进一步完善行政决策的执行机制，包括执行分工和权责、行政决策跟踪反馈制度、行政决策终身责任追究制度以及责任倒查机制等。

决策的执行力需要行政执法工作体系予以保障。基层治理中许多矛盾的解决原本是有法可依的，但由于执法问题，矛盾往往得不到解决甚至激化。行政执法水平直接关系到社会公平正义的实现。因此，提升执行力是基层社会的普遍要求，执行力体现政府维护公平正义的决心，政府的公信力需要执行力加以保障。

提升执行力要深化行政执法体制改革，按照《法治政府建设实施纲要（2021—2025年）》规定，原则上省、自治区不设立行政执法队伍，设区市和市辖区只设一个行政执法层级，县级实行"局队合一"体制，乡镇、街道逐步形成"一支队伍管执法"的局面。在执法体制改革中，要面向基层社会治理需求，遵循"权随事转、编随事转、钱随事转"的原则，将基层能够承接的行政执法事务逐渐下放，避免事权与财权分离，增加基层工作负担。建立乡镇、街道与上级相关部门行政执法协调协作机制，实行跨领域跨部门联合执法，对于违法线索、执法标准、处理结果应实现互联互认。要打通行政执法与刑事司法的衔接渠道，推动"两法衔接"信息平台建设，实现信息共享机制化和案件移送程序规范化。对群众普遍关注、反映强烈的问题进行重点整治，加大执法力度，让严重违法者付出应有的代价，提高其违法成本。畅通违法行为的投诉举报渠道，完善行政执法程序，落实行政执法公开、对重大执法决定进行法制审核的制度。通过说服教育、劝导示范、警示告诫、指导约谈等方式创新执法形式，在治理中做到宽严相济、法理相融，让群众感受到行政执法的力度和温度。

（二）建设法治社会

社会治理、社会自治、社会组织与法治社会是一组具有逻辑关系的概念。社会管理转变为社会治理，它所包含的精神实质是实现社会的自我管理。社会管理强调"管"，由国家政府管理社会；社会治理强调"治"，强调治理的多元化，强调在党的领导下，由政府负责，实现社会的协同治理。这里凸显了社会力量在治理中的主体地位，"协同"凸显了社会各种力量参与治理的价值。因此，社会治理主要强调社会自治，实现政府与社会的分离，为社会自我治理留白，创造自治空间。改革开放后，我国就已经提出依法治国，社会属于国家的组成部分，依法治国必然包括国家政府依法对社会的管理内容。社会治理既强调社会自主性、协同治理的要求，又指出社会与政府等主体的合作性特征。政社分离承认了社会的主体性，然而"社会"作为一个概念，是一种抽象存在，对"社会"可以作出多种理论解释。但从治理实践来看，"社会"一定要依托某种形式存在并发挥作用。治理强调社会协同，这里的"社会"是具体的存在，否则无法实现治理的协同。在治理中实现协同的社会载体是各类组织，就如同企业构成了市场，各类组织则构成了社会主体。因此，建设法治社会必须以社会组织为基本载体，只有发展社会组织才能使法治社会建设落到实处，发展社会组织构成法治社会建设的基本前提。

建设法治社会，必然要求加强立法，为社会立法，完善社会治理的一系列法律制度，为社会治理创新提供有效的制度供给和保障。必须强调应在政社分离的基础上建立政社合作关系，法治社会建设以社会自治为目标，社会自治的程度决定了政社合作关系中行政权力与社会权力的边界，也就是说，法治社会建设致力于培育建设更加独立的社会，既为社会建设拓展空间，也为行政权力划分边界，并为两者之间的合作和衔接进行体系设计。如果社会无法有效承接政府转移的社会服务职能，无法有效解决社会矛盾与纠纷，必然会引发行政权力的介入。因此，法治社会建设从实际要求来讲，必然要支持社会的发育发展，推动强社会的出现。这一过程必然要求在重构社会的同时，发展社会组织、建立社会规范，形成社会自治健康发展的基础和保障。社会自治能力不足就会导致公权力的过度介入，依法治理就会变成依法管理，无法体现法治社会的本意，法治社会就会缺席，也就无法实现真正的法治社会。一体化发展必然要求法治国家、法治政府、法治社会同频共振、共同发展。但从实际情况来看，法治社会建设是明显短板，社会正在从国家政府体系中分离，还存在严重的依赖关系，并未形成社会自治的独立体系。法治社会相对法治国家、法治政府，无论内涵还是具体建设内容依然并不清晰，因此，基于法治社会建设的内在要求，必须从理论形态上加强对法治社会的研究，为法治社会建设提供学理性支撑。只有形成坚实的理论基础，才能为法治社会建设实践提供有力支撑和引领。总之，法治社会建设以实现社会自治为目标，以社会组织发展为载体，以构建社会规范为要求，推动社会的充分发育发展，为基层社会治理创新提供法治保障。

（三）建设法治城乡

法治城乡建设是法治国家建设的重要组成部分。法治国家是一个宏大体系，从社会治理的视角来看，依法治理的理念必须落实在城乡基层建设的层面，重点是通过法治进一步规范城乡社会治理的组织建设。

《中华人民共和国宪法》《中华人民共和国城市居民委员会组织法》《中华人民共和国村民委员会组织法》，为我国城市居民、农村村民实行自治，依法办理好自己的事情，发展基层人民民主、实现群众权益，促进城乡建设和发展提供了基本法律保障。多年的实践探索证明，基层群众自治是体现人民当家作主、实现人民民主的有效制度。党的十九届四中全会将基层群众自治制度作为我国民主政治建设的一大优势，进一步提出完善党组织领导的基层群众自治机制，"在城乡社区治理、基层公共事务和公益事业中广泛实行群众自我管理、自我服务、自我教育、自我监督，拓宽人民群众反映意见和建议的渠道，着力推进基层直接民主制度化、规范化、程序化"[1]。

健全城乡基层群众自治制度，与法治社会建设相辅相成，是夯实法治社会建设的重要基础。前述讨论了政府与社会的关系，通过法治规范政府的行政权力、做大做强社会，在重构社会的同时，推动社会组织的发展、规范社会秩序。社会组织是社会的主要组织单元，社会是人的集合。个体

---

[1] 《十九大以来重要文献选编》中卷，中央文献出版社，2021，第277页。

作为社会的细胞,参与基层社会治理、实现民主的主要形式是群众自治制度,两者并不矛盾,而是相辅相成。社会组织是促进成熟社会形成的重要组织形式,群众自治则是夯实法治社会建设的根基。基层群众自治制度是公众参与治理的制度基础和法律保障。

当前,在执行群众自治制度方面仍然存在不少问题,主要表现为群众民主意识不足;自治组织对自身角色定位不清,认为自己是基层政府的下设机构,"对上负责,对下无责任",居民委员会承担了很多行政工作,导致任务繁重,无法实际表达群众的利益需求,许多居民委员会扮演"上管天文地理,下管鸡毛蒜皮""既管公婆打架,又管夫妻离合""上面千条线,下面一根针"的角色;基层群众自治组织工作机制不健全,选举走形式,出现选举乱象;城乡自治的两部组织法虽然都强调了监督,但在实际操作中监督或者缺位或者走形式,没有发挥监督的作用等。

法治城乡建设既要着眼于当前问题,也要面向新时代基层社会治理的新变化、新要求。多元治理要求社会实现自我管理,这是发展社会主义民主的内在要求。要将群众自治的制度优势转化为治理效能,健全群众自治制度,完善和补充民主选举、决策、管理和监督等相关内容,这是当前基层自治制度建设的重点要求。需要从横向上厘清政府与社会的关系,从纵向上厘清基层政府与自治组织的关系。基层政府行政权力的"缺位"或者过度延伸,是导致自治组织自治权力行使不充分、不规范的重要原因。两部组织法对自治组织与党组织、基层政府的关系没有具体的划分,导致边界模糊,给行政权力介入留有空间。近些年,全国人大代表也多次提出相关议案,要求修改两部组织法,为进一步规范群众自治组织运行,在基层治理中更好发挥其作用提供法律保障。提升全社会尚法崇法的意识,提升基层干部依法办事的能力,不断提高群众尊法、学法、守法、用法的意识,形成人人遵纪守法,全社会倡导法治的浓厚氛围,让法治理念深入人心,是建设法治国家的理想目标。实现这一目标,除了运用教育宣传的基础手段外,还要在法治政府、法治社会、法治城乡建设的实践中培育和践行法治精神。

总之,依法治理理念的践行,不但要在治理的宏观设计中体现,也要在治理的各个环节予以落实。法治政府、法治社会、法治城乡建设需要统筹设计、协调推进,三者形成了相互影响、相互支撑的体系,只有从一体化的视角统筹推进，才能在新时代的基层社会治理中彰显依法治理的价值。

二 推崇"以德治理"的治理道德观

习近平总书记指出："必须坚持依法治国和以德治国相结合，使法治和德治在国家治理中相互补充、相互促进、相得益彰，推进国家治理体系和治理能力现代化。"① 作为世界文明古国，法治与德治相结合的治国方式在我国有悠久的历史传统。中国人历来强调修身立德，认为只有修身、齐家，才能治国、平天下，始终将个人德行修养作为治理国家的伦理基础。我国古代更是形成了礼法兼修、法德兼施、德主法辅的治理传统和方式。现代西方社会治理在强调法治的基础上，将西方道德伦理融入治理体系之中，并强调其价值观的普世与永恒。马克思主义认为，道德是调节人们行为的规范，是社会关系的产物，并揭示了道德的历史性和阶级性。随着经济关系的调整，道德观念也会发生变化，绝不存在永恒的、不变的道德观。无产阶级的道德观是人类道德文明发展的方向，与西方道德观将不受社会条件决定的个人意志置于首位不同，马克思主义则把社会关系放在首位，使道德理论具有了彻底性。中国共产党人在百年实践中，始终用科学的理论和与时俱进的道德观塑造自身的先进性，科学社会主义理论和共产主义的道德观始终是国家治理的理论与伦理根基。

新时代的基层社会治理强调法治与德治融合，将两者辩证统一于社会治理的理论与实践之中，将道德转化为更高层次的法律，用法律保证社会主义道德的实现，实现人与人、人与社会、人与自然的和谐共生。无论治党治国还是社会治理，在强调法治权威的同时，始终将德治作为中国共产党对理想社会追求的重要塑造手段。新时代以德治理，首要是推进党内道德建设，重点是基层社会道德建设，核心内容是将社会主义核心价值观全面融入治国理政，以社会道德建设领域的突出问题治理凝聚社会正能量。

（一）推进党内道德建设

党是基层治理的领导核心，加强党内道德建设，不断提升广大党员干部的道德素养，发挥党在道德建设中的引领示范作用。中国共产党历来强

---

① 《习近平谈治国理政》第 2 卷，外文出版社，2017，第 133 页。

调党内道德建设的高标准,这是由党的属性所决定的,也是社会主义现代化事业、民族复兴大业、人类命运共同体建设的共同要求。中国共产党作为使命型、服务型政党,强化党内道德建设是党的建设的内在要求。中国共产党对道德建设的高层次追求,不仅体现在国家社会发展目标的设计中,更体现在百年以来的治理实践中。在革命、建设、改革开放、新时代的不同历史时期,都涌现出了一大批英雄人物、道德模范、先进典型,形成了中国共产党的精神谱系,弘扬了民族文化,传承了民族精神,彰显了时代精神。从道德建设的视角来看,党的百年历史就是一部以德建党、以德治党的历史。党的十八大以来,党中央通过完善党内法规体系并严格执纪,净化了党内政治生态,展现了党要管党、全面从严治党的治党治国方略。党内法规体现了法治与德治理念的融合,在道德层面的要求高于国家法律,体现了对广大党员干部道德建设的高标准要求。新时代的基层社会治理,要继续推进党内法规建设,将党员思想道德、党的作风建设制度化、规范化、常态化,持续加强党性教育、理想信念教育,巩固党的群众路线这一生命线。在选人用人上坚持任人唯贤的原则,将个人政治思想、道德品质置于首位,将那些想为群众办事、能为群众办实事的优秀人才选到领导岗位上。尤其在基层社会治理中,群众看齐党员、党员看齐干部,党员干部的道德素养更能展现党的总体形象。

(二) 推进新时代基层社会道德建设

2019年,中共中央、国务院出台《新时代公民道德建设实施纲要》,对新时代公民道德建设作出了一系列新的部署和安排。从社会治理要求来看,我国公民道德建设的对象和主体均在基层社会。面对基层需求和农村基层社会道德建设短板,必须创新基层道德建设工作。基层社会的道德建设工作,应重点推进新时代文明实践中心和县级融媒体中心建设,这是基层社会治理创新的重要形式。关键是要不断适应"以德治理"的要求,继续整合现有基层公共服务阵地资源,以县、乡镇、村三级为单元,创新志愿服务形式,实现培育主流价值、传播优秀传统文化、活跃文化生活、推动移风易俗、强化思想文化和精神文明建设的目标。发挥新时代文明实践中心和县级融媒体中心在基层治理中的资源聚合优势,打造基层宣传教育阵地,讲好优秀文化传统美德、革命文化精神和社会主义新时代的故事。巩固网络道德阵地建设,以网络道德建设凝聚基层力量,引导道德建设的正确方向,发挥德治在基层社会的正能量引领作用。

(三) 德治需要法律的强化与保障

法律是成文的道德,而道德是深植于民众内心的法律,需要通过法律进一步强化和保障道德建设。2018 年,中共中央印发《社会主义核心价值观融入法治建设立法修法规划》,将社会主义核心价值观融入治理体系,作为以德治理的重点内容。社会主义核心价值观"实际上回答了我们要建设什么样的国家、建设什么样的社会、培育什么样的公民的重大问题"[①]。当前,以德治理迫切需要推进规划的贯彻落实,通过构建社会主义核心价值观入法入规的协调机制,把道德建设更好地融入基层社会治理之中,建立重大公共政策道德风险评估机制,建立完善行业领域规章制度,完善市民道德公约、村规民约、学生守则、团体章程等。不仅要通过教育宣传倡导社会主义核心价值观,而且要将社会主义核心价值观融入基层社会治理的体系之中,实现法与德、术与道、情与理的结合,真正实现社会主义法治与德治相得益彰,既体现法的力度又体现德的温度,形成具有中国特色的基层社会治理方式方法。

(四) 德治关键在治

用道德治理社会,需要加强对道德领域问题的治理,以引导、规范公众和社会的道德行为。《新时代公民道德建设实施纲要》强调:"要综合施策、标本兼治,运用经济、法律、技术、行政和社会管理、舆论监督等各种手段,有力惩治失德败德、突破道德底线的行为。"[②] 当前,我国存在个人利己主义倾向,资本逻辑、多元社会的风险在道德领域表现突出,对社会风气尤其是青年人的健康成长构成负面影响。对于这些乱象,要依法依规严厉打击惩戒,整顿社会秩序、净化社会风气,发挥劣质道德言行的警示教育作用。同时要重点治理社会服务、公共秩序等领域中存在的失德败德现象和问题,让失德违法者遭受严厉惩罚、付出应有的法律代价。将弘

---

① 《习近平谈治国理政》,外文出版社,2014,第 169 页。
② 《十九大以来重要文献选编》中卷,中央文献出版社,2021,第 239 页。

扬道德、崇尚英雄、表彰奖励各行各业最美中国人作为常态化的制度予以建设和巩固，形成打击失德、惩戒失德行为的常态化机制，通过制度建设、机制完善，弘扬扶正祛邪、惩恶扬善的社会风气，激活个人道德建设的自律性、激发社会公德的正义性，为基层社会治理聚集道德正能量，营造浓厚氛围。

三 落实"以人民为中心"的治理发展观

怎样满足人民对美好生活的需要是新时代我国经济社会发展的总问题导向，必然要求国家发展的宏观设计和微观治理始终贯彻以"人民为中心"的发展思想，以满足人民需求为导向，推动社会主要矛盾解决，实现国家社会的长远发展。

（一）"以人民为中心"的发展思想是发展观的重大创新

我国历史上就有强调"君轻民重"的民本传统，但在这里，民本思想应当被理解为是为了维护封建阶级整体利益，实现帝王长久统治的治理之术。"水能载舟亦能覆舟"的治理思想虽然体现了朴素的政治统治智慧，但从我国古代治理实践来看，"君本位""官本位"才是民本思想的实际内涵。西方在经历了黑暗的中世纪神学统治后，催生了人本主义的思潮，并得到了快速发展。"以人为本"代替"以神为本"显示了人本主义的价值取向。只是"以人为本"在资本逻辑之下，更多彰显了个人主义的价值观。在自由竞争的体制下，它为资本实现利益的最大化提供了思想价值基础，进一步拓展了个人主义的发展空间。马克思主义重新定义了人的概念，认为人是一切社会关系的总和，人不再是孤立抽象的个体，更加突出了人的社会属性。历史唯物主义阐述了生产关系适应生产力发展的规律，将人作为生产力中最具革命性的要素，指出了人民群众是推动历史前进和发展的根本动力，并将实现人自由而全面的发展作为科学社会主义理论和国际共产主义运动的全部主题和旨归。中国共产党成立后，始终坚持人民立场，以全心全意为人民服务作为根本宗旨，将群众路线作为党的根本工作方法和生命线，贯穿于社会主义的各项事业之中。改革开放以来，我们以经济建设为中心，坚持一切为了人民、一切依靠人民，以为中国人民谋幸福、为中华民族谋复兴作为初心和使命，推动改革开放各项工作，实现了全面建成小康社会的历史任务。在这一历史、实践和理论逻辑的演绎中,隐含了两条线索。一是本位思想的发展。从古今中外看,我国经历了"君本位"到"人本位"的发展,西方经历了"神本位"到"人本位"的演变,似乎中西方殊途同归,但集体主义与个人主义、社会主义与资本主义的对立,显示了我国和西方在立场上的本质区别。二是发展观的演变。西方坚持"物本位"发展观,用市场、资本力量推动社会发展,用资本逻辑塑造社会结构。我国坚持以人为本的科学发展观,通过"人本位"发展观的塑造,以生产力与生产关系互动规律为基础,引入了市场经济机制,在肯定市场地位和资本作用的同时,在理论和实践中进一步统筹协调经济建设和民生工作。

面对新问题、新变化、新要求,习近平总书记提出了"以人民为中心"的发展思想。在强调人民立场的同时,这一思想在发展观上突显了人民中心地位。经济建设是党的中心工作,经济建设成果由人民共享,这彰显了社会主义的价值理念。"以人民为中心"的发展思想,坚守人民本位、人民立场,是对我国社会主义发展观的重要创新。

(二)新时代基层社会治理创新体现"以人民为中心"的发展观

新时代基层社会治理既要将"以人民为中心"的发展思想贯穿于社会治理的宏观设计中,也要将其体现在基层社会治理的具体实践中。党中央强调要构建多元共治、协同治理、共商共建共治共享的治理新格局。从多元、协同、共享等表述来看,都蕴含着"以人民为中心"的基本理念,超越了"物本"中心主义,强调了人民既是治理主体也是治理成果的获得和享用主体。强调在党的领导下,社会、公众在治理中的广泛参与,规范行政权力、扩大社会参与权,激发公众参与基层社会治理的积极性,将多元治理作为我国社会治理基本结构和组织形式的基础,体现了"以人民为中心"创新社会治理的宏观设计。通过共同治理、共享治理成果体现人民中心的价值取向,通过治理共同体的构建,明晰了"多元"与"一体"的辩证关系,彰显了党领导下的人民治理主体地位。

当前,我国基层社会治理贯彻"以人民为中心"理念,首先,要关注人民在基层社会治理中的精神价值需求。在人民实现总体富裕之后,公众对法治、民主、安全、正义和公平等方面有了更高的需求,基层社会治理要以民众精神价值需求为基础,进一步在理念和行为上由"管理"向"治理"转变,在基层治理的制度设计、治理方式上充分彰显民主、公平、正义的治理价值观。其次,"以人民为中心"要求在基层治理中发挥人民的主体性。"以人民为中心"必须凝聚公众的智慧,基层治理的问题越复杂,在解决上越需要依靠群众,充分吸收公众在实践中创造的经验和智慧,通过建立多渠道、多形式、多维度的公众参与治理的平台,不断提升公众的参与性,完善参与机制,创新方法手段,提升公众参与解决基层问题的能力,提高基层治理的效率。最后,着力提升公共服务水平,改善人民的生活条件。基层社会治理与民生服务息息相关,以"人民为中心"理念在基层治理的落实主要体现在通过高质量的公共服务满足群众对高质量民生服务的需要方面,这是基层治理工作有效性的切入点和落脚点。近些年,国家加大了对民生服务的投入力度,尤其在教育、医疗、社会保障等方面持续改善人民的生活水平,加大了保障力度。社会治理要将国家的政策措施真正落实到基层,将服务投放到基层,尤其要让留守妇女儿童、低保户、残障人士、五保户等弱势群体及时、足额、不折不扣地享受到国家的福利政策,落实福利待遇。落实以人民为中心的发展思想,就是要让人民共享发展的红利和成果,满足人民对美好生活的需要,从而进一步提升人民参与基层治理、参与社会建设的热情,激发社会发展的可持续性动力,夯实国家高质量发展的基础。

总之,新时代我国基层社会治理要进一步树立问题意识、增强风险意识,以依法治理、以德治理和以人民为中心的治理理念为指导,将社会治理落实到基层,通过建立健全基层社会治理体系,加强基层治理的体制机制建设,坚持和发展新时代"枫桥经验",推动基层社会治理的创新发展。习近平总书记关于基层治理的重要论述,以问题和目标为导向聚焦我国基层治理,是推动新时代我国基层治理实现创新发展的根本遵循。

第五章　加强党全面领导的治理共同体建设

基层社会治理主体主要包括公权力体系、群众自治性组织、社会组织、公民个体等，新时代基层社会治理主体的功能可以概括为党组织统一领导、政府依法履责、各类组织协同、公众广泛参与。党的十九届四中全会提出："建设人人有责、人人尽责、人人享有的社会治理共同体。"[①] 这标志着我国进入了以建设治理共同体为基础的共享治理新阶段。基层社会治理核心在人，重点在城乡社区，关键是制度建设、体制机制创新。建立健全一个成熟稳定的基层治理体系，需要将我国非常态化治理，如专项治理、应急治理等，逐步转化为常态化的稳定治理机制，以应对社会治理中的不确定性风险。通过强化党领导下的治理主体体制建设和治理机制优化，将常态化治理和非常态化治理统筹于新时代基层社会治理的格局之中，进一步落实治理责任制和增强治理协调性。

第一节　坚持和加强党组织统一领导

与西方强调"去中心、去政府才是好的治理"不同，我国强调治权的国家主导原则，党的领导和政府负责是确保我国治权由国家主导的基础。西方资本主义国家实行政党竞争、轮流坐庄的政党选举体制，往往政权更替后，政党之间由于政策差异、政见不同等，会出现政策短视，缺乏稳定性。在西方社会治理中，社会组织发挥了重要作用，体现了其"去政府、民主化"的治理价值，但社会组织往往受资本家利益集团控制，实际上成为资本家实现自身利益的工具，造成社会治理中国家治权的缺位。从我国

[①] 《十九大以来重要文献选编》中卷，中央文献出版社，2021，第667页。

社会治理来看,党委领导和政府负责是落实国家治权的重要组织形式,是具有中国特色的社会治理体系的重要特征,对党委和政府作用的明确定位是我国社会治理主体创新的重要内容。

一 巩固党在基层社会治理中的领导地位

构建我国基层社会治理共同体的首要原则是强调党在治理共同体中的领导地位。"党政军民学,东西南北中,党是领导一切的。"① 中国特色社会主义的最本质特征,中国特色社会主义制度的最大优势是中国共产党的领导。制度优势是党和国家的最大优势,中国特色社会主义的制度体系在党的领导下形成,通过制度确保党对中国特色社会主义事业的领导,这是我国取得经济快速发展和社会长期稳定两大奇迹的成功密码。

党的领导是基层社会治理创新的必然要求,党是新时代我国基层社会治理共同体的领导力量。党的领导主要表现为党组织指引和影响公众、各类组织,实现基层社会治理目标的行动过程,本质上是党组织与治理主体之间的互动关系,亦即通过党领导基层社会治理进一步巩固党的基层政权。其中包含了三方面内容。第一,基层社会治理创新首先在于党的领导权的确立。近些年来,在基层社会治理中存在党组织涣散、缺位的情况,有些地方没有充分发挥党组织作用和价值。凡是基层治理好的地方,究其原因主要是党组织建设有力,充分发挥了积极作用;凡是基层社会矛盾尖锐的地方,往往是党组织涣散的地方。因此,总结新时代基层社会治理的经验教训,贯彻党领导一切的方针,强调基层社会治理由党组织领导的原则,是基层社会治理创新的主要内容。第二,党的领导权是基层社会治理创新的基本保障。创新是一种创造性的实践活动,是一种否定性的再创造,是打破旧的、创立新的,创新即改革,既要改革旧事物又要推动新事物发展。我国作为一个人口数量众多、发展状况多样、个体素质差异很大的国家,进行基层社会治理是极具挑战性的工作。社会问题和矛盾往往都来源于基层社会,基层社会由众多个体组成,往往是分散的,如何将群众组织起来,是基层社会治理的首要问题和现实难题。从百年党史来看,中国共产党的一大优势就是组织群众、发动群众、凝聚群众,这是我们党之所以成功的

---

① 《十九大以来重要文献选编》上卷,中央文献出版社,2019,第554页。

基础；群众路线是党的生命线和根本工作路线，是党的重要法宝。实践证明，只有发挥党的优势，组织群众、发动群众、凝聚群众，基层社会治理才有群众基础，才会形成治理的广泛力量。随着新时代全面深化改革的推进，社会转型加剧，社会呈现多元化发展趋势，出现了不同的社会阶层，人们的思想观念也日益多样，矛盾纠纷日益凸显，这使我国基层社会出现了更加复杂的局面。改善这种状况需要一支能够统筹全局、协调各方、赢得广泛信任并能寻求最大公约数的力量，只有中国共产党能够担此重任。党之所以能够协调各方并形成群众工作的优势，是因为党自从创立以来从来没有任何自己的私利，始终为人民谋幸福，始终代表最广大人民的利益，赢得了广大群众和社会各界的信任和支持。第三，要通过基层社会治理进一步巩固党的基层政权，发挥党的优势和作用，推动基层社会治理创新，化解基层社会矛盾，解决基层社会纠纷，增进党与群众的感情，实现社会整合，巩固和提升党的形象，不断提升党的基层治理能力，由此形成良性循环关系，进一步巩固党的基层政权和党的领导地位。

二 正确认识党的领导地位

习近平总书记指出："党是领导一切的。"[①] 正如党的十九大报告所指出的那样："在我国政治生活中，党是居于领导地位的，加强党的集中统一领导，支持人大、政府、政协和法院、检察院依法依章程履行职能、开展工作、发挥作用，这两个方面是统一的。"[②] 这就要求国家权力机关、政府等各部门要在党的领导下依法履行好各自职能。

加强党的全面领导，必须在重大政策的决策权、重大人事的推荐权以及思想政治工作和监督权等领域，更好地发挥党的领导作用。首先，党要高度重视人民代表大会的工作，领导立法工作；其次，党要高度重视思想政治工作和检察监督工作，党在政府、司法、学校、医院、企业以及社会团体中的各级组织，主要应做好思想政治工作和检察监督工作。对于基层社会治理而言，要加强乡镇（街道）、村（社区）党组织对基层各类组织和各项工作的统一领导，将提升组织力作为重点，推进基层治理中坚持和加

[①] 《十九大以来重要文献选编》上卷，中央文献出版社，2019，第554页。
[②] 《十九大以来重要文献选编》上卷，中央文献出版社，2019，第26页。

强党的领导的有关制度建设，对于涉及基层治理重要事项、重大问题都应由党组织研究讨论后按法定程序决定。不断推动村（社区）党组织书记通过法定程序担任村（居）民委员会主任及村（社区）"两委"班子成员，注重通过法定程序把党组织推荐的优秀人选明确为各类组织的主要负责人，依法将党的领导和党建工作相关要求写进各类组织章程。①

作为使命型政党，党的领导表现为总揽全局、协调各方，做好顶层设计，保证国家发展方向；作为服务型政党，党在基层社会治理中的领导作用主要是加强基层党建，建立完善基层党组织，加强与社会的充分互动，落实党中央政策，做好群众思想工作，动员群众、凝聚人心，打通党中央与群众联系的最后环节，为基层社会治理夯实党的群众基础。

三　发挥党组织领导力

党的领导主要通过各级党组织来执行落实，基层社会中的党组织主要是乡镇（街道）、村（社区）的党组织。党组织并不是某一个领导者，通常是由多人组成的机构，按照民主集中制的原则实行集体领导与决策。因而，领导力不是某一位领导者的领导能力，而是集体领导的能力总和。现实生活中，往往基层党组织领导力的高低决定了治理水平的高低，党组织领导力取决于组织成员个人能力和组织的聚合力，党组织成员的政治站位、政策把握能力和个人素养决定了个人在决策时的偏好，重要的是党组织如何完善组织议事规则和程序，统一成员思想、聚合成员智慧以保证决策的科学性。领导力是一个相对概念，如何提升党组织领导力是党的自身建设的重要议题。本书主要分析党组织领导力的发挥为基层社会治理提供什么样的价值。

一是提供基层治理的制度和政策供给。基层社会治理问题繁杂，从治理保障来看，人、财、物短缺和投入不足是普遍问题，治理队伍人员数量不足、质量不高，很多都是临时人员、离退休返聘人员，专业性不强，他们解决基层问题和矛盾的动力不足、能力不够，缺乏工作的积极性，基层社会治理的资金投入不足，事多钱少是常态，干部和工作人员待遇偏低，

---

① 《中共中央　国务院关于加强基层治理体系和治理能力现代化建设的意见》，中国政府网，https://www.gov.cn/zhengce/2021-07/11/content_5624201.htm。

社区建设的资金不足，难以提供有效服务，这些问题会直接影响基层治理的水平和效果；从治理的政策导向来看，有些地方更注重城市社区发展，有些地方则更倾向于农村建设，如江苏省作为经济发达地区，近些年在治理政策的供给上更倾向于农村。由于政策偏好不同，城市和农村治理中所得到的支持是不同的。当前，基层社会治理是在城乡一体化建设背景下推进的，因此，基层社会治理需要统筹城乡建设，融合城乡发展，对于城乡治理的不平衡问题，需要通过政策制度供给进行引导。另外，还存在基层党组织不够健全、覆盖面不够广的情况，有些地方基层党组织尚未建立，有些地方则是有组织无活力的状态。基层党组织需要直面这些突出问题，研究制度政策的建立和完善问题，在诸如街道、社区机构设置、工作人员编制、权责关系、人员待遇等方面修订相关制度政策，在人事、事权、财权方面予以平衡，在基层党建方面出台相关意见，着眼于新时代基层社会治理的实际需要，从制度政策方面提供支持和保障，并且认真抓制度政策落实，发挥制度政策的治理效力。制度政策是基层治理的导向和指挥棒，是基层治理与国家治理目标方向同频共振的保障。可以说，提供基层社会治理的制度与政策供给，是在基层治理中发挥好党组织领导力的主要体现。

二是进行社会整合。党的领导的一个重要表现就是协调各方、聚合各方力量参与社会治理，进一步理顺国家与社会的关系。党组织能够在协调和保障各治理主体利益的基础上，将治理的主要力量召集起来、结合起来、凝聚起来，为协商治理、合作治理、共同治理奠定广泛的社会基础。

一方面，用主流意识形态塑造基层社会治理的精神聚合力。意识形态和基层社会治理是相辅相成、相互作用的关系。社会是多元的，思想观念是多样的，基层社会治理需要社会各方参与，以合作方式实现共同的社会价值。在多元与共同之间找到平衡点、公约数并使公约数最大化，需要人们在思想认识上统一，正确认识个人与集体、短期利益与长期利益的关系。主流意识形态是统一思想、凝聚共识的思想基础，是国家发展方向的保证，也是代表最广大人民利益的思想保障。因此，只有主流意识形态能够团结基层社会治理的各方力量，要通过主流意识形态教育宣传进一步统一社会思想，使人们的思想价值基于共同生活的社会而趋同化。思想统一是多元与共同的平衡点，是基层社会治理的精神基础。只有人们想明白了是什么、为什么，理解了事情的重要意义以及其能够给集体和个人所带来的利益，才能够明确做什么、怎么做的问题,从而将基层社会治理从讨论、辩论推进到实施与落实的层面。随着治理措施的落实,社会和民众的实际利益才随之落实,人们才能够通过实际感受和体验更加认同主流意识形态。

另一方面,用"统一战线"聚合基层社会治理力量。基层社会人员结构复杂,人员身份多样,利益诉求多元,对人员进行分门别类的管理是精细化治理的要求,有利于将各个领域的杰出代表先动员起来,在基层社会治理中发挥其引领、示范、带动作用,体现基层社会治理的层次性和广泛的代表性、参与性。在此基础上,对各领域有代表性、具有良好群众基础和口碑的优秀人才进行重点培养,以集中培训、学习、实践考察、座谈以及对治理的项目进行资金支持等方式,将社会各界代表团结在党组织周围,形成基层社会治理的"统一战线",发挥其影响力、号召力,以重点人群影响带动社会组织、社会大众,形成更加广泛的基层社会治理力量。同时,需要经常性地组织社区优秀代表参加志愿服务活动,走进城乡社区为民服务,传递党心民意、凝聚社会共识,进一步推动和实现社会整合。

四 加强基层党的建设

当前,基层党组织建设主要有两种类型:一种是有行政支撑的党组织,如机关、企事业单位等,这些机关和企事业单位组织体系健全,党组织书记有较高的社会地位和身份,党建工作开展相对容易;另一种是无行政支撑的党组织,最为典型的就是村(社区)党组织,村(社区)属于自治组织,不属于行政机构,由于没有行政权力的支撑,基层党建工作缺乏固定的组织体系,工作十分复杂。社会治理创新的重点在于做实基层治理,基层社会治理必须有党组织领导和参与,以弥补基层治理中的党建缺席。要通过加强基层社区党的建设,形成竖到底、横到边的党组织全覆盖的体系,这是新时代基层社会治理组织体系建设的必然要求。基于这一背景,这一部分主要探讨党组织建设的全面覆盖和加强村(社区)党建工作等问题。

一方面,完善社会组织党建工作,织密基层治理网络。社会的社会化程度越高,组织化程度就越高,社会组织是社会化的主要载体。随着社会治理的推进,社会组织将发挥越来越重要的作用,党组织建设要延伸到各类组织,实现党组织的全覆盖。首先,创新与社会组织的结合方式,组织覆盖和工作覆盖是党组织与社会组织的主要结合方式,党组织应依法依规推荐优秀人选担任各类组织的负责人，将党的领导和党的建设有关要求依法写入各类组织章程，通过制度建设建立健全监督管理体系，保证党组织对各类组织主要负责人的监督权力，引导社会组织的发展保持正确方向，实现社会组织的健康有序发展。其次，加强社会组织中的党建工作，帮助社会组织制定党建工作的制度、方案和可操作的实施细则，调动党员积极性。党员是各类组织中的优秀分子，每一位党员都代表党的形象，要通过组织建设、组织生活将党员团结起来，提升党员思想觉悟，发挥党员先锋模范作用，不断扩大党组织的影响力，提升党组织的威望，吸引更多优秀分子加入党组织、壮大党组织，更好发挥党组织作用。最后，创新党组织与社会组织的合作形式，通过向社会组织购买公共服务、转移职能，积极帮助社会组织发展，以发挥社会组织的专业价值，提升基层治理的品质和专业化水平。对于重视党建工作、党组织规范、管理有序的社会组织，应规定其优先承接政府转移职能和服务项目，通过政策支持和税费优惠等措施，积极引导社会组织从事公益、互助、慈善活动，这既能保证社会组织的党建工作积极性，又能激发社会组织参与基层治理的主体性，提升其社会价值和形象。

另一方面，加强村（社区）党建工作。中央组织部最新党内统计数据显示，截至2023年底，中国共产党党员总数为9918.5万名，比上年净增114.4万名。党的基层组织517.6万个，比上年净增11.1万个。[①] 这些党组织已经成为我国城乡基层社会治理的重要力量。当前，我国已经形成了以村、社区党建引领基层治理的创新发展思路，但由于党组织的条块体系总体上呈现条强块弱的特点，比起机关、事业单位，村（社区）党组织建设相对来说依然薄弱，随着事权逐步下沉到基层，加强村（社区）党建工作就显得更为迫切。

随着城乡一体化建设工作的推进，城市和农村出现了新的社区。然而，许多新社区的党组织还没有建立，导致社区内的党员以及流动党员缺乏组织管理，没有组织生活，无法享有党员权利、履行党员义务，甚至有人因此而脱党、退党。因此，各地党委、政府应该形成联动机制，确保党组织

---

① 《中国共产党党内统计公报》，中国共产党新闻网，https://dangjian.people.com.cn/n1/2024/0701/c117092-40267602.html。

和新建社区同时成立。从现实情况来看,党组织的建立往往滞后于社区管理部门的建立,这反映了思想认识不到位的问题,即认为社区运作不能离开社区管理部门,却忽视了党组织的重要性。因此,必须通过制度建设来规范社区党建,明确规定党组织与管理机构同时挂牌运行,以保证党的领导不断线。只有党组织及时跟进,才能形成基层社会治理的完整主体结构。我们党在革命建设、改革开放以及新时代中历来是掌握主动权的,因此,在新时代的基层治理中,党组织依然要牢牢掌握治理的主动权。

资源整合、共驻共建已经成为加强城乡社区党建的重要途径。社区党组织需要积极发动驻社区单位的党员参与社区党建及社区活动,充分发挥在职党员的资源优势。同时,要积极联系驻社区单位的党组织,主动邀请他们参与和支持社区党建及相关活动,充分发挥他们的帮带作用。可以举行联合党日活动、主题党日活动等,联合机关、企事业单位党组织,共同开展结对共建、对口帮扶活动,特别是要帮扶农村社区党建工作。要通过组织城市社区居民购买农副产品等帮助农民,捐赠生产、生活物资和学习用品,组织乡村旅游、考察等,进一步加强城市社区与农村社区的沟通交流,加深城乡居民的情感联系,提升居民的社会责任感,增强党的凝聚力。通过相互交流、团结互助,以及所驻单位党组织和社区党组织"条"与"块"的紧密结合、相互促进,还有社区党组织与结对帮扶单位党组织的优势互补、资源整合,我们将形成社区党建工作的新格局,增强社区党组织的发展后劲。比如首都北京推行的"街乡吹哨、部门报到"党建新做法,将党组织建设贯穿到基层治理中,以保障基层治理、引领基层治理方向,着力强化街乡党(工)委领导核心地位和统筹协调功能,以增强基层党组织的政治功能、提升组织力为重点,使党组织在统筹区域治理、链接协调各方中真正发挥中枢作用;积极发挥驻区机关、企事业单位的党建优势和作用,确保城市基层治理形成合力;坚持发挥党组织引领作用,通过统筹领导、系统设计和全面推动,打破行政壁垒和体制束缚,推进了街乡管理体制改革的深入,把党的声音、党的主张传递到基层社会的"神经末梢",把党的政治优势、组织优势真正转化为基层治理的显著优势。

面向基层的党组织建设要明确组织的服务属性,城乡社区面向群众,群众关心的是党组织能够解决什么问题、提供什么服务,要求社区党组织必须树立服务意识、提高服务能力。目前,许多社区已经建立社区党员干部直接联系群众的服务机制，并且将党组织机构直接延伸到了楼宇、单元，公布所在楼宇党员干部的联系方式，及时为居民提供协调服务，这一做法得到了居民的广泛认可，值得点赞和推广。党组织要以提升基层治理水平为目标，改变基层治理能力薄弱、治理水平不高的状况，必须发挥协调和监督作用，协调相关部门督促相关人员，合力解决治理中的问题和难题，切实推动基层治理水平提升；必须发挥好组织动员作用，多方筹措经费为民服务，如驻社区单位、企业、个人通过赞助、捐助、合作等方式筹集资金，结合财政拨款、转移支付、社区党费、慈善捐助等经费的使用，进一步完善社区党建阵地和公共服务设施建设。社会转型使人们居住环境发生变化，无论是城市还是农村，人们都逐渐从熟人社会转向陌生人社会，人际关系趋于冷淡，然而党是人民的主心骨，党组织总是最受群众信任和依赖的，党组织能够并且应当发挥重要聚合作用，帮助城乡居民快速融入社区生活，通过服务群众、组织群众，构建共建共治共享的社会治理格局。

总之，基层社会治理需要"强国家"作为后盾，而"强国家"的形成需要党组织的领导和推动；基层社会治理亦需要"强社会"作为支撑，而"强社会"的形成也需要党组织的领导和聚合；社区治理结构更需要"强国家"和"强社会"的合作，而形成合作关系需要进一步发挥好党组织的领导和整合作用。

第二节　推进基层政府依法履责

党的十九届五中全会通过的《中共中央关于制定国民经济和社会发展第十四个五年规划和二〇三五年远景目标的建议》，确定了"十四五"时期我国经济社会发展的指导思想、目标任务和重大举措，明确"十四五"时期"社会主义民主法治更加健全，国家行政体系更加完善，社会公平正义进一步彰显，政府作用更好发挥，行政效率和公信力显著提升，社会治理特别是基层治理水平明显提高"[①]。基层社会治理水平的提升与政府作用的发挥直接相关，在我国社会发育不全，社会组织不成熟，民众参与治理的

[①] 《十九大以来重要文献选编》中卷，中央文献出版社，2021，第793页。

意识和能力有限的情况下，政府主导依然是推动基层社会治理的主要动力，因而，政府是我国基层治理共同体的主要力量。

一　行政改革是关键

政府释放权力催生了市场，市场的逐步成熟驱动社会发育成长，市场在资源配置中起决定性作用，进一步巩固和提升了市场的地位和功能。然而，由于我国社会发展落后于市场，出现了政府、市场与社会的不平衡格局，导致人们将解决问题的期望寄托于政府，然而任何政府都无法单靠自身解决所有的问题，因而又导致人们将不满归咎于政府。这种解决问题的心理依赖，使政府容易处于道德和治理的风险之中。近些年，政府通过加大行政改革力度来破解难题，但改革中的"统放"矛盾，又成为困扰行政改革的新问题。

治理中的"统放"矛盾（"一统就死，一放就乱"的矛盾）主要源于条块分割的管理体系，这是政府行政改革最关键的问题。传统科层制在我国具有悠久的历史，自秦统一中国以来的2000多年历史发展中，我国逐步形成了体系完备、高度发达的官僚治理体系。现代科层制也称官僚制，是近代社会生产力飞速发展、社会分工细化、组织规模不断扩大的产物，其特点和进步之处表现为专业化、部门化、层级化。然而，科层制政府也通常陷入困境，即效率悖论和责任悖论，这源于政府治理的条块分割。我国治理也因此出现过"治乱循环"的困局，同时还伴随另一种现象，即无人负责的"治理空白"与多头管理的"治理过度"并存，这些问题与管理中的条块分割存在密切关联。

基于以上现实困境，学者们提出新公共行政、新公共管理、整体性治理等概念，希望实现跨部门协同、跨层级协作、跨领域合作、跨地区发展。从治理实践看，放松管制能激发社会活力，促进社会发展；但在"放活"的过程中，常常伴随着治理的地方化、部门化倾向，使治理出现碎片化，导致"三不管""多头管理"等治理乱象。那么，作为一种反制方式和手段，往往需要采取集中管制的政策，在管理的"收权"过程中，使政令更加统一和集中，强化自上而下的落实。但同时，这也强化了对下级、地方、基层诉求的许可审批制度。

随着我国政府治理的实践探索的不断推进，我们党逐步发现解决条块分割和"统放"矛盾的关键在于落实治理责任制，以提升治理协调性。总结经验，党的全面领导、管理项目化、权力清单化、基层网格化、管理智能化等是我国治理中取得较好效能的方式和手段。当前，围绕条块分割问题，我国基层治理的创新思路是以民生服务问题为基本导向，以公共服务体系建设为核心，加快行政改革，重构基层政府体系，建立基层政府与居民、社会的统一"接口"，实现基层政府对公共事务的集中统一管理，避免百姓"东奔西跑"，提升行政水平、办事效率和部门协调能力，避免懒政怠政，不断提升政府公共服务水平。[①]

二 明晰基层政府的治理功能

政府组织结构合理是确保政府执行力和协调力的前提，组织结构应当按照新时代社会治理多元化的需求进行制度性的设计和规范。

首先，通过放管服进一步理顺各级政府的治理功能。中央政府应进一步凸显在社会治理中的顶层设计和宏观调控职能，主要就宏观层面的社会治理和公共服务来制定战略发展规划和制度设计，通过制度和政策的供给，提供社会治理的依据和规范，引导公共服务的投入方向。地方政府应按照中央总体规划和要求，结合实际情况制定地方社会治理发展规划和方案，出台推动地方社会治理的措施和意见，准确认识地方经济社会发展水平，体现其问题导向、目标导向，以及对行动的指导性和执行的可操作性。对于基层事务，应通过政策性渠道分配给基层政府实施管理，基层政府应按照地方规划和意见形成治理的具体实施方案，重点加强对城乡社区的管理引导和公共服务工作，动员社会力量参与基层治理，着力解决基层纠纷和矛盾。同时，上级政府对下级政府的政策执行进行指导、监督，在中央、地方和基层之间，中央负责跨部门、跨区域的治理协调，地方政府负责本地各部门和区域间的治理协调，应通过设立级别较高的工作委员会或者办公室解决协调合作的问题。尤其是要依法赋予乡镇、街道综合管理权、统筹协调权和应急处置权，不断强化其对涉及本地区重大决策、重大规划、重大项目的参与权和建议权，并依法赋予乡镇、街道行政执法权，不断整合现有的执法力量和资源，推行行政执法公示制度，改进监管模式，不断优化乡镇、街道的行政区划设置，确保管理和公共服务能够有效覆盖常住人口。

---

① 燕继荣：《条块分割及其治理》，《西华师范大学学报》（哲学社会科学版）2022年第1期。

其次，推进基层行政部门职能整合，完善基层民主协商制度。深化基层党政机构改革，统筹党政机构部门设置，优化职能配置和整合编制资源，完善综合性内设机构的设置。协调机构在治理实践中往往发挥了较好的作用，取得了较好的绩效，协调机构以行政级别较高的工作委员会或者办公室形式存在，但因为委员会、办公室是非常设机构，所以出现了将其设立为正式部门的改革趋势。然而，必须思考的是，成为正式机构后，其从行政级别上与各部门同级，实际上可能弱化其协调功能。此外，临时性协调机构的弊端在于短期性、不稳定性、权责不明，往往由领导牵头、各部门负责人组成，成员并不认为这是主业，因此工作的机制、人员的工作态度等均影响了协调作用的发挥。尽管两种形式都有弊端，但从长期、稳定和治理的实际需要出发来看，推进政府相关职能部门的整合，能够从体制上保证条块的整合。尤其是推进相同、相似、相近职能以及具有高度关联性职能的部门进行整合，更有利于政府协调功能的发挥和实现。由于产业、社会分工越来越细，为了实现精细化管理，对应的管理部门也就会越来越多。从分工的逻辑来讲，分工越来越细，交换的需求就越来越多，交换体现的是相互依存、相互合作的关系，分工必然要求合作。对于管理而言，促进部门之间合作，避免权责重叠交叉，实现大部门管理，有利于功能的内部整合，有利于提升行政权力的协调性，从而提升执行力。同时，对在实践中由于机制功能等出现的难以协调但必须协调的机构部门进行整合、调整，对其制约协调功能发挥的职能予以剥离，通过职能整合进一步明晰其社会治理的权责，体现统筹协调功能。要进一步完善基层民主协商制度，县级党委和政府应紧密围绕涉及群众切身利益的事项，确定乡镇、街道协商工作的重点内容，由乡镇、街道党委主导开展议事，协商具体工作，完善座谈会、听证会等协商议事形式，发挥基层人大代表、政协委员作用，探索建立社会公众列席乡镇、街道有关会议的制度，以此不断增强乡镇、街道的议事协商能力。[①]

最后，明晰事权与财权。上级政府要规范乡镇、街道的政务服务、公共服务以及公共安全等事项，依法下放直接面向群众，乡镇、街道能够承

[①] 《中共中央 国务院关于加强基层治理体系和治理能力现代化建设的意见》，中国政府网，https://www.gov.cn/zhengce/2021-07/11/content_5624201.htm。

接的服务事项。事权下移的好处是强化基层的决策权、处置权，提升基层治理的效率，使群众办事更加方便。然而，事权下移并未带来相应的财权转移，我国财税体制改革使财权逐步上移，财权越来越集中到中央。财权上移的好处是国家通过转移支付使用资金，保证了资金使用的针对性和灵活性，国家通过全面统筹使用资金，保证各地区、各行业、各部门的平衡发展，有利于集中解决国家发展中的短板问题，服务于共同富裕的目标。无论是事权下放还是财权上移，在实践中都有其合理性。然而，基层事权和财权的不同步导致了基层治理中的普遍难题，即"钱少事多"，基层人员疲于应对各种事务，同时缺乏资金支持和保障。在"财权在中央、事权在地方"的总体格局不变的情况下，需要加强乡镇、街道经费保障机制建设，进一步深化对乡镇、街道的国库集中支付制度的改革，使中央转移支付体系具有更强的针对性，以"靶向"目标的方式对基层社会治理进行经费支持，针对专项经费的使用，要严格制度规范，严禁挪用专项经费，加强预算和审计，明晰财权、事权和支出责任，以目标为导向，为基层社会治理提供有力的经费保障。

三　政府职能向社会服务转变

进入新时代以来，为适应时代变化，激发社会改革的动力与活力，党中央以全面从严治党的自我革命带动社会革命，党的建设成为驱动政府和各领域改革的重要动力。我国在进入21世纪后就提出了服务型政府目标，服务型政府的建设是行政体制改革的前提。新时代服务型政府必须聚焦社会主要矛盾的转化，以"人民对美好生活的需要"为导向，以解决群众急难愁盼的社会民生事务为立足点，补齐民生短板，增加公共服务供给。因此，要以公共服务聚合政府力量，以清单制度进一步明确服务责任主体和服务内容，避免政府服务出现"越位"和"缺位"问题。服务型政府的转变要求政府加大简政放权的力度，以"法无授权不可为、法定职责必须为"的原则厘清政府职责，明确哪些是政府的权责、哪些不是，不是的要依法放权，不能"越位"；属于政府事务的要依法管理，不能"缺位"。加强放、管、服结合的综合改革力度，将政府从繁重的管理事务中抽离出来，面对新时代的基层社会治理要求，将更多精力投入公共服务，聚焦重点工作，推动基层社会治理。乡镇应围绕农村实际问题和需求，聚焦乡村振兴、脱贫攻坚成果巩固拓展等任务，在农业产业、人居环境改造、留守人员服务等工作中发力；街道要继续做好市政市容管理、物业服务、流动人口服务、各类社会组织的培育引导等工作；加强服务基层的人才队伍建设，完善优化乡镇、街道政务服务流程，加快推进一站式办理等服务工作。

建设服务型政府已经在不同地区进行了有益探索，如北京市推出的"街乡吹哨、部门报到"，以突出主责主业为基础，明晰市、区、街乡的事权，将管理服务资源和力量不断下沉，切实为村、社区减轻负担，不断引导街乡增强服务基层群众的基本功能，重点围绕综合执法、基层工作以及应急处置等做好管理和服务。各地都进行了积极探索，类似机构在各地方的名称不完全相同，但基层普遍建立了"社会矛盾纠纷调处化解中心"或"民情服务中心"等。

我国依然是"强政府—弱社会"的结构，改革不是让两者强弱互换，而是让政府变得更强、社会由弱变强，形成两者皆强的理想结构。依法放权不是弱化政府，而是让政府在有限管理的基础上将注意力转移到公共服务上，聚焦新时代城乡基层治理的重点工作，在高质量公共服务的供给中提升政府的服务力、行政执行力，进一步增强政府的公信力，使政府成为基层社会治理的强大推动力。通过赋能放权，各类社会组织能够增强自我发展的动力和能力，基层社会治理主体得以充分发展。放权之后，实现有效管理，避免"一放就乱"的困局，需要以制度的形式作出承诺，制定市场准入负面清单，公布政府权力清单、责任清单，由各级政府自上而下进一步制定工作权责清单，明确事权规范治理，避免权责不清引起的权利重叠或责任空白。通过清单明晰权责主体和责任内容，防止推诿扯皮，政府应加强监督管理，建立监管制度并严格执行，落实清单责任，对落实清单不力的责任主体进行严厉追责。近些年，通过党的系统、政府系统和社会系统的监管制度建设，我国在监管领域的工作明显加强，一方面，对不作为、乱作为的情况进行了及时纠正，规范和推动了社会治理的发展；另一方面，也进一步彰显了制度威力，提升了政府的公信力。信息时代的快速发展，为服务型政府的塑造提供了机遇。我国网民数量庞大，随着人们对互联网信息终端的熟练使用并养成习惯，政府要积极发展电子政务，通过打造政府信息化服务网络与平台，重塑政府公共服务流程，让群众从"少跑路"以至"不跑路"，享受更高质量的社会治理和公共服务。

第三节　推动群众自治组织广泛参与

社区服务关系民生、连着民心，不断强化城乡社区为民、便民、安民功能，是落实以人民为中心的发展思想、践行党的群众路线、夯实基层基础、让人民生活更加美好、推进基层治理现代化建设的必然要求。《中华人民共和国国民经济和社会发展第十四个五年规划和2035年远景目标纲要》《"十四五"城乡社区服务体系建设规划》都对加强城乡社区建设、鼓励基层群众性自治组织广泛参与基层服务作了强调。

一　在党的领导下扩大基层民主

目前，基层社会治理的普遍经验是不断扩大基层民主、实现基层自治。也就是通过完善城市社区治理体制，健全农村社区自治制度，构建党组织领导下的村（居）民会议或代表会议及议事决策机制、村（居）民委员会执行机制、社会组织参与机制，形成活力有序的新型城乡社区治理机制。城乡社区治理创新需要不断加强和完善基层党组织建设，改变党的基层组织建设薄弱的局面，从巩固党的基层政权的高度出发，不断加强党对基层治理工作的领导。通过制度建设保障社区村（居）自治组织依法运行，完善村（居）民民主议事、决策制度，社区委员会执行决策制度，激发民众参与治理的积极性，真正体现人民当家作主的制度优势。政府要加强对村（居）自治组织的运行及行为活动以及行政管理的监督和约束，建立健全能够促进城乡基层自治发展的监督和考核评价体系。通过评价体系的引导，保障基层治理资源的合理配置，包括基础设施、干部人员、资金费用等，积极引导优秀人才向基层流动，大力培育社会组织，使之为基层提供服务，形成多方共建基层的合力和多元共治基层的局面。

对于村（居）民委员会一类的群众自治组织，要强化党组织的领导作用，规范村（居）民委员会的换届选举工作，落实对村（社区）"两委"班子成员的资格联审制度。在基层公共事务和公益事业中，要定期开展基层民主协商，发挥群众作用，发挥自治组织的制度优势，实现协商共治。完善党务、财务等重点工作的公开制度，加强监督机制建设，进一步聚合监督力量，有效发挥监督作用。要加强村（居）民委员会规范化建设，不能脱离实际情况而盲目扩大村（社区）规模，进一步明晰主体权责关系、抓好责任落实，要进一步完善村（居）民委员会成员的履职承诺和述职制度等。

二 提高城乡社区公共服务质量

基层治理不仅是治，关键在建，以治促建，以建保治。为社区、村（居）民提供公共服务是基层建设的主要内容，基层矛盾大多是由公共资源缺乏、供需不平衡引发的，因此，消解矛盾与问题也主要依靠公共资源的合理配置和服务水平的提升。

要消除城乡资源配置不均衡的体制壁垒，建立城乡一体化建设的公共服务体制，制定城乡社区一体化建设的资源配置标准，改革公共服务的供给机制，实现城乡公共服务的均等化。公共服务既要满足共性需求又要突出个性建设，尤其要针对农村社区建设的不足，对接乡村振兴战略，补好农村社区建设的短板，促进城乡一体化建设。要在完善基层自治组织体系的基础上，形成基层经济、教育、文化、医疗、养老等资源配置的统一标准，加强对农村经济合作组织、社会组织、流动人口等的服务，优化创新创业政策，促进相关资源进驻城乡社区，创造良好的工作、人居环境，繁荣城乡社区建设。要形成自治与共治相结合的基层治理体系，建立自助服务与公共服务相结合的基层服务体系，通过平台建设将自助服务与公共服务相融合，利用信息技术手段建立城乡社区服务平台，将自助服务与公共服务，包括便民服务、政府购买服务、公益性服务、志愿者服务等都纳入服务平台。

提高城乡社区公共服务质量，应注重培育社会组织，引导其服务城乡治理，社会组织的发育程度和在治理中发挥作用的程度体现了社会治理的现代化水平。社会组织与社会的关系类似于企业和市场的关系，作为社会治理的主体之一，社会组织在社会治理和社会建设中发挥着基础性作用。作为基层社会治理结构中的重要主体，社会组织可以有效分散政府的治理压力，发挥专业性优势，提供高质量公共服务。

各地应积极主动制定支持、鼓励、引导社会组织发展的指导建议和措施，使社会组织的发展和服务有章可循。加快社会组织登记管理体制改革，简化登记程序，探索登记备案双轨运行机制，为社会组织发展松绑，着力培育发展涉农、社区服务类社会组织。鼓励社会组织创办行业协会，保障社会组织在社会治理中的参与权、议事权，增加社会组织代表参加人大会议的机会，保障社会组织对政策决策、制度编制、发展规划等工作的监督和建议权。要进一步制定完善对于社会组织的各项扶持政策，加快规划建设社会组织孵化平台和公共信息化系统，打造政府扶持、发展、服务和管理社会组织的公共平台，为社会组织履行职能提供条件。加强社会组织的党组织建设，使社会组织发展保持正确的方向，始终与国家社会建设和治理保持一致，激发社会组织参与公共服务的积极性、主动性，促进其社会治理功能的发挥。

三 健全统筹城乡治理的综合体系

党的十八届三中全会通过的《中共中央关于全面深化改革若干重大问题的决定》指出："必须健全体制机制，形成以工促农、以城带乡、工农互惠、城乡一体的新型工农城乡关系，让广大农民平等参与现代化进程、共同分享现代化成果。"[1] 保障农民平等地分享由土地增值带来的利益，保障金融机构的农村存款主要投入农业农村发展；不断推进城乡建设要素平等交换和公共资源的均衡配置；保护农民对生产要素的权益，推动实现农民工同工同酬；鼓励社会资本增加对农村建设的投入，鼓励有实力的企业和社会组织兴办和发展各类"三农"事业；统筹城乡社区建设和各类基础设施建设，实现城乡基本公共服务的均等化；等等。以上内容都是着眼于城乡一体化建设的主要改革措施。要通过城乡一体化建设，打造有活力的城乡社会服务和治理机制。统筹城乡一体化建设，需要在改革试点的基础上，将成功的经验模式在城乡社区建设中推广，有的地方在农村率先试点、总结经验并逐步推广到城市社区，有的地方则是从城市到农村。在这一过程中，更重要的是总结具有普遍价值的经验模式，将之在全国城乡基层治理中推广，以实现城乡同步推进、融合发展的基层治理创新。

建立健全城乡治理的政策法规体系，以政策法规保障城乡一体化建设，使城乡治理有法可依、有据可循，进一步规范城乡治理的运行体制、保障体制、监督体制。以新时代文明实践中心（站）为载体，在基层社会培育

---

[1]《十八大以来重要文献选编》上卷，中央文献出版社，2014，第523页。

和践行社会主义核心价值观，培育公民意识、公益精神，提升基层社会法治意识、道德素养。进一步完善城乡社会的诚信体系，包括诚信奖惩制度、诚信评估制度、失信者退出制度、诚信数据平台等，培育社会守法、崇德、重信、尊礼的价值理念和文化氛围。建立健全网络虚拟社会治理体系。网络虚拟社会作为现代社会基层治理不可或缺的重要组成部分，已经成为人民工作、生活、社交的重要平台。要对虚拟网络社会进行科学有效的引导和监管，规范网络言行，尤其要对严重影响基层社会稳定的网络谣言、电信诈骗等坚决打击、依法治理。完善网络舆情治理制度，通过建立舆情监控中心以及配置专业化的工作人员，加强对网络舆情的跟踪分析研判，防范化解网络舆情风险，提升应对网络舆情事件的科学处置能力，引导舆情向正确的方向发展，保障网络虚拟社会与现实社会同向同行、相辅相成，形成基层社会治理的良好社会生态。利用信息网络，建立覆盖城乡的矛盾纠纷化解信息平台，完善信访制度、法律援助制度、社会救助制度，拓展基层社会的利益表达和维权渠道，建立纠纷调解的组织网络和工作机制，鼓励志愿者参与调解，加强专职调解员队伍的建设，提升调解工作的专业性和纠纷化解的有效性，将矛盾纠纷化解在基层。

第四节　强化社会组织担当

我国社会组织发展空间依然很大，社会组织是新时代我国构建基层社会治理共同体的生力军。社会协同治理主要指在党的领导下，政府、企业、社会组织及公众在维护社会秩序、保障公共安全、协调社会关系、促进社会公共事务发展中相互配合、相互协作、共同行动的治理方式。社会协同治理的核心在于"协同"，即参与社会治理工作的主体要有统一的目标，在实现目标过程中要有行动上的协调、配合。社会治理的社会化要求社会协同治理，这是构建基层社会治理新格局的必然要求。随着社会治理向基层下移，基层治理面对事务繁多、矛盾复杂的局面，基层社会展现了社会的多元和人们观念的多样，必然要求党和政府整合社会各方力量协同治理，化解纠纷、提供公共服务，实现基层社会的团结稳定、和谐有序。

推进基层社会协同治理，必须加强社会组织建设。政府在基层社会治理中难以负责全部社会生活，而社会组织则可以发挥作用，成为政府与人民群众之间联系的重要纽带。《联合国宪章》将社会组织定义为从事非营利性活动的组织，包括慈善机构、援助组织、青少年团体、宗教团体、工会、合作协会、经营者协会等，它们被称为第三部门、公民社会部门、志愿部门等。与政府和企业相比，社会组织具有非营利性、非政府性、独立性、志愿性、公益性等特征。国内外学者对其进行了多种定义和分类，我国在2007年正式用"社会组织"代替"民间组织"，随后将社会组织纳入社会管理的范畴。在我国，社会组织总体上包括人民团体、自治团体、行业团体、学术团体、社区团体、社会团体、公益性基金会等。截至2021年1月25日，我国入库的社会组织共901351个，突破了90万个，其中已在民政部登记的共2292家。[①] 虽然我国社会组织的发展与发达国家比还有差距，但近些年发展十分迅速，尤其是党的十八大以来，在中央政策的鼓励和支持下，社会组织得到迅速发展，已经成为我国基层社会治理的重要力量。社会组织是公民诉求和多元化利益表达的有效渠道，是参与基层社会治理、提供公共服务的主要力量。当前，我国转变政府职能，建立服务型政府，需要社会组织承接政府转移的部分职能，因此，大力培育和发展社会组织有利于推动政府改革，塑造"公民共同体"，完善和充实基层社会治理共同体的内涵。

一 深化社会组织登记管理体制改革

对于社会而言，培育发展社会组织，如同市场发展需要企业一样，不但可以增加社会活力，也可以提升公共服务的供给能力，甚至有学者将社会组织的意义比喻为17世纪国家的崛起。社会组织对于形成社会治理共同体、构建现代社会治理体系意义显著。一个政社分开、权责明晰、依法自治的社会组织体系，是形成多元治理格局的重要内容。

为加快社会组织发展，当前需要降低社会组织的准入标准，推进社会组织直接登记的制度改革。目前，我国行业协会、行业商会、慈善机构以及城乡社区服务机构等，已经可以直接依法向民政部门申请注册。社会组织注册制度的改革经验，应当逐步推广，从而避免政府主管部门对社会组织的建立和发展进行过度的审查和管理。依照"统一登记、各司其职、协

[①] 《我国社会组织总数破90万》，《慈善公益报》2021年1月26日。

调配合、分级负责、依法监管"[1]的社会组织管理体制要求，将法律监督、群众监督、舆论监督有机结合，构建政府监管和社会组织自律相结合的监督管理体系。实现行业协会、商会等与行政机构的脱离、与政府权力资源的脱钩，营造公平竞争、有序发展的环境，进一步消除行政机构与社会组织之间的主办、主管、联系、挂靠等关系，实现社会组织依法直接登记和独立运行发展。除了法律规定的如宗教、政治等特殊社会组织外，所有社会组织都可以直接向民政管理部门申请登记注册。在社会组织中引入竞争机制，鼓励同类型社会组织登记注册，形成公平竞争的环境，提升社会组织发展能力，促进社会组织发展。根据基层社会治理需求，重点支持社区服务类、公益慈善类等社会组织的发展。支持同类型、同性质社会组织成立枢纽型社会组织，如中国科协由全国学会、协会、研究会和地方科协组成，地方科协由同级学会和下一级科协及基层组织组成，科协组织系统横向跨越绝大部分自然科学学科和大部分产业部门，是一个具有较大覆盖面的网络型组织体系。枢纽型社会组织的发展，有利于社会组织产生集约效应，减少多头治理。同时，对相关社会组织的指导、管理和服务，可以使公共资源实现集中共享，有利于加强对社会组织的监管，要通过运用政策引导、法律约束以及民众监督等多种方式，进一步促进社会组织健康成长。

　　对于面向基层服务的城乡社会组织，要简化登记手续，并通过政策、资金支持，重点予以扶持，鼓励他们更好地提供优质的公共服务。实践证明，政策引导的重要性不容忽视，其往往能够塑造社会组织的运行目标和行为逻辑。一般来说，政府出台某项政策、文件后，社会组织都会作出积极响应，如脱贫攻坚战略提出后，与其相关的社会组织就会通过对接相关政策来制订行动计划。如浙江被确定为共同富裕示范区后，浙江的社会组织就迅速行动起来，聚焦发力共同富裕示范区建设工作。实际上，各类社会组织都有强烈的意识将组织发展与国家政策方针密切结合起来，只有对接国家社会需求，才能获得发展的机遇，才能获得政府的资源支持，获得社会的认可。通过政策响应以及党组织的嵌入，社会组织已经融入基层社会治理体系之中。事实证明，社会组织始终与党和政府保持一致，是值得信任和依靠的治理力量。同时，社会组织通过吸纳本领域专家、有影响力

---

[1] 《十八大以来重要文献选编》上卷，中央文献出版社，2014，第231页。

的人士加入组织，也在不断地提升自身的专业能力和社会影响力。因此，政府通过深化登记等管理制度改革，简化程序、激活社会组织，创造公平竞争的发展环境，社会组织就会展现出其价值和能量，各类社会组织不但能够承接政府转移职能、服务社会，还有效减轻了政府治理的负担，配合了我国政府职能转变的改革。

二 政府加大对社会组织的扶持力度

一是完善购买公共服务机制。购买公共服务是政府转移职能、实现优质服务的主要方式，即通过购买服务支持社会组织发展。20世纪90年代，我国已经开始了购买服务的实践探索，经过多年的发展，已经形成了相关的制度机制。购买服务需要引入竞争机制，通过公开招标等方式健全完善合同规则，明确合同权责关系、付款方式，尤其要明晰违约责任。加强合同制定和执行的全过程监督，并引入"第三方"独立评估合同履行绩效。同时，由实际享受服务的众多个体参与服务评价。对于合同违约、服务质量不高的社会组织，不但要在资金支付上予以惩罚，还要降低其社会组织信用评级，在未来的购买服务中提高其参与和中标的难度。规范社会服务购买的市场秩序，为防止财力充足的主体垄断市场，打压其他社会组织发展，要营造更加公平的竞争环境，给予其他社会组织更多的机会参与竞争，可以根据需要拆分标的，规定每个社会组织只能参与一项投标，以形成竞争格局，在项目实施过程中，要使各社会组织通过相互比较、竞争，以此不断提高公共服务质量。

二是保证社会组织发展的资金投入，拓展资金来源方式。建立政府财政支持制度，由各级政府分担财政支持，财政支持要按照地方经济发展水平确立投入比例，纳入财政预算，强化社会服务购买。对于面向社区的公共服务、公益性、慈善性项目，政府可以进行财政补贴，对于完成质量高的项目给予政府奖励，对投资大、收益低、周期长的项目，要通过税费减免等优惠方式予以引导和支持，构建社会组织的资金支持平台。通过公益广告、新兴媒体加强对慈善、公益、志愿者服务等理念的宣传，提升企业和社会大众对社会组织的认识和理解，推动企业、民众积极参与社会公益事业、慈善事业。设立公益基金，接受企业慈善捐款、民众个人捐款，为社会组织提供资金支持，同时，对于资金的使用，要坚持公开透明，接受社会的广泛监督,在可监管的范围内,打通国际性的捐助平台,保持开放心态,保障国际性援助通道的畅通,规范社会组织接受援助的方式。

三是加强社会组织人才培养。建立一支由专职工作人员、专业管理人员以及社会志愿者组成的多层次人才团队。通过财政补贴、提供实习岗位,积极鼓励大学生在社会组织中就业,提升社会组织人员专业化水平;将社会组织人员培训纳入政府人力资源培训计划之中,建立制度化的培训体系,加大培训力度;将社会组织纳入政府人才计划之中,予以支持,培养领军人才、后备人才,打通社会组织人力资源的职称、职业晋升通道,落实社会组织人才待遇等保障措施,解决人才长远发展的后顾之忧;建立和扩大志愿者队伍,促进社会组织人才体制的不断完善;支持社会组织杰出代表通过正常程序参与党代会、人代会以及政协相关工作,以提高社会组织的政治地位和社会地位。

三 加强社会组织规范建设与监督管理

建立健全社会组织的法人治理结构,完善社会组织负责人、社会组织运行管理等制度,规范会员大会、理事会、监事会的运作,健全财务、捐赠资产、人事等管理制度,强化社会组织的社会责任,推动社会组织普遍建立规范运作、诚信守法、公平竞争、信息公开、奖励惩戒、自律保障等多项机制,主动公布服务程序或业务规程、服务项目和收费标准,提供优质服务,自觉接受社会监督,提高社会组织自律能力和社会公信力。[①] 明确社会组织权力的内容和边界,社会组织拥有活动自主权、自我调节和政治参与权、财产独立权、公平竞争和诉讼援助权,以及民主决策权等;要明确社会组织义务内容,并确保社会组织依法运营。

规范社会组织的经营性活动,完善社会组织的组织框架,不断加强社会组织信息披露制度建设,使社会组织财务信息更加阳光、透明。社会组织的重大活动情况、资产财务状况、接受与使用社会捐赠和政府资助情况、资金的使用效果等应通过公开的形式进行说明,接受广泛的监督。社会组织必须遵循"统一登记、履行职能、协调合作、对各级负责、依法监督"的原则,以形成监管合力,建立社会组织和从业人员诚信信息库,并将诚

---

① 李宜春:《宁波社会治理创新研究》,浙江大学出版社,2017,第99页。

信情况纳入考核体系中。完善业务监督、财务监督和市场行为监督系统，形成在社会组织监督管理之下的友好协作局面。在法律法规的基础上对社会组织进行监督管理，以促使其服务规范化、行为合法化。另外，加强对社会组织网络行为的管理也是监管的重要环节，特别是与国际贸易相关联的社会组织，以及与国家机密行业相关联的社会组织，要加强这两种行业中社会组织的监督，促使其行为符合行业规范和国家法律。建立健全社会组织退出机制，对于违法违规的社会组织要依照法律法规及时予以处理，并由民政部门予以撤销登记。

我国社会组织的发展总体上处于初级阶段，目前仍然处于数量扩张时期，与国家高质量发展、社会治理现代化的目标还有很大的差距。政府需要通过组织建设、政策引领、资金保障、人才支持、宣传报道等方式，为社会组织发展创造良好的社会环境，同时通过党的建设、依法治理、监督管理，使社会组织始终在健康的轨道上发展。

第五节　激发公众治理的主体性

公众是构建基层社会治理共同体的最大存量，盘活存量是激发基层社会治理活力的重要基础，是基层社会治理实现增量和质量同步发展的前提。创新来自基层、源于广大民众，我国的社会发展始终体现了人民的首创精神。人民群众的智慧和能量是无限的，从革命、建设、改革开放到新时代，党始终坚持群众路线，发动和动员群众，聚集群众智慧和力量，取得了各个领域建设的丰硕成就。公众的特殊性在于其既是社会治理的主体，也是社会治理的客体，建立共建共治共享的社会治理共同体，需要激发公众在基层治理中的主体性作用，激发公众参与基层社会治理的主动性、积极性，发挥其主观能动性，实现主客体的高度统一。

随着公民参与基层社会治理的体系不断完善，参与行业领域的范围不断扩大，参与方式的不断多样化，公民参与基层社会治理已经形成了整体性的框架机制，如公民通过村（居）民委员会实现自我管理、自我服务、自我教育、自我监督，充分行使民主权利，实现群众自治；在公民参与社会治理的内容方面，包括公民信访机制、公共信息公开机制、社会福利及救助机制等；公民参与基层社会治理的行业和领域不断拓展，公民可以参与对社会、经济、文化的管理事务,包括法律法规的制定、执法行为监督、公共志愿服务、行政单位的考核评估以及生态环境、城乡建设的具体规划建议,医疗和教育的志愿服务等;在参与基层社会治理形式方面,公民可以通过听证会、行业协会、研讨会等直接或间接参与基层社会治理,也可以通过各级人大代表来表达自己的诉求。新时代基层社会治理要更好发挥民众作用,还需要在以下方面进一步提升公众参与治理的意识和能力。

一 培养公民意识

我国是人民民主专政的社会主义国家,人民当家作主是社会主义民主政治的本质和核心,宪法保障了人民的社会参与权利。社会是一个庞大复杂的系统,个体是构成社会的基础,个体价值的实现离不开社会,只有在社会中,个体价值才能得到彰显。按照马斯洛需求理论,随着物质生活水平的提高,人的精神、心理需要不断增加,人们渴望实现自身价值。同时,自身价值就是社会价值,这是人的社会属性所决定的,只有参与社会,才能体现个体的存在感和价值感。人民日益增长的美好生活需要必然包含了个人社会价值的实现,要求在精神层面实现个人更高层次的发展。人的社会价值,不仅在工作岗位上体现,也表现为个人对生活的社区所作的贡献,这一点西方社会已经进行了很好的探索和实践,公民参与社区治理,做社会志愿者,已经成为生活习惯。随着我国社会主义现代化事业的不断推进,民众受教育程度不断提升,其民主意识、参与意识也在不断增强,引导民众在基层社会治理中发挥主体作用,需要培养公民参与基层社会治理的意识和能力。

公民意识是公民个人对自己在国家中地位的自我认知,是社会意识的一种存在形式,是在现代法治下形成的民众意识,是人们对"公民"作为国家政治、经济、社会、法律等活动主体的一种心理认同与理性自觉。公民意识是参与意识、责任意识、规则意识、监督意识的统一,它与新时代基层社会治理对民众参与的内在需求是相统一的。教育是培养公民意识的主要途径,并且教育要从小开始。应将公民意识培养纳入国民教育体系,以通识教育的方式形成长期一贯的教育体系。目前,公民意识教育在学校教育中呈现碎片化,尚不具有体系性、稳定性,因此,也难以形成好的教育效果。可以将公民意识教育嵌入大中小学思想政治理论课教育体系之中,形成一体化教育的稳定形式。实践教育是养成良好公民习惯、培养公民意识的有效方式。国家要求加强劳动教育，各地都在落实劳动教育的要求，组织学生体验生产、生活劳动，可以将公民意识培养纳入劳动教育之中，丰富劳动教育的内涵。组织学生参加社区志愿者活动，在活动中增强其参与意识、责任意识、规则意识和监督意识。通过为他人提供帮助，为社会提供服务，学生获得了精神的愉悦，提升了合作能力和集体主义精神，同时也加强了人与人之间的情感交流，在实践中实现了自我社会价值的提升。将公民意识教育融入劳动教育的好处是，公民意识教育的实践有了可靠的形式和载体，具有长期稳定性和保障性，既丰富了劳动教育的精神内涵，也使公民意识教育效果得到有效提升。对于社会公众而言，除了各种媒介的广泛宣传教育外，建立社区公共服务、志愿者活动激励制度，完善个人诚信制度建设，也能够有效调动公众的参与热情，如参与社区活动可以获得积分，累计的积分可以兑换社区相应服务和福利；一般交通违规行为可以根据违规者参加志愿者服务活动的时间累计换取相应处罚的免除；将参加各类社会服务活动纳入个人征信体系，个人征信又关系到贷款额度、贷款利息以及各种荣誉的获得，从利益角度激发公众参与社区治理的积极性。社区可以通过举行各种社会服务的技能培训、应对危机的实战演练，提升公众社会参与能力。社区可以通过组织文化活动、娱乐活动、体育活动等形式，使公众各显其能、人尽其才，融入社区生活中，增强归属感、加强人际沟通，融洽邻里关系，提升参与意识和能力。各地基层社会治理的实践经验表明，社区搭台、群众唱戏，营造氛围、活跃气氛，对于凝聚人心、调动公众积极性、化解基层矛盾纠纷发挥了良好的作用，并在实践中取得了较好的效果。

二 健全公众参与的法律保障

要明确公民参与的法律主体地位。进一步完善《中华人民共和国村民委员会组织法》和《中华人民共和国城市居民委员会组织法》，它们是农村和城市基层的自治法，它们通过法律使群众依法办理自己的事，进一步彰显社会主义民主的发展；进一步推动《社会组织法》的制定。近些年来，随着社会组织的快速发展，违反《社会团体登记管理条例》的现象也在不断增多，因而，需要新的法律来解决问题，规范社会组织的发展，为民众提供参与的平台。要通过建立健全法律体系，保障公民合法参与基层社会治理的权利。要通过完善法律机制，确保公民的知情权、表达权、监督权、参与权等，建设以公民实现社会权利为核心的基层社会治理体系。这有利于公民提升民主意识，通过民主参与维护自身的民主权利。

完善公民网络参与的法律规则与程序。随着社会的多元化以及基层治理问题的多样化、复杂化，需要调动公众参与基层社会治理。由于信息的不对称，公众参与权的实现受到了影响，所以需要建立健全畅通信息渠道。政府要按照阳光政府的原则，依照法律规定，及时发布相关信息，保障民众的知情权和监督权，这也是政府积极推进决策科学化、民主化，政务公开化的必然要求。要加快公民网络参与的相关立法，逐步丰富公民网络参与的新方式。要敢于让群众监督、鼓励群众监督，促进服务型政府转变，改进政府作风。随着网络信息化时代的到来，通过网络终端，每个人都成为信息的发布者，信息发布和言论表达的平台日益多样，应顺应时代和群众的需求，畅通表达渠道，使民众通过网络平台更加便捷有效地行使表达权和监督权。在不违反法律的前提下，民众通过网络平台对基层社会治理提出问题和建议，应该得到法律保护。

三　拓宽公众参与渠道

公众参与基层社会治理的途径，在互联网信息技术的支持下得到了有效拓展，出现了新型的参与方式。由网络媒体、网络论坛、网络平台以及手机 App 等构成的互联网产品，为公民参与基层社会治理提供了多种多样的开放平台，公众拥有了高度开放、高度互动的参与渠道。政府要充分利用现代信息技术，大力发展电子政务，为公众搭建参与基层社会治理的新平台，采用网络听证会、论证会、服务热线、网络问政等形式提升公众的参与度，尤其是要吸引青年人广泛参与。网络参与在空间和时间上更加灵活，降低了公众参与治理的难度，提升了治理效率，也使基层社会治理有了更加广泛的民意基础。

要加强各级政府网站建设，使政府网站成为社会公众了解政府事务和参与互动的平台，促进信息公开化、行政民主化。同时，要加强对网络平台的管理和监督。网络平台作为参与基层社会治理的渠道，由于其虚拟性和传播的快速性，在现实中也会出现言论失控、言论失德、散布谣言等违法违规行为，因此，政府必须创新网络空间管理机制，提高网络管理水平，加快互联网立法的进程，利用法律手段规范并有效地管理网络，增强网络空间的"自律"理念，促进网民加强自我约束，引导互联网参与平台健康、有序地发展。在支持公民线上参与基层社会治理、通过网络建言献策、通过媒体发声的同时，要加快完善和规范公民网上参与基层社会治理的制度和政策，规范网络舆论，促进公民健康交流，防止公民网络行为失范。对网络中的社会舆论、交流行为进行监督和规范，保证网络平台中传播的信息和舆论始终弘扬主旋律，传播正能量。

总之，体制建设是破解问题、实现基层社会治理创新发展的重要前提和基础，是构建新时代我国基层社会治理体系的重要内涵和基本要求。建立由党组织统一领导、政府依法履责、各类组织积极协同以及群众广泛参与，自治、法治和德治相结合的基层治理体制，体现了系统治理、协同治理、综合治理的治理思维，既是对社会治理体制建设总体要求的体现和落实，也是建设中国特色基层治理体系的基本保障。

第六章　加强基层社会治理的机制建设

机制是协调基层治理各个部分之间关系，更好地发挥治理主体作用，保证治理效能得以实现的具体运行方式。机制建设可以构建主体间的关联和约束，聚合治理能量，激发基层社会治理的运行动力，保障基层社会治理的高效运转。本章通过对基层治理的组织机制、队伍建设机制、监督机制和信息化机制等的分析，探索研究如何通过机制的系统联动激发基层社会活力、提升基层社会治理效率，以进一步体现党领导下的基层治理的制度优势。

第一节　建立网格化的组织体系

科层制是世界主流的管理结构，科层组织形式以规则为准绳，以追求社会稳定为目标，实行自上而下的决策管理模式。然而，社会的发展变化总会出现规则无法覆盖的领域，即规则的漏洞。这些漏洞又使科层决策者拥有了发挥权力的空间，导致权力日益集中化，管理体系更加官僚化，甚至形成了管理人员的官僚化人格。克服科层制的缺陷，除了需要完善规则，提升管理人员决策和执行的能力外，还需要通过多元治理、协同治理的组织结构来予以弥补。网格化治理是基于现代信息技术的治理组织形式，它通过信息驱动各方资源，形成基于问题的靶向治理，最终通过技术手段和组织资源的重构精准解决问题，实现精细化治理，使治理由虚到实。

一　服务型的网格治理转型

当前，人类已经进入信息化社会，我国信息化水平走在世界前列，并且正向智能化方向发展。信息化给人们的经济社会生活带来了巨大的变化。电子商务的飞速发展已经冲击了传统商业模式，电子支付手段已经改变了人们使用纸币交换的习惯，共享单车、共享电动车、共享汽车以及打车软件的出现，对传统出租车行业构成了挑战，自媒体、外卖、骑手等新兴业态的诞生也在改变人们的生产生活方式等。信息化发展促使网络化的生产生活结构形成，在给人们生活提供巨大便利的同时，也在改变着社会运行的结构形式。事实证明，基于互联网的信息化革命，降低了人们的生产生活成本，提升了供给效率，并且正在形成扁平式、网格型的互动结构。这种结构将人们的需求与供给紧密地结合在一起，形成了供给主体与需求主体的平等关系，人们平等交易、自主交易，体现了民主性特质。网格型结构在自主性、平等性、民主性上所体现的优势，对基层社会治理结构创新有诸多启示。在应对人们需求和社会变化方面，网格型结构与科层制结构相比，显示出了其巨大优势。面对治理现代化的要求，运用网格型结构进行社会治理是大势所趋。目前，各地都在推行网格化管理改革，以契合互联网的结构逻辑，构建基层社会治理网络。

基层社会治理网格化结构，主要是借助网格信息技术，运用人像识别技术、卫星定位系统、电子地图、远程卫星监控等现代化技术手段，把管理区域内的单位、人、社会组织等主体及其相关活动事务等多种因素纳入特定单元内的网格中进行系统化、规范化管理。将基层社会分割成若干个单元，每个单元是网络中一个网格，网格内有立体纵向的体系，所有网格构成横向网络，这是对基层社会进行精细化治理的一种组织方式，横向到边、纵向到底，将社会中所有的人、事、物纳入网格之中，实现无死角治理。由此可见，网格化治理结构能够将行政权力和压力向社会分散，提高社会抗风险能力，提升基层社会解决问题和矛盾的效率。从治理网格化的组织结构分析，最广泛的社会群体在基层，这是网格化治理的关键所在。因此，网格化治理的设计起点和落脚点必然是基层社会，进而向上联结到乡镇、县、市，形成纵向联动、系统管理、整体协调的创新型基层网格化治理模式。

即便在信息化等技术工具还不普及的时候，我国实际上就已经形成了"两级政府、三级管理、四级网络"的社会管理模式，将基层社会划分为若干单元，实行联防联治，在社会治安综合治理中取得了实际效果。但需要注意的是，传统的网格治理虽然通过信息整合、快速联动解决了问题，却并没有因此完全解决基层社会的矛盾和问题，维稳的单一功能使其仍然带有控制色彩，强化了上下等级关系。现代治理则突出多元协同治理，更强调治理主体之间的平等关系，形成政府与群众之间共商互信、良性互动的格局。服务型网格治理强调需求导向，同时建立基于需求的利益表达机制和问题解决机制，从而畅通自上而下、自下而上的沟通渠道，协调治理中的上下沟通问题，也进一步促进政府的服务转型。传统网格化管理因为不能有效回应群众对日益增长的公共服务需求，因而不能有效解决新时代基层治理的矛盾和问题。新时代基层治理的网格化管理需要进行功能转变，由控制型网格向服务型网格转变。

然而，信息化加持后的网格治理就能解决一切矛盾吗？显然不是。网格化治理作为一种基层治理的组织形式，关键是要实现功能的转变，从以往的管控为主转变为服务为主。服务型网格必须着眼于人民日益增长的美好生活需要，以保障人民生命财产安全、优化公共服务、实现社会治安为目标，实现这一目标的核心手段是基于平等、互信、协商的多元主体共治，以化解基层社会矛盾。基层社会矛盾的产生主要是基于不同的利益诉求，不能指望有一套包罗万象的制度能够兼顾各种类型的问题解决。因此，服务型网格治理要求将自上而下的决策执行机制转变为自下而上的机制，以需求为导向，将问题聚焦于网格区域内，通过协商、合作、共治，找到问题解决的方式，实现网格内的自组织、自协调、自治理。当前，需要从顶层设计角度出发，规范基层社会网格化管理体制和公共服务管理机制，通过出台指导意见、法律制度，保障网格治理的运行体制。在科学决策、规范执行、人员配置方面进行制度设计，保障多元治理主体参与问题解决的权利，以"人人参与、人人有责"原则进一步明晰责任，保证所达成的解决方案具有广泛的参与性、民主性和共识性。面对基层治理工作，服务型网格治理的重要特征是直接面对群众。这时，"法"并不能解决一切问题，需要既讲法又说理，还要动情。基层治理的经验告诉我们，往往动之以情、晓之以理，比直接运用法律逻辑解决问题更加有效。将情理法结合起来做工作，会得到群众更多的认同和认可，也有助于基层矛盾的解决。情理法的结合有助于发现问题，将治理工作前置。许多问题的产生根本上是利益分配不均、公共服务供给不足导致的，提供针对性的公共服务，让群众共同参与解决，可以将矛盾风险化解在萌芽阶段。

总之，基层网格治理要保证治理的公正性和权威性，就必须实现治理主体的平等参与、协商共治、责任共担、结果共识，实现服务型网格治理的转型。

二　优化网格治理职能

网格化治理实现了基层治理的常态化，因此，当前基层社会治理重心要由应激反应的被动模式转向风险预控的主动模式。应激式治理是出现了问题然后解决问题，治理主体扮演的是"灭火队员"的角色。基层问题复杂多样，"灭火队员"忙于应付，往往通过运动方式临时协调资源解决问题。风险预控治理则是要排查问题，对风险和问题提前预防控制，消除其演变为实际风险和问题的因素和隐患，并做好一旦失控的应对方案和事故演练准备，通常称之为源头治理，使基层治理常态化、规范化。网格化治理通过特定单元的划分，设定相对较少的区域人口，确保源头治理的有效性，实现精细化治理。将隐患消灭或者控制其发展方向和速度，争取时间和空间，逐步将其危害程度有效降低，以保障民生、维护社会秩序、化解社会风险，并通过提供社会公共服务的方式发挥主体职能，缓解政府压力、落实国家政策，同时保证依法依章办事。"风险预控""协调联动""服务民众"是当前基层社会网格化治理职能的主要内容。首先，风险预控要求做好基层的风险隐患排查、制定风险预案、加强风险防范等工作，根据治理范围的区位特征、民风民俗、人口特征等因素，将行政区域进行网格划分，采用精细化规范管理方式；"协调联动"是以政府与社会组织之间的协调合作、互动沟通为基础，通过信息沟通、资源共享的方式，构建基层社会治理的网格化管理结构；"服务民众"是将基层群众作为治理体系的服务主体，不断完善职能结构和服务模式，提高服务水平和能力。

治理的网格化为公共治理和社会自我管理提供了平台。每个网格都是治理的载体，网格不仅是区域的精细划分，更是表达、诉求、沟通、议事等体制机制的融合。要通过制度化设计与规范，将政府资源嵌入基层社会，将社会资源纳入参与体系之中，网格搭台、多元唱戏，实现多元协同共治。多元化的网格治理只有明晰主体责任和义务，规范治理机制，才能使基层社会健康运行。首先，要明确基层党委的定位和功能，通过网格化的治理机制发挥基层党委统筹管理、协调各方的领导作用，建立延伸至楼宇的党组织，组织群众、发动群众、凝聚人心，活跃基层氛围，加强人民群众与基层党委的联系和互动；其次，明确基层政府在网格治理结构中的权力与责任，乡镇、街道要发挥好主导作用，配齐网格治理人员，每个网格都应配备社区工作人员、警员、志愿者等，大力培育社会组织，调动网格内的物业、居住小区、驻区单位等参与治理的积极性，发挥好各自作用，增强其公共服务和综合协调的治理能力。通过综合部署、协调实施、监督引导的方式发挥好基层政府的主导作用，促进治理工作高效运转；最后，以共建共治共享为基层治理的基本原则，突出多元主体的协商合作，以实现社会自我治理。明确由基层党委掌舵、政府承担主体责任、社会组织协同、网格公民参与的综合治理结构，鼓励基层社会公益组织、志愿者、社区自治组织积极发挥协同作用。在充分调动基层社会多元主体共建共治共享主动性的同时，缓解基层政府治理压力，拓宽公共服务的供给渠道，形成基层社会网络化治理的创新局面。

三 增强基层网格间信息流通和协调处置能力

基于信息集合的治理，在其背后实际上形成了信息驱动组织、组织动用资源的逻辑体系，因而信息的流通十分关键。基层治理网格化是为了实现精细化服务与治理，并不是将基层分割为各自封闭的单元。网格之间不是竞争，而是信息共享、协同治理的关系。在信息化社会中，每个网格都是信息的储存器，都是信息共享的平台。因此，需要打通基层网格之间的信息传递和流通渠道，提升网格内治理多主体和多网格间的协调工作能力。首先，明确基层社会网格治理系统的功能和定位，依托现代信息技术实现基层社会网格间信息的畅通、快速、准确传递。以基层政府相关机构为统管部门，建立基层网格化信息收集、读取、管理等的枢纽平台，在横向上实现资源、信息、人员的整合，在纵向上实现各级、各地政府间的信息网络互联互通。其次，提高基层政府及相关社会组织的信息数据化运用水平，实现信息和资源的有效对接，提升协调处理社会事务的能力。将基层社会事务、事件进行信息化处理，并准确快速传递到信息共享平台，通过网络联动机制，联合公、检、法、民政等部门共同处理基层社会事件，协调政府、社会组织、社区居民等资源处理矛盾和问题。要通过信息综合分析，判定处理问题需要动用何种资源，有针对性地激活相应工作机制，动员相应治理主体，发挥其职能，实现对局部问题的协同综合治理，确保社会问题及矛盾的解决，构建信息网络化，治理方式多元化、协同化的格局。

增强基层网格间的信息流通和协调处置能力，需要建立健全基层网格的信息管理和使用规范。必须对网格内的各项事务信息化抱有严谨、负责的态度，对公共服务职能高度重视，确保信息采集的规范性、准确性、全面性、客观性等，以不断完善网格信息数据库体系建设。首先，在采集和使用网格信息时，要以法律法规为最高准则，避免因行为过失导致信息侵权。任何组织及个人不能侵犯他人的合法权益。其次，收集和处理网格信息必须遵守操作规范，保证事务、事件经信息化处理后依然保持客观真实，避免因信息处理不当造成误解。最后，以信息管理相关的法律法规、行业标准为基础，确保信息使用合法化，明确网格内信息主体责任，建立健全基层社会网格化信息监管和追责机制。以信息技术推动问题解决，需要建立考评、监督机制。信息技术的高明之处在于，所有信息的使用是留有痕迹的，这为监督考评提供了有效的数据支撑。

第二节　优化基层治理队伍配置

创新之道，唯在得人。基层治理能力的提升关键在人，基层治理人员队伍配置是否科学合理，是否具备专业素养，是基层治理能力提升与否的关键要素。党中央提出的治理专业化要求是治理人才队伍建设的目标。现代化的治理、多元化的组织结构，必然要求治理人员的多元化配置，以调动各方积极性参与基层社会治理工作。多元化体现了治理人员的多样化，多样化的人员组成隐含了治理队伍的广泛代表性，能够作为某一领域的代表参与治理，这就要求治理人员具备较高的专业化水平和参与治理的能力。

当前，我国基层社会治理队伍建设普遍存在的问题是数量不够、质量不高、配置单一。治理工作最终要落实到基层，导致基层治理事务形式繁杂、任务繁重，而基层治理队伍人员短缺、配置不全、专业性不强，难以应对日益增加的基层治理工作。基层治理工作强度高、压力大、待遇低，往往使基层治理人才严重流失，导致基层治理队伍不稳定，难以提供高效的基层治理和服务。新时代基层治理要形成多元主体参与、共建共治共享的良好局面，需要配齐建强基层治理队伍。

一　多元化治理人员配置

我国城乡社区治理队伍与社区人口基数和治理任务相比，仍然存在量上的差距，尤其是随着城市化进程的加快，城市社区人口不断增加，各项工作纷纷落到基层，使基层治理人员捉襟见肘。因此，要从基层社会治理和服务的实际需要出发，进行基层治理人员的多元化配置，着力在数量配齐的同时实现治理人员结构的优化。其中，基层党委和政府工作人员的配备十分关键，应通过配齐建强基层党委和政府人员，发挥治理领导和主体责任作用，进一步协调、激活社会组织、公民等治理主体力量参与基层治理。火车跑得快，全凭车头带，干部是基层治理人员配置的关键，做好基层工作，夯实党的执政根基，落实好基层治理，关键是要选配好基层治理的干部队伍。

基层是培养党的后备干部的重要实践基地，只有使干部经历了基层的锻炼与打磨，才能培养出合格的干部，这也是多年来党培养干部的基本经验，党的优秀干部是在基层锻炼中逐渐成长起来的。为使基层更好地发挥后备干部储备库作用，加强基层治理力量，一方面要将优秀干部下沉到基层，通过挂职锻炼等方式使之主动服务基层社会；另一方面要给工作在基层的干部提供广阔的舞台和良好的晋升前景。干部提拔、任用等要有基层工作的实际经历，规定基层服务年限，并进行业绩考核，尤其要向艰苦地区工作人员倾斜。当前，基层干部队伍存在老化现象，面对基层治理现代化要求，干部队伍迫切需要实现年轻化。在现实中，上级更愿意使用年轻有为的干部，年轻干部在基层部门工作不满一年就被抽调到上级部门的情况比比皆是。规定干部基层服务年限，能够使基层治理干部队伍更加稳定，更好发挥优秀年轻干部作用，也让年轻干部有更充分的锻炼机会，进一步增强年轻干部对基层事务的熟悉程度，增进其对人民群众的情感。基层历练是干部未来进行科学决策的重要根基，但基层经历不是走形式、走过场，基层工作需要有实绩。因此，要完善干部基层工作的业绩考核制度，基层工作直接面对人民群众，人民群众满意不满意是核心的评价标准。因此，评价体系的科学制定成为关键，多元化治理需要建立多元化的评价体系，将"唯上"的评价导向转变为上下结合的指标体系，使干部能够准确贯彻落实党中央精神，服务于广大基层社会。

评价导向直接关系到基层治理工作的方向和思路，发挥着重要的引导作用。尤其是将基层群众评价权重加大，作为干部业绩考核的核心指标，能够确保干部将工作重心放在基层，聚焦基层工作的重点难点，关注群众实际需求，为基层办实事、做好事。同时，科学合理的评价体系，也将使基层群众参与社会治理的渠道不断拓宽。围绕评价体系所形成的一系列干群沟通机制，必然增强基层治理的参与性和民主性。基层干部要了解群众所想，就必然要想方设法建立与群众有效沟通的机制。只有和群众充分沟通，才能找到真问题；只有解决了真问题，才能得到群众的支持和拥护，从而形成和谐的干群关系。这既解决了基层实际问题，又使干部获得了良好的考核业绩。因此，要做好基层干部的配置并构建科学的评价体系，使干部真正沉到基层、心在基层。

基层党委和政府要善于发挥社会组织、社区自治组织、社会居民、志愿者等治理主体的特长，发挥基层多样化的人才优势，合理配置社会治理资源，全面提高基层社会治理团队的治理能力和水平。社会组织在社会治理和公共服务方面，以人才优势和专业性见长，特别是面对治理人员专业化的现实需求，需要借助社会组织优势，吸纳具有专业性的社会组织人员参与基层社会治理工作。同时，鼓励和支持社会志愿者发挥重要作用，驻社区企事业单位人员、大学生等都是重要的培养对象，要通过动员、培育等方式，将他们充实到基层治理队伍中。通过拓宽参与渠道、积极宣传等方式，培育公民的参与意识和自治意识，吸纳有热情、有能力的群众到基层治理队伍中，不断完善基层治理队伍人员配置结构。

要通过干部这支主体力量，进一步盘活其他治理人员，完善人员配置结构。在多元治理中，党的领导作用和政府主体责任需要通过干部来体现和落实。通过科学制定沟通机制、评价体制，基层治理工作的问题导向更加清晰，在问题的收集和处理方案的制定中，治理人员配备的实际需求也进一步清晰化。群众所关心的住房、医疗、教育、养老、治安、社会救助、慈善事业、贫困帮扶等问题的解决，必然要求优化相关领域的人员配备，要通过问题导向驱动治理人员合理配置，以形成多元化的治理组织结构。如"老破旧"小区改造，需要干部协调企业和社会组织等力量的广泛参与；满足群众对医疗资源的需求，需要政府加强对社区医疗机构的投入和建设，如通过和上级及相关主管部门沟通协调，请专家定期到社区医疗机构坐诊，满足群众对优质医疗资源的需求；再如，通过动员、协调、引入社会组织参与社区养老服务，应对老龄化社会的实际需求；通过优质教育资源、师资力量的合理流动，缓解群众对教育资源不均衡的忧虑；充分发挥高校、科研院所等专业机构和共青团妇等群团组织在社会心理救助疏导中的作用等。从基层社会治理的现实需求出发，进一步形成和完善多元化的治理人员队伍配置。

二 提升治理队伍的专业化水平

社会分工越来越细，职业化、专业化要求必然越来越高。多元化的治理人员配置，要求加强治理人员队伍的专业化建设。当前，基层治理队伍不仅存在人员不足、老龄化现象，更突出的问题是治理人员的专业化水平不高。城乡社区工作人员很多为再就业人员、退休返聘人员、家庭妇女等社区普通群众，大多文化程度不高，社区管理知识和经验不足，整体素养和能力难以有效适应新时代社会治理的专业化要求。当前，要实现基层治理队伍专业化，一方面要盘活存量，提升现有治理队伍的职业素养，另一方面要做好增量，大力引进优秀人才充实基层，提高基层治理队伍的专业化水平。

现有治理队伍拥有一定的基层治理经验，要继续发挥好他们的优势，弥补短板、克服缺陷，需要对现有治理人员做好继续教育和职业培训工作。制定基层社区治理人员培训规划，从社区干部到工作人员，做到培训的全员覆盖。在进行理论学习的基础上，加强社区治理人员的技能和实践训练，提升治理的实操水平，避免治理人员在处理各项社会事务时，因本身业务不熟练和操作不规范而导致问题扩大、矛盾激化的情况，进一步提升治理的专业化水平。

加强城乡社区治理的人才引进，继续推进优秀干部下基层工作，支持企事业单位、高校、科研院所等专家通过挂职方式到基层工作，通过公开选聘专职党组织书记和大学生村官来充实城乡社区治理队伍。将社区工作者纳入本地人才发展规划，通过制定社区工作队伍的专项规划和社区工作者管理办法，多渠道遴选和引进优秀人才，促进社区工作人员结构优化和能力提升。鼓励社会工作者、社区专职工作人员以及大学生村官等基层治理工作人员参加当地社区的换届选举，以不断提升社区干部队伍的专业性和稳定性。建立健全社区工作人员的绩效考核和激励机制，促进社区人才的交流和合理流动。通过完善基层社会治理人员绩效考核与奖励制度，调动治理人员工作的积极性，在治理队伍中形成优胜劣汰的良性竞争局面，激发治理人员潜能，使之努力提高自身素质和治理水平。公务员和事业单位招录应向社区人员适度倾斜，提拔优秀社区党组织书记到乡镇街道担任领导职务，为基层治理人员提供广阔的职业前景和上升发展的渠道。加强治理专业化人才的培养，高等院校、职业院校应针对治理现实需求设置相关专业，精准培养、务求实效，为基层社会治理工作提供高质量人才储备。

三 做好基层治理队伍的资源保障工作

人员配备和资源保障是相辅相成的关系，缺一不可。国家和地方财政应加快改革步伐，出台相关规定，收入分配体制改革要向基层倾斜，尤其要改变基层治理人员工资待遇低的状况，不断完善基层社会治理队伍的薪酬制度。薪酬制度的完善是提高基层治理队伍整体质量的保障，提升工资待遇解决治理人员的后顾之忧，保证治理人员安心工作、扎根基层，有助于更好地稳定基层治理队伍。同时，薪酬制度的完善也是基层治理工作岗位吸引人才的前提。基层治理工作涉及领域多，需要各种专业人才的支撑，完善的薪酬制度为有效聚集优秀人才提供了保障。现实中，基层治理既要面对上级任务的延伸，又要做好面向群众的服务工作，事务繁杂、工作强度高、劳动量大、工作时长不确定。遇到突发事件时，工作人员更是要不分昼夜，没有休息日和节假日，承担着巨大的心理压力。然而，基层人员的待遇和实际付出并不匹配，导致基层人员流动性大，队伍不稳定，基层岗位对大学生、年轻人缺乏吸引力。因此，分配体制改革要充分体现按劳分配的基本原则，国家和地方财政要加大对基层社会建设的投入力度，切实提升基层治理人员的工资收入水平。要加快薪酬制度改革，因地制宜设置基层治理人员岗位津贴，将之纳入绩效工资管理，使基层治理工作岗位成为对人才有吸引力的职业选择。社区警务、社区医疗、社区养老机构等工作人员的收入待遇应有明显提升，使基层社会治理和服务人员有更多获得感、幸福感和价值感，以不断提升治理工作的职业认同感。

同时，要促进多元化的资金投入，以市场化运作方式，鼓励企事业单位、社会组织、个人以社区共建共治形式，采取入股投资、合作经营、兴办社区公共服务事业等模式，多方筹措基层治理资金，拓宽社区建设资金的来源渠道，建立社区建设经费的蓄水池，为社区建设提供资金保障和支持。鼓励社会投资主体，以居民生活服务需求为导向，发展社区经济合作组织、公益性社会组织及中介服务组织等，如以健康养老、纠纷调解、社区融入等为主要内容的社区社会组织，积极拓展社区服务市场，从而获得良好的经济和社会效益。这既能让社会资本找到投资渠道，不断增加就业岗位，也能为城乡社区提供优质的公共服务以满足群众需要。有了资金的投入，就可以保障基层治理工作的有效开展，缓解基层治理人员的工作压力。要通过社会各方力量的投入，进一步推动形成人人关注基层社会、人人投身基层社会建设，脚踏实地为群众办实事的良好社会氛围，提升基层治理工作的社会认同度。

第三节　形成保障执行力的监督体制

基层社会治理任务的完成、目标的达成，最终需要执行力予以保障。治理的宏观设计与具体实施，需要通过治理各主体提升执行能力来落实和推进。无论政府、社会组织还是公众，执行力的提升最终体现在个人落实岗位职责、完成岗位任务的能力上，个人执行力的提升是团队执行力得以提升的基础。执行力的提升，需要以道德素养、思想境界、合作精神、业务能力的提高为基本保障，更需要通过奖勤罚懒、明晰岗位职责、建立健全各项工作体制机制来确保实现。前面已进行了详细分析，这里需要进一步强调监督体制的建设。

一　加强政府监督

当前，党和国家通过多种形式的党建、思想政治教育和业务工作考核，不断推进全党全民思想建设工作，强化主流价值观引领，践行以人民为中心的理念，激发和提升全民投身现代化建设事业的信心、决心和能力，以执行力的提升推进现代化发展进程。执行力的提升需要自律与他律机制相结合。党以自我革命带动社会革命，可以理解为提升执行力的自律建设。自律是一种软性机制，其实现不仅需要道德的支撑，往往更需要通过他律进行约束和保障。因此，要完善他律机制即监督机制，在基层社会治理中形成政府监督社会（民众）、社会（民众）监督政府的监督机制，有利于发挥他律功能，提升执行力。

要通过立法形成严密、细致的监督程序，加大对权力的监督和制约，防止"有法不依、有制不循"的权力滥用。因此，必须用足用好监督制度，政府要及时启动和执行监督程序，依法公开执行监督信息，接受社会广泛监督。政府不公开监督信息、不按程序监督或监督不力，应该承担政治责任或行政、司法责任，即将政府的监督纳入诉讼（行政或刑事）的适用范围。规范行政主体和执法部门职责，以法律法规为基础，杜绝出现无效治理，即重复治理和真空治理。发挥好审计部门、监察部门、法制部门等行政系统内部的监督作用，加强行政层级监督，进一步完善上级政府对所属部门及下级政府的行政监督机制，重点监督所属部门和下级政府的行政执法行为，对违规行为及时纠正并督导其改正。在基层治理中，政府除了要加强对行政系统的自身监督外，另一个监督重点是各类组织。个人总是被纳入某一组织进行管理，因此，政府监督社会的功能主要体现为对各类组织的监督，包括监督群众自治组织落实相关组织法的情况，对其违法违规行为及时纠正并处理，保证群众自治组织依法依规健康运行。当前，基层社会治理需要鼓励和支持社会组织发展，充分发挥社会组织在服务城乡社区建设中的作用，政府在为社会组织"松绑"并做好服务的基础上，为避免社会组织出现"一放就乱"的无序发展乱象，应通过制度建设引导和监督社会组织规范运行。要通过加强纪检监察、税务、司法和审计等相关部门的合作，建立一支联合监督执法队伍，确保社会组织能够依法依规开展工作，实现健康有序发展，努力提高其社会责任意识，提升服务品质。

二　加强社会监督

制约和监督权力，民主和法治是不可或缺的主要手段。要发挥民主的制约和监督作用，需要切实保障广大人民的民主权利，要通过保障人民的选举权、知情权、参与权和监督权，使人民充分行使权利。要发挥法治的约束和监督作用，实现权力监督的制度化和规范化，确保权力合理运行、依法行使。当前，我国已经建立了较为完善的行政监督体系，包括：人民代表大会及其常务委员会的监督、人民政协的民主监督、新闻舆论和社会公众的监督、群众通过法定渠道（主要指行政复议、行政诉讼等）的监督、司法机关的监督、政府系统内部的监督等。多种形式的监督体系建设是实现人民当家作主权利的制度保障。应鼓励支持新闻媒体、社会公众在监督中发挥积极作用,既要监督政府也要监督社会,进一步完善社会监督政府的渠道和机制,尽快建立健全针对社会组织的监督制度。社会组织作为基层治理的新生力量,在鼓励其快速发展的同时,应通过监督体制建设确保社会组织健康发展。民政部门应尽快制定并实施针对各类社会组织的信息公开办法,建立完善社会组织的年度报告制度,加强公开内容、运行机制和方式的规范管理,提高社会组织运行管理的透明度。应引入第三方评估机制和监督机制,以评估监督信息公开、程序公平、结果公正为导向,形成对社会组织的多方监督。建立社会组织退出机制,完善对社会组织违法违规行为的投诉、举报受理渠道。违法违规行为一旦查实,不仅要对相关社会组织进行惩罚,对严重违法者要及时启动退出程序,同时要对举报投诉者进行奖励,鼓励社会力量积极参与监督。

要通过建立健全监督机制,使社会力量在公开、透明、健康的环境下成长发育。要通过将权力置于阳光下,将权力关在制度的笼子里,进一步明确权力的运行空间,明晰权力的边界和责任义务,让政府集中精力做好分内的事情,从他律约束的角度提升政府自律性,进一步提升政府的执行力。新时代基层治理创新需要用好监督制度、用足监督制度,通过教育宣传、简化参与程序、拓展参与渠道、丰富参与形式,使社会更好发挥监督作用,让各治理主体各就其位、各尽其责,形成多元协同治理的局面,将制度优势转化为治理效能。

第四节　加强基层治理的信息化机制建设

马克思指出:"蒸汽、电力和自动纺机甚至是比巴尔贝斯、拉斯拜尔和布朗基诸位公民更危险万分的革命家。"[①] 以互联网为代表的现代科技就是推动人类历史进步的革命家。科技作为第一生产力,就是要全面渗透并融入生产力的诸要素,作为基本动力推动人类社会进步。互联网等现代化治理工具是新时代我国基层社会治理实现创新发展的关键增量。将现代化的

---

① 《马克思恩格斯选集》第 1 卷,人民出版社,1995,第 774 页。

治理工具作为实现基层治理的重要手段和保障，是基层治理现代化的必然趋势。前述虽然多次提及互联网工具在具体治理中的应用，但鉴于其在现代治理中的重要价值，仍然需要专节分析论述。

一 互联网助推基层治理创新

无论是新媒体、云计算、大数据、人工智能等新工具，还是数字经济、数字社会、智慧城市、智慧乡村等新方案，都以现代互联网信息技术为基础，创造了人类社会发展的新样态。随着互联网向现实社会的拓展和渗透，社会结构正依据互联网的内在逻辑发生日益剧烈的变化，治理主体的关系正在改变，民众的表达权、参与权有了更多样化的实现方式，而网络虚拟社会所产生的问题也给社会治理带来了新的挑战。互联网的内在逻辑塑造了现代治理的价值观，我国需要用扬弃的方式运用好现代化治理工具，服务基层社会治理创新。

经历了以计算机联网为特征的互联网发展的原始阶段后，互联网与媒体的融合形成了移动互联网，在此基础上，用户端与商品端的结合形成了物联网。随着5G技术的成熟、人工智能的发展，物联网正在快速发展。诸如网络购物、网约车、共享车、在线教育、在线医疗等公共服务的不断升级，为民生改善和基层社会治理提供了有力的保障。互联网以快捷、公平、共享等特点迅速融入人们的生产生活中，伴随着互联网成长起来的一代人被称为数字土著，他们对信息技术格外敏感。互联网不仅嵌入了人们的生活，也在不断重塑人们的思维方式。

(一) "平等"价值观的强化

互联网作为社会治理的基础性工具，推动了传统治理方式的革命性变革。互联网为民众广泛参与治理的决策和过程提供了便捷的技术平台，为民众获取信息、打破信息壁垒、实现信息公开透明提供了有效渠道。互联网扁平化的组织运行结构，对传统科层制治理造成了冲击，必然重塑基层社会治理的结构形态。互联网的网络状结构决定了它没有绝对的中心节点，打破了传统层级结构。虽然互联网中不同节点的力量并不均衡，在结构中有不同的权重，但任何一个节点都无法成为绝对的权威，从而彼此之间构成了合作关系。因此，互联网信息技术结构决定了其内在的精神价值，即分布式的广泛平等关系，平等是构成互联网的重要基本原则。根据摩尔定律等理论，互联网的三大基础要件（带宽、存储、服务器）都将无限趋近于免费。在互联网生态中，商品、信息及其传播的垄断将更加困难，这凸显了平等的价值理念。我国基层社会治理强调多元主体协同治理的组织和运行结构，也契合了互联网技术基础所体现的平等价值，强调了多元主体间的平等关系。平等是社会主义核心价值观的重要内容，互联网结构吻合了社会主义核心价值观中有关平等的内在逻辑，进一步确认了平等价值观是现代治理发展的内在要求。

（二）"民主"价值观的彰显

互联网的去中心化，使治理凸显了主体的平等性，在平等的基础上参与治理则进一步强调了治理的民主性。如今，信息网络已经成为政府决策和基层实现民主的技术助推器，使我国民主政治的实现形式日益多样。在畅通民意、表达诉求、完善决策、舆论监督及参政议政中，网络渠道所发挥的作用日益显著。互联网在政府与民众的交流互动中，发挥了不可替代的作用，加强了干群沟通，密切了干群关系，这成为信息时代推进我国社会主义民主政治发展的重要基础。截至2023年12月，我国网民规模达10.92亿人[①]，网络日益成为聚集百姓意见、开展民主互动的有效渠道。互联网时代的一道考题是，如何在政府与网民之间构建一个健康、有效的良性互动机制。客观分析，在许多情况下，网民的意见和批评并非出于恶意，而是出于反映诉求和问题的目的，想要通过网络渠道引起政府相关部门的关注，改进政府工作方式，进而推动问题的解决。从政府角度看，除了通过日常工作与群众接触、认识和了解基层之外，在信息化时代、网络普及的形势下，公众的表达渠道已经发生了新变化，政府要善于利用而不是排斥网络，要通过拓宽网络言路、广纳民智民意，汲取群众智慧，不断创新民主互动的新方式。在2016年网络安全和信息化工作座谈会上，习近平总书记指出："各级党政机关和领导干部要学会通过网络走群众路线。"[②] 尤其是基层政

[①]《我国网民规模达10.92亿人》，中国政府网，https://www.gov.cn/yaowen/liebiao/202403/content_6940952.htm。

[②]《习近平著作选读》第1卷，人民出版社，2023，第472页。

府，需要认真地研究、分析和吸取网络中出于善意的批评、意见和建议，尊重网民的表达权，对网络民意多一些包容、理解和耐心，并及时回应质疑、解决合理诉求，通过与网民的沟通互动，不断提高基层治理能力和政府公信力。我国基层社会治理着力推动城乡社会实现自治，社区自治和村民自治都强调居民在治理中发挥主体性作用，实现自我管理、自我服务、自我提升，在广泛参与治理中实现人民当家作主的权利，体现和发挥社会主义民主政治的优越性。以互联网为基础手段的治理方式是不可逆的，面对网络的民主性内在逻辑，不能躲藏、不能无视，这是社会发展的必然趋势。只有顺应潮流、探寻规律，大力发展基层民主，加快政府自身改革，才能契合互联网时代的治理要求，从而创新和推动我国基层社会治理发展。

（三）"开放"价值观的体现

在网状社会中，政府与个体（包括各类组织、居民个体）以及个体之间的价值，往往是由连接点的广度和深度决定的。彼此之间连接得越广、越深，价值就越突出，意义就越深远。这是信息社会的一项基本特征。在信息化的社会中，孤立的政府或者个体不仅没有价值，更不可能存在，人的本质是生产关系的总和，社会越成熟，个体之间的关系就越紧密，最终将形成命运共同体。网络时代加载于个体的信息量和生产关系决定了其在社会网络中的价值和作用。因此，开放成了生存的必需手段，不开放就无法获得在社会网络中的更多连接，也就无法实现自身价值和社会价值。现代治理强调治理主体的多元化，这对传统社会治理中政府的角色定位和功能构成了改革的压力。我国社会治理转型的关键在政府，政府如何看待权力的变迁和重置，如何处理好职能的转换，如何规范权力的使用，决定了基层社会治理主体多元化是否能够实质推进。基于互联网技术的基层社会治理，必然要求形成开放的治理体系，允许并鼓励社会组织和公民广泛参与到基层社会治理中，不仅要形成多元主体的格局，还要形成充分竞争的局面。竞争是市场经济最基本的运行机制，虽然社会不是市场，但是主体之间的竞争、主体内部的竞争，尤其是社会组织之间的竞争，有利于更优质的公共服务产品供给。因此，对社会组织、民众等参与基层社会治理要持有开放的心态，降低参与门槛、广开参与渠道、保障参与权利，通过赋权实现赋能。当然，开放性也包含着对以互联网为基础的治理新工具的使用。拒绝和排斥现代化工具运用的现象在我国基层社会依然存在，究其原因主要是运用现代化工具能力不足。这既不符合对治理主体能力建设的要求，也不符合新时代基层治理现代化的发展目标。只有打造基层治理的开放体系，才能提升基层治理服务水平和治理能力，这是互联网开放性特质对基层社会治理创新的内在要求。

二 加快数字化发展进程

随着互联网技术的快速发展及其在基层社会治理中的广泛应用，虚拟社会和现实社会相结合，形成了彼此相辅相成、相互作用的融合关系。人工智能（AI）技术的快速发展正在推动实体机器人在多种场景的应用，如清华大学人工智能虚拟学生"华智冰"在清华大学校园中漫步的视频，引发了诸多网友关注，其逼真的面部五官、体态形象，都让大众不禁感叹现代科技之神奇。科技让两个社会日益融合，这正成为未来社会发展的趋势。我国基层社会治理也必须顺应科技发展的潮流，紧紧抓住科技发展带来的机遇，实现基层社会治理的创新发展。

着眼"十四五"规划和未来科技发展趋势，国务院印发《"十四五"数字经济发展规划》，明确加快数字化发展的战略[①]，并作出了系统性的战略部署。互联网正在对传统业态进行改造，催生了数字经济，而数字经济的迅速发展正在塑造一个全新的数字政府和数字社会。数字经济、数字政府和数字社会成为我国实现全面数字化发展的重要组成部分，也是我国基层社会治理在信息化时代实现创新发展的重要内容。

（一）加快数字化社会发展，拓展数字化公共服务

互联网模式下的社会公共服务正在改变传统服务方式，逐渐实现由线下向线上的转变，其快捷、方便、智能化、个性化的特点，迅速得到民众和社会的认可。如线上问诊、线上课程等，已根据消费者的需求实现了私人定制服务。通过运用以互联网技术为基础的数字产品来解决社会公共问题的，需要治理主体和科技人员联合起来，以实际应用和提升治理效能为

---

① 《国务院关于印发"十四五"数字经济发展规划的通知》，中国政府网，https://www.gov.cn/zhengce/content/2022-01/12/content_5667817.htm。

导向，深度开发各类便民的应用平台。目前，许多软件和平台是形式化建设的产物，使用率不高、民众体验效果不佳，或者存在重复建设的问题，或者存在平台之间无法互联互认的问题，不但没有提高效率，反而增加了使用成本。新时代基层治理工作需要整合平台资源、开发新功能、优化布局，提升数字化建设水平。尤其是要加快发展数字教育、数字医疗、数字社保、数字就业、数字住房等，打通跨区域联网，实现优质资源共享，使数字社会建设真正惠及广大群众。新时代的城市治理，需要用信息技术塑造全新的智慧城市，以"城市大脑"为依托，构建新型智能化的治理体系，将数字技术嵌入城市规划、建设、治理和服务的各个领域，这不仅是技术改造和加持，关键是实现技术与城市治理的有效融合。要借助信息技术，以智慧物流、智慧交通、智慧安防、智慧校园、智慧社区建设等为抓手，提高城市治理的科学化、精细化、精准化、智能化水平。实现数字化乡村改造，要加强数字乡村建设，在农村地区加大互联网基础设施建设和升级改造力度，实现光纤网、宽带网在农村地区的有效覆盖，打造宽带乡村。加快农村地区治理服务的数字化进程，针对"三农"信息化发展，构建普惠型的服务机制，加大对农民生产、生活数字化服务的资源供给。通过数字化社会发展弥合城乡发展差距，提高全民、全社会数字化发展能力，将数字素养教育纳入我国教育培训体系，促进数字教育和数字技能普及发展，提升全民数字化、信息化水平，在全社会积极营造并形成发展数字事业的良好文化氛围。

（二）加强数字政府建设，全面提升政府治理效能

加快数字政府建设为破解"统放"矛盾、实现政府职能转变，提供了创新思路和重要机遇。数字化政府建设需要将政府事务纳入全国一体化的政务信息平台，以强化政务信息系统的集约集成。平台建设至关重要，是构建数字政府的重要技术基础。建立数据共享平台、政务服务平台和协同办公平台，是平台建设的基本要求和内容。要形成从基层到国家，覆盖全域乃至全国的数字平台，充分实现信息共享，统一数据接入、使用标准，以网络通、系统通、业务通、数据通为目标，实现信息融合。不仅要实现互联，关键是实现互认，而不是形成各自为政的"信息孤岛"。在此基础上，清除跨层级、跨地域、跨系统、跨部门和跨业务协同治理的弊端和障

碍，实现政府的数字化管理和服务。数字政府的平台越大、应用越广泛，其正面带动效应越显著。任何政府治理瑕疵都会在平台上暴露无遗，因此，这也成为推动并改进政府治理的有效动力。要通过区域间优质服务的示范效应，推动政府治理不断变革，以实现政务流程的全面优化和系统再造。从而，将政府管理服务纳入标准化、规范化、透明化的建设轨道，使政务能够做到同步分发、并联审批、协同办理，提升行政效率。数字化政府建设是基于信息技术的网络化再造，有利于克服"科层制"弊端，实现扁平化管理，提升治理协同中的高效化、精准化能力，实现政府治理的全面网络化、高度信息化和服务一体化，塑造并实现现代政府治理的新形态。数字化政府建设，以提升政务服务水平为最终目标，需要政府主动运用数字技术和互联网思维不断改进政务服务的模式，在数字化情境下拓展政务服务功能，打破各种信息壁垒，推动涉及民生公共服务的事项实现"一网通办""一网打尽"，对公共服务事项做到"一站式"办理和"不见面"审批，让群众少跑腿，让数据勤跑腿，更好地解决企业和群众办事难、办事缓、办事繁的问题，提升政府服务品质。总之，用数字政府塑造现代政府，以现代政府推动治理的现代化，是数字政府建设的重要价值和意义。

三 加强新型基础设施建设

中央明确要求，要加大公共卫生、应急物资保障、民生服务领域的投入，加快5G网络、数据中心等新型基础设施建设。新型基础设施建设是指以人工智能技术为主要代表的事关人类社会第四次工业革命的基础设施建设，新型基础设施建设将为生产生活、社会治理和公共服务的创新发展提供基础保障。新型基础设施建设需要以新一代信息网络技术的研发为基础，拓展5G技术在各个领域的全面应用，通过云计算、大数据和人工智能等新技术的创新和使用，激发经济、社会新的消费需求和生产需求，促进产业转型发展、升级换代，提升社会服务和社会治理水平，加速实现社会与经济的同步转型发展。基层社会治理要抓住新"基"遇，发力新基建，迸发出社会发展的新动能。当前，大数据、云服务得到广泛使用，数据排查、云办公、线上会议、线上教学、线上购物、远程办事、远程问诊、智能制造等形式，不仅检验了新型基础设施的治理效果，也有力地保障了各项工作的有序开展。新型基础设施建设不仅将自身定位于发展信息端、科技端的基础设施,也包括对传统产业的新投资、再改造,尤其是针对民生发展短板、乡村地区基础设施的升级改造,包括5G、宽带、城际高速铁路、轨道交通、大数据中心、人工智能、工业互联网、智能制造、乡村基础设施等内容。[①] 当前,我国新型基础设施建设需要重点解决社会建设、民生服务、基层社会治理等"短板"问题。经济建设和社会建设相辅相成,经济建设驱动社会变革,是我国社会建设和治理创新的基本逻辑。新型基础设施建设是经济建设的一部分,解决的是基层稳定和社会长远发展的问题。新型基础设施建设尤其要弥补农村地区基础设施和公共服务的不足,如交通基础设施、生产灌溉设施、住房安全、文化教育、医疗卫生、宽带网络等方面。新型基础设施建设既担负巩固拓展脱贫攻坚成果的重任,还要服务于乡村振兴战略,为实现新时代城乡统筹发展、协同治理夯实基础。总之,要通过推进5G网络等新型基础设施建设、实施人才强国战略,打造我国"天上有云、地下有格,中间有网"的体系,构建万物互联的数字治理新格局。

加强新型基础设施建设必须整合数据资源,需要通过"互联网+基层治理"的塑造,丰富和完善乡镇、街道、村、社区的地理信息等基础数据,建设并形成全国性基层治理的资源数据库,并根据治理的实际需要依法向基层社会开放使用,以实现基层数据资源的整合与共享。对于村、社区数据,需要统筹管理、综合采集,实现一次采集、多方利用,以进一步完善乡镇、街道与部门之间数据资源的共享交换机制,提升政务信息系统数据资源的使用效率。

四 加强网络空间治理

中共中央印发的《法治社会建设实施纲要(2020~2025年)》明确对依法治理网络空间提出了要求。网络空间不能脱离法律调整范围,网络社会不是法外之地。随着基层社会治理从现实社会向网络社会延伸和扩展,网络空间日益成为治理的新阵地,建立健全网络空间的综合治理体系,成为新时代基层社会治理的新要求。将依法治理延伸至网络空间,必然要求依法管网、依法办网、依法上网,实现网络空间治理的法治化,通过法治

---

① 李先军:《以"新基建"助推经济高质量发展》,《经济日报》2020年6月16日。

保障，建设清朗、文明的网络社会。

（一）健全网络法律制度

信息化时代造就了网络社会，如何将现有法律法规延伸至网络空间，加强网络社会治理，是一项亟待解决的课题。要通过"立、改、废、释"并举的方式，为网络社会立法立规、建章立制，使网络社会有法可依、有章可循，形成网络空间依法治理、以德治理的新局面。需要进一步完善针对网络信息服务、管理的法律法规，根据形势发展，动态修订关于互联网信息服务和管理的办法，应加快研究并制定对信息服务失信主体的管理办法，进一步形成严格的惩罚和约束机制，建立网络治理"黑名单"，及时清理不合格网络主体。针对日益兴起并快速发展的网络直播、直播带货、自媒体、粉丝圈、知识社区问答等新媒体业态，以及网络偷税漏税、言行失格、网络空间深度伪造等行为，应加快网络法律制定和完善，使之做到有法可依、依法规范、依法打击。规范新媒体的行业标准，从技术上加强算法推荐管理，加强监督监管，打击违法违规行为，促进网络空间健康发展。网络看似自由，门槛低、标准不统一，这给不法者、不法行为以可乘之机，危害网络安全。因此，需要加快网络安全法的配套制定，建立统一的网络管理和安全标准体系，以关键信息基础设施的安全保护、数据安全管理和网络安全审查为重点内容，制定完善网络安全管理制度。引导大数据、云计算和人工智能等新技术的开发研究，使之为提高人民生活水平服务，为社会治理服务，为国家社会主义现代化事业服务。注重新技术的伦理道德规范，以社会主义核心价值观塑造新技术发展的价值导向。加快研究制定网络空间个人信息保护的法律法规，保障个人正当合法的网络空间权益，加强对互联网技术、新商业模式、大数据等创新型成果的知识产权保护，应加快立法、加强执法，保护创新，打击侵犯知识产权的违法行为，促进和支持创新型技术的应用和发展。未成年人是网络时代的"土著人"，网络对未成年人有强烈的吸引力，对其价值观塑造和行为规范产生了很大影响，未成年人对数字信息、数字逻辑十分敏感，能够快速融入，但这也使未成年人容易受到网络负面影响的"毒害"。因此，未成年人上网、用网必须严格规范，尤其要加快修订预防未成年人犯罪法，制定未成年人网络空间保护条例，既要引导其合理用网，又要防止其沉迷网络，甚至出现网络违法行为。

（二）践行治理理念，保障公民安全用网

将依法治理、以德治理、以"人民为中心"的治理理念贯穿、渗透到网络社会，倡导依法治网、以德润网，网络治理应坚持为人民服务，满足人民美好生活需要。网络充斥着各种声音、多样思潮、不同的价值观等，需要辩证分析、正本清源，用主流意识形态塑造健康的网络价值观，弘扬时代主旋律、社会正能量，占领网络阵地，引导网络社会健康有序发展。内容建设是网络建设的主体，互联网内容建设应注重与现实社会的有效契合，网络是解决现实社会问题、提升公共服务水平、促进基层社会治理发展的重要工具和载体。要推动网络在促进现实社会发展中发挥应有的作用和价值，不能让人们沉迷于"虚拟社会"的幻想空间，脱离现实社会生活基础。因而，在内容建设中要以现实社会为基础，引导人们健康用网、合理用网、依法用网，在网络中践行社会主义核心价值观，培育健康的网络道德文化观念。

依法用网是为了安全用网，安全用网不仅是总体国家安全观的重要目标，也是基层社会治理的重要内容。要通过塑造网络安全观，依法防范网络安全的重大风险。实现网络安全，必须建立网络安全的责任体制，明晰网络管理主体和网信企业的网络安全责任。在一些突发重大事件中，网络在发挥积极作用的同时，也成为风险进一步扩大的助推器，因此，必须建立健全统一、高效的网络安全风险预警机制、研判处置机制、网络安全检查机制、网络风险的执法联动机制等。加强对网络空间中的通信秘密、商业机密以及个人隐私、名誉权、财产权等合法权益的保护。对收集、使用个人身份信息、家庭信息、通信内容等行为，必须进行法律约束和规范，对非法获取、泄露、出售、提供、使用公民个人信息的行为，必须依法追究责任，加大惩处力度。当前，我国社会中电信诈骗、网络诈骗、个人信息泄露等违法犯罪行为频发，危害了人们的生产生活，破坏了基层社会的正常秩序。因此，必须加强对网信企业落实主体责任的监督，督促其切实履行法律规定的安全管理责任。总之，要通过占领网络阵地，为网络"自由地"立规矩，防止互联网成为消解基层社会治理的空间，运用好互联网等现代治理工具，使其成为我国基层治理现代化的加速器、助推器，通过网络监督管理、网络空间治理，充分利用互联网提升公共服务水平和基层社会治理能力，实现智慧城市、数字乡村、智慧社区的高质量建设。

  作为本研究结论的重要组成部分，笔者通过调研访谈、问题分析、思路整理，将我国基层社会治理的机制建设内容概括为组织机制、队伍建设机制、监督机制、信息化机制等。由于认知和研究能力有限，笔者并不能穷尽治理机制的所有内容，定有疏漏之处。但对现有机制的概括分析，是建立在调研基础上的总结成果，其理论是否有效，需要实践检验，以证明治理机制和体制是否内恰与契合。笔者定会在与基层政府、群众等的合作交流中，进一步深入研究这一重要内容，通过运用研究成果推动基层组织建立、完善日常治理规章制度，进一步检验理论设想的实践效果和价值，从中发现疏漏和不足，以便及时弥补和充实，深化对基层社会治理机制的研究。

结　语

　　社会主要矛盾的转化构成新时代我国基层社会治理发展创新的根本动因。推动基层社会治理不仅是保障国家长治久安、社会和谐稳定、人民安居乐业、夯实党的执政根基的重要手段，也是我国实现社会主义现代化强国建设目标的基本要求。本研究在基础理论、历史实践和现实问题分析的基础上，以习近平总书记关于基层治理的重要论述为指导，对标基层社会治理目标、任务，阐明体制机制建设的内涵要求，进一步厘清新时代我国基层社会治理的发展思路，深化对我国基层社会治理的研究工作。

　　随着中国特色社会主义进入新时代，来自国内外各种"制约压制"的风险挑战，无时无刻不在考验着党的执政水平和国家治理能力。党的十八大以来，以习近平同志为核心的党中央创新社会治理思想，构建基层社会治理制度，对基层社会治理提出了新的目标和要求，坚持立足实践、科学有效、与时俱进的原则，形成了具有中国特色的基层社会治理总体格局。贯彻落实党中央决策部署，基层社会正将创新思想转化为治理实践，并通过实践不断检验并创新方式方法，通过自下而上的经验总结，推动基层社会治理理论与实践的有效互动，在互动中实现我国基层社会治理理论与实践的创新发展。

　　新时代我国基层社会治理研究是一个具有整体性、系统性、时代性的重大课题。国内学者对此主题的研究不曾懈怠，由于该主题具有前瞻性、实践性，目前研究仍然处于探索、完善和深化阶段。鉴于基层社会治理研究是一项需要长期坚持和不断深入的工作，需要学者们结合时代变化发展不断拓展和深化，从而将基层社会治理的理论和实践研究不断引向更深层次，可以预见，在今后很长一段时期内，随着我国社会主义现代化事业的深入推进，基层社会治理创新将始终是学术界关注和研究的热点。随着民族复兴大业的推进，中国式现代化道路不断拓展，人类文明新形态不断创新,人民美好生活需要在内涵与外延上不断提升,我国基层社会治理的理论和实践经验将不断丰富发展,国内外将更加关注中国基层治理思想智慧和实践方案,因此这一领域也必将拥有更为广阔的研究空间。笔者将会坚持在本领域深耕学习,不断提升自己的研究能力和水平,持续关注和研究我国基层社会治理,助推我国基层社会治理研究工作不断提升、走向深入。

参考文献

一　经典文献

《马克思恩格斯选集》第1~4卷，人民出版社，2012。
《马克思恩格斯全集》第19卷，人民出版社，1963。
《马克思恩格斯全集》第23卷，人民出版社，1972。
《马克思恩格斯全集》第40卷，人民出版社，1982。
《马克思恩格斯全集》第42卷，人民出版社，1979。
马克思、恩格斯：《资本论》第1~3卷，人民出版社，2018。
《列宁选集》第1~4卷，人民出版社，2012。
《毛泽东选集》第1~4卷，人民出版社，1991。
《邓小平文选》第1~2卷，人民出版社，1994。
《邓小平文选》第3卷，人民出版社，1993。
《江泽民文选》第1~3卷，人民出版社，2006。
《胡锦涛文选》第1~3卷，人民出版社，2016。
《习近平谈治国理政》，外文出版社，2014。
《习近平谈治国理政》第2卷，外文出版社，2017。
《习近平谈治国理政》第3卷，外文出版社，2020。
《习近平总书记系列重要讲话读本》，学习出版社、人民出版社，2014。
《党的十九大辅导报告读本》，人民出版社，2017。
《十六大以来重要文献选编》上卷，中央文献出版社，2005。
《十六大以来重要文献选编》中卷，中央文献出版社，2005。
《十六大以来重要文献选编》下卷，中央文献出版社，2008。
《十七大以来重要文献选编》上卷，中央文献出版社，2010。
《十七大以来重要文献选编》中卷，中央文献出版社，2011。

《十七大以来重要文献选编》下卷，中央文献出版社，2014。
《十八大以来重要文献选编》上卷，中央文献出版社，2014。
《十八大以来重要文献选编》中卷，中央文献出版社，2016。
《十八大以来重要文献选编》下卷，中央文献出版社，2018。
《十九大以来重要文献选编》上卷，中央文献出版社，2019。
《十九大以来重要文献选编》中卷，中央文献出版社，2021。
《习近平关于社会主义政治建设论述摘编》，中央文献出版社，2017。
《习近平关于社会主义社会建设论述摘编》，中央文献出版社，2017。
《习近平关于社会主义经济建设论述摘编》，中央文献出版社，2017。
《论全面坚持依法治国》，中央文献出版社，2020。
《习近平新时代中国特色社会主义思想学习纲要》，学习出版社，2019。
《习近平新时代中国特色社会主义思想学习问答》，学习出版社，2021。
《中共中央关于坚持和完善中国特色社会主义制度 推进国家治理体系和治理能力现代化若干重大问题的决定》，人民出版社，2019。
中共中央宣传部理论局：《世界社会主义五百年》，学习出版社，2014。

二　中文著作

国务院发展研究中心公管所：《社会治理的理论与实践探索》，中国发展出版社，2018。

《中国大百科全书·社会学卷》，中国大百科出版社，1991。

西安交通大学中国管理问题研究中心：《2012中国社会管理发展报告》，科学出版社，2012。

西安交通大学中国管理问题研究中心：《2013中国社会管理发展报告》，科学出版社，2013。

西安交通大学中国管理问题研究中心：《2014中国社会管理发展报告》，科学出版社，2014。

西安交通大学中国管理问题研究中心：《2015中国社会治理发展报告》，科学出版社，2015。

西安交通大学中国管理问题研究中心：《2016中国社会治理发展报告》，科学出版社，2016。

西安交通大学中国管理问题研究中心：《2017中国社会治理发展报告》，

科学出版社，2017。

西安交通大学中国管理问题研究中心：《2018中国社会治理发展报告》，科学出版社，2018。

西安交通大学中国管理问题研究中心：《2019中国社会治理发展报告》，科学出版社，2019。

毛寿龙、李梅、陈幽泓：《西方政府的治道变革》，中国人民大学出版社，1998。

俞可平：《治理与善治》，社会科学文献出版社，2000。

俞可平：《论国家治理现代化》，社会科学文献出版社，2014。

俞可平主编《中国如何治理——通向国家治理现代化的道路》，外文出版社，2018。

俞可平：《敬畏民意——中国的民主治理与政治改革》，中央编译出版社，2012。

童星：《中国社会治理》，中国人民大学出版社，2018。

童星、张海波：《中国转型期的社会风险及识别》，南京大学出版社，2007。

童星、张海波：《风险灾害危机研究》，社会科学文献出版社，2018。

燕继荣等：《中国治理：东方大国的复兴之道》，中国人民大学出版社，2017。

徐艳玲：《整合与发展：当代中国发展的新视角》，济南人民出版社，1998。

卢汉龙主编《社会建设与社会治理》，社会科学文献出版社，2006。

陈广胜：《走向善治——中国地方政府的模式创新》，浙江大学出版社，2007。

李宜春：《宁波社会治理创新研究》，浙江大学出版社，2017。

邓伟志主编《社会学辞典》，上海辞书出版社，2009。

魏英敏主编《新伦理学教程（第二版）》，北京大学出版社，2003。

杨光斌：《政治学导论》，中国人民大学出版社，2019。

庞金友：《政治学理论前沿十八讲》，中国社会科学出版社，2019。

唐士其：《西方政治思想史》，北京大学出版社，2016。

吕振羽：《中国政治思想史》，人民出版社，2008。

陈振明主编《公共管理学——一种不同于传统行政学的研究途径（第二版）》，中国人民大学出版社，2003。

杨雪冬等：《风险社会与秩序重建》，社会科学文献出版社，2006。

张康之：《合作的社会及其治理》，上海人民出版社，2014。

夏支平：《农村公共危机治理》，社会科学文献出版社，2015。

于建嵘：《抗争性政治：中国政治社会学基本问题》，人民出版社，2010。

唐钧：《社会管理概论》，中国人民大学出版社，2013。

陈振明等：《社会管理——理论、实践与案例》，中国人民大学出版社，2012。

黄晓勇等：《社会组织蓝皮书：中国社会组织报告（2020）》，社会科学文献出版社，2020。

黄晓勇等：《社会组织蓝皮书：中国社会组织报告（2021）》，社会科学文献出版社，2021。

赵敬丹：《社会组织参与基层社会治理研究》，社会科学文献出版社，2021。

桂华等：《社会组织参与农村基层治理研究》，华中科技大学出版社，2019。

孔卫拿：《社会组织党建研究》，安徽师范大学出版社，2018。

杨海燕：《社会组织与教育共治研究》，光明日报出版社，2021。

赵毅旭：《城市社区治理路径》，四川大学出版社，2010。

张静：《社会治理：组织、观念与方法》，商务印书馆，2019。

王琪、郑敬高：《社会治理体系现代化建设实践》，商务印书馆，2019。

明亮、王健、胡燕：《中国基层社会治理研究》，中国海洋大学出版社，2015。

冯江等：《现代社会治理体系的有效探索——人民调解"福田模式"研究》，中国社会科学出版社，2017。

中共陕西省委组织部编写《基层社会治理体系和治理能力现代化》，西北大学出版社，2010。

钟海：《"三治融合"基层社会治理创新研究》，中国社会科学出版社，2021。

孙柏瑛：《城市基层政府社会治理体制机制的现代转型》，中国社会科学出版社，2020。

王杰秀：《基层社会治理专题研究》，中国社会科学出版社，2021。

郭春甫、张丽梅：《基层社会治理创新实证研究》，吉林大学出版社，2020。

中共北京市委社会工作委员会组编《北京基层社会治理创新与实践》，中华书局，2021。

周定财：《基层治理中的协同困境与对策研究》，中国社会科学出版社，2021。

柯尊清：《当代中国城市基层社会治理研究——基于政府管理的分析》，科学出版社，2020。

李尊楼、王义德：《共建共治共享——基层社会治理创新之路》，安徽师范大学出版社，2020。

刘银喜、任梅、朱国伟：《流动公共服务——中国基层社会治理创新研究》，东北师范大学出版社，2020。

邹东升、陈思诗：《新时代党建引领基层社会治理》，中国民主法制出版社，2021。

尹华广：《"枫桥经验"与基层社会治理法治化》，中国人民公安大学出版社，2020。

钱正荣：《政策能力视域下的公共危机治理研究》，武汉大学出版社，2014。

胡永保：《中国农村基层互动治理研究》，东北师范大学出版社，2014。

李莉：《创新农村基层社会治理研究》，云南大学出版社，2017。

徐顽强等：《农村社区化与农村基层社会治理创新》，科学出版社，2019。

王丽：《全球风险社会下的公共危机治理：一种文化视域下的阐释》，社会科学文献出版社，2014。

孙立平、段磊：《断裂：20世纪90年代以来的中国社会》，社会科学文献出版社，2005。

三 译著

〔美〕萨拜因：《政治学说史》下卷，郑正来译，商务印书馆，1986。

〔美〕菲利普·李·拉尔夫等：《世界文明史》下卷，赵丰等译，商务印书馆，1998。

〔美〕詹姆斯·N.罗西瑙主编《没有政府的治理》，张胜军、刘小林等译，江西人民出版社，2001。

〔英〕戴维·奥斯本、特德·盖布勒：《改革政府——企业家精神如何改革着公共部门》，周敦仁等译，上海译文出版社，2016。

〔美〕B.盖伊·彼得斯：《政府未来的治理模式》，吴爱明、夏宏图译，中国人民大学出版社，2013。

〔美〕珍妮特·V.登哈特、罗伯特·B.登哈特：《新公共服务——服务，而不是掌舵》，丁煌译，中国人民大学出版社，2016。

〔德〕乌尔里希·贝克：《世界风险社会》，吴英姿、孙淑敏译，南京大学出版社，2004。

〔德〕乌尔里希·贝克：《风险社会》，何博闻译，译林出版社，2004。

〔德〕乌尔里希·贝克、约翰内斯·威尔姆斯：《自由与资本主义——与著名社会学家乌尔里希·贝克对话》，路国林译，浙江人民出版社，2001。

〔英〕安东尼·吉登斯：《失控的世界》，周红云译，江西人民出版社，2001。

〔英〕安东尼·吉登斯：《第三条道路及其批评》，孙相东译，中共中央党校出版社，2002。

〔美〕塞缪尔·P.亨廷顿：《变革社会中的政治秩序》，张岱云等译，上海译文出版社，1989。

〔英〕齐格蒙特·鲍曼：《后现代伦理学》，张成岗译，江苏人民出版社，2003。

〔美〕丁·里夫金、特德·霍华德：《熵：一种新的世界观》，吕明、袁舟译，上海译文出版社，1987。

〔德〕贝克、〔英〕吉登斯、〔英〕拉什：《自反性现代化》，赵文书译，商务印书馆，2001。

〔英〕芭芭拉·亚当、〔英〕乌尔里希·贝克、〔英〕约斯特·房·龙：《风险社会及其超越：社会理论的关键议题》，赵延东、马缨译，北京出版社，2005。

〔美〕埃莉诺·奥斯特罗姆、帕克斯、惠特克：《公共服务的制度构建》，毛寿龙译，上海三联书店，2000。

〔英〕罗伯特·罗茨:《新的治理:治理与善治》,姆易编译,社会科学文献出版社,2000。

四 期刊论文

曹亚雄:《全球化、资本主义与社会主义》,《武汉理工大学学报》(社会科学版)2002年第10期。

曹亚雄:《论我国政府软实力建设的背景与现状》,《人民论坛》2013年第17期。

曹亚雄、李宏伟:《政府购买公共服务的内在动因及基本原则》,《人民论坛》2013年第11期。

曹亚雄、柳李华:《社区化党建:当代农村基层党组织建设的现代转换》,《社会主义研究》2015年第4期。

曹亚雄、秦丽萍:《论后危机时代西方国家的新社会运动》,《陕西师范大学学报》(哲学社会科学版)2015年第2期。

陈婷、曹亚雄:《治国理政视域下党的意识形态认同研究》,《郑州轻工业学院学报》(社会科学版)2017年第8期。

毛寿龙:《基层减负的秩序维度》,《人民论坛》2019年第11期。

毛寿龙:《治道变革:90年代西方政府发展的新趋向》,《北京行政学院学报》1999年第1期。

毛寿龙:《城市治理与政策的秩序维度》,《中国青年社会科学》2018年第1期。

毛寿龙:《中国机构改革的基本逻辑》,《中国经济报告》2018年第4期。

毛寿龙:《城市管理与社会善治笔谈》,《中国青年社会科学》2018年第1期。

王猛、毛寿龙:《社会共享与治理变革:逻辑、方向及政策意蕴》,《社会科学研究》2016年第4期。

梅荣政:《学习研究十八大以来党中央治国理政的创新理论》,《思想理论教育导刊》2016年第6期。

俞可平:《探寻中国治理之谜:俞可平教授访谈录》,《公共管理与政策评论》2021年第1期。

俞可平：《中国城市治理创新的若干重要问题——基于特大型城市的思考》，《武汉大学学报》（哲学社会科学版）2021年第3期。

俞可平：《走向善治》，《学习月刊》2016年第11期。

俞可平：《社会自治与社会治理现代化》，《社会政策研究》2016年第1期。

俞可平：《中国的治理改革（1978-2018）》，《武汉大学学报》（哲学社会科学版）2018年第3期。

俞可平：《治理和善治：一种新的政治分析框架》，《南京社会科学》2001年第9期。

俞可平：《推进国家治理体系和治理现代化能力》，《前线》2014年第1期。

陈承新：《城市化进程中基层社会治理动向之乡村党建创新》，《民主与科学》2019年第4期。

陈天祥、王莹：《软嵌入：基层社会治理中的政府行为与文化共同体的契合逻辑》，《华南师范大学学报》（社会科学版）2020年第8期。

倪咸林：《转型时期基层社会治理的问题和对策》，《社会治理》2020年第6期。

秦宣：《改善民生与创新社会治理的系统阐释》，《北京教育》（德育）2014年第Z1期。

秦宣：《当代中国伟大社会变革的多维解读》，《马克思主义研究》2019年第6期。

马晓磊：《马克思主义经典作家社会管理思想及其当代发展》，《改革与开放》2015年第5期。

王素玲：《马克思主义社会管理思想及其启示意义》，《人民论坛》2015年第14期。

郭风英：《马克思主义经典作家的社会管理思想及其现实意义》，《江南社会学院学报》2014年第3期。

张龙：《论马克思主义国家观视角下的社会管理思想》，《辽宁师范大学学报》（社会科学版）2012年第9期。

胡杨：《论〈共产党宣言〉中蕴含的唯物史观对基层社会治理的意义》，《法制与社会》2020年第6期。

王敏：《习近平关于社会治理共同体重要论述：生成机理与逻辑结构》，《理论研究》2021年第6期。

黎慈：《习近平的网络社会治理观探析》，《社会主义研究》2021年第4期。

姜晓萍：《国家治理现代化进程中的社会治理体制创新》，《中国行政管理》2014年第2期。

姜晓萍：《政府职责体系现代化的向度与进路》，《国家治理》2019年第48期。

龚维斌：《社会治理是社会管理的升级版》，《理论视野》2014年第1期。

王思斌：《实现有效的社会治理》，《社会治理》2019年第1期。

王智：《中国共产党领导国家与社会的历史与逻辑——以"党—政府—社会"三元关系为中心》，《当代世界与社会主义》2012年第2期。

贺东航、高佳红：《政治势能：党的全面领导提升社会治理效能的一个分析框架》，《治理研究》2021年第5期。

韩恒：《试论政府管理社会组织的主要模式》，《社团管理研究》2008年第8期。

王名、孙伟林：《社会组织管理体制：内在逻辑与发展趋势》，《中国行政管理》2011年第7期。

张倩倩：《社会组织治理机制创新研究——基于中国社会主要矛盾转化视角》，《行政与法》2021年第4期。

陈晓岚：《党建引领社会治理新格局的整合逻辑》，《广东社会科学》2021年第2期。

左晓斯、张桂金：《基层社会治理"七力凝聚"模式及其启示——基于广州市天河区的经验》，《社会治理》2021年第10期。

文军：《社会文化共识是基层治理的支点》，《西部大开发》2014年第11期。

孙文平、朱为群、曾军平：《现代国家治理理论研究综述》，《地方财政研究》2015年第7期。

丁东红：《论福利国家理论的渊源与发展》，《中共中央党校学报》2011年第2期。

徐汉明：《习近平社会治理法治思想研究》，《法学杂志》2017年第10期。

王敬尧、魏来：《当代中国农地制度的存续与变迁》，《中国社会科学》2016年第2期。

锁利铭、杨峰、刘俊：《跨界政策网络与区域治理：我国地方政府合作实践分析》，《中国行政管理》2013年第1期。

夏建中：《从社区服务到社区建设、再到社区治理——我国社区发展的三个阶段》，《甘肃社会科学》2019年第6期。

夏建中：《从街居制到社区制：我国城市社区30年的变迁》，《黑龙江社会科学》2008年第5期。

仰海峰：《马克思资本逻辑场域中的主体问题》，《中国社会科学》2016年第3期。

《丁蓓：深刻把握法治思维的内在特征》，《红旗文稿》2014年第21期。

周战超：《当代西方风险社会理论引论》，《马克思主义与现实》2003年第3期。

杨雪冬：《"治理"的九种用法》，《经济社会体制比较》2005年第2期。

李程伟：《社会管理体制创新：公共管理社会学视角的解读》，《中国行政管理》2005年第5期。

韩朝华：《利益多元化与社会治理结构转型》，《中国特色社会主义研究》2005年第2期。

孙晓莉：《西方国家政府社会治理的理念及其启示》，《社会学研究》2005年第2期。

盛美娟：《中国社会转型与社会管理方式创新研究》，《兰州学刊》2008年第12期。

韩克生：《经济全球化、不平等与中国社会政策的选择》，《东岳论丛》2007年第5期。

庄友刚：《从马克思主义视野对风险社会的二重审视》，《探索》2004年第3期。

丁元竹：《当前我国社会管理创新的主要领域和基本做法》，《马克思主义与现实》2011年第5期。

王勇：《社会管理创新的主要原则》，《行政管理改革》2011年第6期。

张超、胡薇：《"基层社会管理创新研讨会"综述》，《特区实践与理论》2011 年第 6 期。

黎程：《社会转型与社会管理创新》，《创新科技》2011 年第 8 期。

高文宇：《政府在社会管理创新中的角色定位》，《行政论坛》2017 年 6 期。

范会芳：《论社区研究的各种模式》，《理论月刊》2011 年第 8 期。

刘娴静：《城市社区治理模式的比较及中国的选择》，《社会主义研究》2018 年第 2 期。

王磊、胡鞍钢：《中国社会管理创新的制度背景》，《探索与争鸣》2016 年第 3 期。

徐勇：《"行政下乡"：动员、任务与命令——现代国家向乡土社会渗透的行政机制》，《华中师范大学学报》2007 年第 5 期。

胡位钧：《20 世纪 90 年代后期以来城市基层自治制度的变革与反思》，《武汉大学学报》（哲学社会科学版）2005 年第 3 期。

何晓斌、李政毅、卢春天：《大数据下的基层社会治理：路径、思考和问题》，《西安交通大学学报》（哲学社会科学版）2019 年第 1 期。

时家贤、袁玥：《改革开放 40 年政府与市场关系的变迁：历程、成就和经验》，《马克思主义与现实》2019 年第 1 期。

蒋明敏、王艺苑：《全面建成小康社会：研究与展望》，《毛泽东邓小平理论研究》2019 年第 8 期。

秦攀博：《现代化视域下社区党建基层治理功能研究》，《中共山西省委党校学报》2017 年第 3 期。

韩兆柱、翟文康：《西方公共治理前沿理论述评》，《甘肃行政学院学报》2016 年第 4 期。

张传鹤：《"第三条道路"理论研究综述》，《山东师大学报》（社会科学版）2000 年第 3 期。

张茂钰：《论〈黑格尔法哲学批判〉的国家批判》，《理论与现代化》2019 年第 2 期。

孙晓春：《中国传统治理观念与社会治理实践》，《中国党政干部论坛》2019 年第 12 期。

张立荣、冷向明：《协同治理与我国公共危机管理模式创新——基于协同理论的视角》，《华中师范大学学报》（人文社会科学版）2008 年第 2 期。

史云贵、屠火明：《基层社会合作治理：完善中国特色公民治理的可行性路径探析》，《社会科学研究》2010年第3期。

郁建兴、任泽涛：《当代中国社会建设中的协同治理——一个分析框架》，《学术月刊》2012年第8期。

毛丹：《村落共同体的当代命运：四个观察维度》，《社会学研究》2010年第1期。

孙贤雷：《新时代强国战略：主要内容、基本特征和实现路径——以党的十九大报告中的"强国"论述为中心》，《南昌大学学报》（人文社会科学版）2019年第4期。

杨深：《简论孔德的社会发展阶段理论》，《中国社会科学院研究生院学报》2008年第5期。

向德平：《构建基层社会治理新格局》，《社会治理》2019年第4期。

周晓丽、党秀云：《西方国家的社会治理：机制、理念及其启示》，《南京社会科学》2013年第10期。

刘天宝、柴彦威：《中国城市单位制研究进展》，《地域研究与开发》2013年第5期。

吴金群、王丹：《近年来国内城市治理研究综述》，《城市与环境研究》2015年第3期。

叶扬兵：《农业合作化运动研究述评》，《当代中国史研究》2008年第1期。

辛逸：《人民公社研究述评》，《当代中国史研究》2008年第1期。

孙建平、叶治安：《迈向新时代要切实加强城市的风险管控》，《上海城市管理》2019年第1期。

林志聪、王枫云：《特大城市基层社会治理困境及其消解路径研究》，《学术探索》2019年第1期。

苏力：《问题意识：什么问题以及谁的问题？》，《武汉大学学报》（哲学社会科学版）2017年第1期。

袁初明：《习近平关于风险防范的重要论述及其时代价值》，《江西师范大学学报》（哲学社会科学版）2019年第2期。

沈荣华、刘洋：《习近平社会治理思想创新与贡献》，《理论探讨》2019年第3期。

门献敏、曹灿：《论新时代乡村社会治理创新的思维向度》，《湖南省社会主义学院学报》2021年第12期。

李伊林：《发挥人大职能作用推进基层社会治理》，《民主法制建设》2020年第11期。

宋锴业：《基层社会治理的"社会化困境"：一项治理张力分析》，《公共管理与政策评论》2020年第6期。

郝宇青：《条块关系应适应柔性的基层社会治理》，《探索与争鸣》2020年第11期。

郝宇青：《基层社会治理的政治学论纲》，《社会科学》2020年第6期。

吴理财：《全面小康社会的城乡基层社会治理共同体建设》，《经济社会体制比较》2020年第5期。

唐小平：《党建扎桩 治理结网 推进市域社会治理》，《红旗文稿》2020年第10期。

周巍：《我国基层社会治理模式创新探索》，《广西社会科学》2020年第10期。

宋显忠：《社区网络平台与基层社会治理创新》，《社会治理》2020年第10期。

彭秀良、郭艳梅：《新中国70年基层社会治理格局的变迁》，《社会工作》2019年第8期。

韩茹雪：《基层社会治理面临的现实挑战与时代选择》，《经济研究导刊》2020年第9期。

陈艳芳：《新时代创新和加强基层社会治理路径研究》，《经济研究导刊》2020年第26期。

高丹：《构建党建引领基层社会治理新模式》，《党政论坛》2020年第9期。

邹东升：《党建引领基层社会治理：探索、短板与完善》，《国家治理》2019年第10期。

陈成文、陈静：《论基层社会治理创新与推进乡村振兴战略》，《山东社会科学》2019年第7期。

王川兰：《关系建构：社区基金会参与基层社会治理的结构分析——基于上海市浦东新区Y社区的实地观察》，《复旦学报》（社会科学版）2020

年第 7 期。

李强、卢尧选：《疫情防控与我国基层社会治理创新》，《江苏社会科学》2020 年第 4 期。

夏学娟：《"双百蓝"：盘活基层社会治理棋局的专业力量》，《中国社会工作》2020 年第 19 期。

陈跃、余练：《社会主要矛盾转化与基层社会治理创新探析》，《理论探索》2020 年第 4 期。

贺建军：《基层社会治理：理论进展与创新实践——"新中国 70 年基层社会治理的理论与实践"研讨会综述》，《浙江大学学报》（人文社会科学版）2020 年第 1 期。

五　报纸文章

习近平：《在中共中央政治局第十六次集体学习会上的讲话》，《人民日报》2014 年 7 月 9 日。

习近平：《决胜全面建成小康社会　夺取新时代中国特色社会主义伟大胜利》，《人民日报》2017 年 10 月 28 日。

习近平：《信念坚定对党忠诚实事求是担当作为　努力成为可堪大用能担重任的栋梁之材》，《人民日报》2021 年 9 月 2 日。

《中共中央　国务院关于加强基层治理体系和治理能力现代化建设的意见》，《人民日报》2021 年 7 月 12 日。

《中共中央关于加强党的执政能力建设的决定》，《人民日报》2004 年 9 月 27 日。

习近平：《关于〈中共中央关于坚持和完善中国特色社会主义制度　推进国家治理体系和治理能力现代化若干重大问题的决定〉的说明》，《人民日报》2019 年 11 月 6 日。

《中共中央关于党的百年奋斗重大成就和历史经验的决议》，《人民日报》2021 年 11 月 17 日。

刘维涛、孟祥夫：《中国共产党在百年伟大历程中不断发展壮大》，《人民日报海外版》2021 年 7 月 1 日。

《对照贯彻落实党的十八届六中全会精神　研究加强党内政治生活和党内监督措施》，《人民日报》2016 年 12 月 28 日。

甘试恩：《提升基层社会治理效能》，《云南法制报》2021年12月8日。

许耀桐：《准确把握"党政分开"内涵》，《北京日报》2013年3月25日。

李龙、任颖：《"治理"一词在中国古代的使用》，《北京日报》2017年11月20日。

李先军：《以"新基建"助推经济高质量发展》，《经济日报》2020年6月16日。

张盼：《共探社会治理现代化新路径》，《人民日报海外版》2021年12月14日。

雨豪：《城市风险管理探源》，《中国保险报》2015年8月6日。

罗佳：《加强风险治理的三个维度》，《中国社会科学报》2020年5月14日。

葛晓燕：《坚持以习近平法治思想为指导 在法治轨道上推进市域社会治理现代化》，《法治日报》2021年1月25日。

六　外文专著和论文

Elmer Eric Schattschneider, *Party Government*, New York: Farrar and Rinehart, 1942.

Elinor Ostrom, *Governing the Commons: The Evolution of Institutions for Collective Action*, Cambridge: Cambridge University Press, 1990.

Robert Nisbet, *The Sociological Tradition*. London: Heinemann, 1970.

Peter Evans, *Bring the State Back in*. Cambridge: Cambridge University Press, 1985.

Ben Hillman, "Factions and Spoils: Examining Political Behavior within the Local State in China". *The China Journal*, vol. 64, No. 7, 2010.

Jonathan Murdoch and Simone Abram, "Defining the Limits of Community Governance", *Journal of Rural Studies*, vol. 14, No. 1, 1998.

Mark Granovetter, "Economic Action and Social Structure: the Problem of Embeddedness", *American Journal of Sociology*, vol. 19, No. 3, 1985.

Merilee S. Grindle, "Good Enough Governance: Poverty Reduction and Reform in Developing Countries". *Governance*, vol. 15, No. 3, 2004.

图书在版编目(CIP)数据

新时代的基层社会治理／党锐锋著. -- 北京：社会科学文献出版社，2024.10. -- ISBN 978-7-5228-4284-4

Ⅰ.D63

中国国家版本馆 CIP 数据核字第 2024ZK6648 号

新时代的基层社会治理

著　　者／党锐锋

出 版 人／冀祥德
责任编辑／吕霞云
文稿编辑／茹佳宁
责任印制／王京美

出　　版／社会科学文献出版社·马克思主义分社(010)59367126
　　　　　地址：北京市北三环中路甲29号院华龙大厦　邮编：100029
　　　　　网址：www.ssap.com.cn
发　　行／社会科学文献出版社(010)59367028
印　　装／三河市龙林印务有限公司
规　　格／开　本：787mm×1092mm　1/16
　　　　　印　张：13　字　数：211千字
版　　次／2024年10月第1版　2024年10月第1次印刷
书　　号／ISBN 978-7-5228-4284-4
定　　价／89.00元

读者服务电话：4008918866

版权所有 翻印必究